本书受2018年度首都经济贸易大学科研启动基金资助

融资融券制度下分析师的行为调整及其后果

白雪莲　著

中国财经出版传媒集团
中国财政经济出版社

图书在版编目（CIP）数据

融资融券制度下分析师的行为调整及其后果／白雪莲著．—北京：中国财政经济出版社，2018.11

ISBN 978－7－5095－6785－2

Ⅰ.①融… Ⅱ.①白… Ⅲ.①证券投资－投资分析 Ⅳ.①F830.91

中国版本图书馆 CIP 数据核字（2017）第 281512 号

责任编辑：贾延平　王　祎　　　　责任校对：徐艳丽

封面设计：王　颖

中国财政经济出版社出版

URL：http：//www.cfeph.cn

E－mail：cfeph @ cfeph.cn

社址：北京市海淀区阜成路甲 28 号　邮政编码：100142

营销中心电话：010－88191537　北京财经书店电话：64033436　84041336

北京财经印刷厂印刷　各地新华书店经销

787×1092 毫米　16 开　15 印张　232 000 字

2018 年 11 月第 1 版　2019 年 1 月北京第 2 次印刷

定价：75.00 元

ISBN 978－7－5095－6785－2

（图书出现印装问题，本社负责调换）

本社质量投诉电话：010－88190744

打击盗版举报热线：010－88191661　QQ：2242791300

序

证券分析师是资本市场的标志性人物和职业。分析师搭建了上市公司与投资者之间的信息桥梁，是证券市场中最为重要的信息中介之一，在服务投资者、引导理性投资、优化资源配置以及提高市场信息效率等方面都扮演着重要角色。融资融券交易制度的实施是近年来我国证券市场的一次重大突破和创新，广泛影响着市场中各类参与主体的行为。在此背景下，探讨融资融券业务推出对任职于券商内部的分析师行为产生的影响，具有非常重要的现实意义。

《融资融券制度下分析师的行为调整及其后果》一书在参阅国内外大量文献资料的基础上，回顾了融资融券制度和证券分析师行业的发展历程，并结合我国证券市场中分析师行业的发展现状以及面临的主要问题，创新性地将融资融券纳入到分析师行为的研究框架中，系统探讨了该项交易制度实施带来的分析师跟进决策、乐观倾向及其经济后果。该书的出版，将为读者深入理解市场交易机制变化与分析师行为调整提供一定的帮助。

本书作者白雪莲是我指导的会计学专业的博士研究生。在大学时，她所学专业为统计学，并非会计学科班出身。刚开始攻读博士学位时，她还对自己非会计专业背景心存疑虑，殊不知，这正合我意。因为，我希望会计学专业的博士生学源多元，背景交叉，这样，更加便于思维的碰撞和创新性思想的产生。白雪莲博士用事实证明了这个判断的正确性。在校期间，她结合课程学习，及时掌握国际经济环境对我国资本市场的影响，深入分析我国资本市场的重大事件，紧密跟踪资本市场和监管政策的变化趋势，认真研究相关理论和现实问题，并围绕分析师行为开展了一系列基础性理论研究与实践探索，取得了一些创新性成果，参与了我主持的其中 2 项国家自然科学基金项目，在《Applied Economics》（SSCI）国际期刊、《金融研究》等权威期刊和重要期刊发表学术论文 9 篇。经过前期培育及攻读博士学位近六年的探索、研究和实践，取得了覆盖融资融券和分析师理论综述、制度梳理、概念模型和研究假设提出以及实证检验的研究成果。

相比西方发达的资本市场，我国证券市场和分析师行业起步较晚、相关理论研究尚不全面，还需要更多学者进行更多的、持之以恒的思考和研究，形成更高质量的研究成果。《融资融券制度下分析师的行为调整及其后果》专著的出版是对白雪莲博士博士学业和研究成果的总结，是其研究初期阶段的结束，同时也标志着她作为老师的研究生涯的开端。本著作虽然创新性显著，但不应成为她歇息的理由，也不应成为懈怠的借口；正如韩愈所云“业精于勤，荒于嬉；行成于思，毁于随”。在读者看来，再好的书也许都有缺陷，再严密的理论也许都有瑕疵或局限。希望该书的出版能够引发更多融资融券与分析师行为研究领域的企业管理者和专业人士的思考与探索，则本书的写作目的即已达到。

最后，借用唐代李山甫《古石砚》中的诗句“追琢他山石，方圆一勺深。抱真唯守墨，求用每虚心。波浪因文起，尘埃为废侵。凭君更研究，何啻直千金”与白雪莲博士及广大年轻学子们共勉。

西安交通大学管理学院　张俊瑞

于古都西安

2018 年 11 月 18 日

前　言

证券分析师搭建了上市公司与投资者之间的信息桥梁，是证券市场中最为重要的信息中介之一。在我国，分析师主要供职于证券公司，证券公司内部各项主营业务的开展都与分析师支撑性工作相关，对分析师的独立性产生了不利影响，也由此导致了分析师的乐观倾向。融资融券交易制度的实施是近年来我国证券市场的一次重大突破和创新，广泛影响着市场中各类参与主体的行为。在这种现实背景下，探讨融资融券交易机制的引入对分析师行为产生的影响，具有重要的现实意义。

本书将融资融券纳入到分析师行为的研究框架中，探讨该项交易制度实施带来的分析师行为变化及其经济后果，具体包括融资融券对分析师跟进决策、乐观倾向及其与股价暴跌风险关系的影响。以我国上市公司为样本，运用多时点双重差分模型进行实证检验，本书得出了融资融券交易制度实施有助于调动分析师对标的公司的跟进热情，降低分析师股票评级的乐观程度，从而减弱由分析师行为引发的股价暴跌风险的研究结论。

本书的研究结论为理解市场交易机制变化与分析师行为调整的关系提供了新证据，突破了融资融券外部治理效应现有研究的单一视角，同时对于改善分析师乐观现象、规范分析师行为和提高分析师服务质量具有重要意义，也为综合评价我国融资融券交易制度的实施效果提供了新的评判依据。

目 录

第1章
绪　　论

本书针对证券分析师行为展开研究，探讨我国市场中交易机制的变化——融资融券交易制度实施对分析师行为选择、行为特征以及行为后果的影响。本章首先阐述我国证券市场中分析师行业的存在价值、发展现状以及面临的主要问题，探讨融资融券交易制度实施给证券市场以及分析师所供职的证券公司带来的影响，总结归纳相关研究的现状和不足，据此提出本书的研究问题，分析研究的理论意义和现实意义，并介绍了本书的研究内容、方法和框架。

1.1　研究背景

1.1.1　实践背景

1.1.1.1　分析师行业的存在价值及发展现状

证券分析师[①]通过搜集市场信息、行业信息以及上市公司信息，凭借自身能力和专业知识对信息进行加工、处理，最终形成研究报告，发布针对上

① 简称分析师，是指供职于证券公司、为投资者提供盈余预测和投资建议的卖方分析师。在证券市场中，也存在供职于基金公司、保险公司等的买方分析师，他们提供的研究报告主要为机构内部服务，此类分析师不在本书的研究范围内。本书所提到的分析师均指卖方分析师。

市公司的盈余预测和股票评级，为投资者投资决策提供参考和建议。分析师的存在搭建了上市公司与投资者之间的信息桥梁，对促进市场信息流通、降低信息不对称程度具有重要意义。特别是在我国，市场中投资者人数众多且以个人投资者为主。总体来看，相比机构投资者，个人投资者不仅对专业知识的掌握较差，投资经验较少，且在个人精力以及信息获取能力等方面都处于弱势地位。因此，我国特殊的市场环境孕育出对分析师行业的热切需求，分析师在服务投资者、引导理性投资、优化资源配置以及提高市场信息效率等方面都扮演着重要角色。

分析师队伍是资本市场高度发展的产物，伴随着市场的发展而不断壮大。相比西方发达的资本市场，我国市场存在明显的新兴加转型特色，这种特殊的制度背景也决定了我国分析师行业的发展历程。自 20 世纪 90 年代初以来，我国分析师行业历经了从无到有的过程。起初，市场中的一些专业人士纷纷以“股评家”的身份亮相，形成了分析师的早期雏形。直至 1999 年，我国首部《证券法》中对证券分析师的资格申请做出了明确规定，从此才形成了法律意义上真正的分析师。进入 21 世纪以来，分析师在市场中逐渐活跃起来。根据国泰安（CSMAR）数据库资料汇总发现，2001 年，市场上活跃的分析师①人数仅有 10 人，发布的研究报告数量也微乎其微，尚不足 20 份。但在 2002 年至 2010 年间，分析师人数成倍上涨，研究报告数量也呈井喷式增长。截至 2010 年末，市场中活跃的分析师人数已攀升至 2 700 余人，研究报告数量也超过了 25 000 份。此后，相关数量未再出现大幅变动，分析师行业已趋于成熟（见图 1－1）。

随着分析师队伍的日益壮大，分析师覆盖的上市公司范围也在不断扩大。根据国泰安数据库数据资料整理发现：2001～2015 年，分析师跟进的公司数量从 12 家上升至 2 900 余家，相应占上市公司总量比例从 1% 增长至 76%（见图 1－2）。现阶段，无论单纯以数量衡量，还是从覆盖的上市公司范围来看，分析师已然发展成为市场中一支不容忽视的队伍。尽管目前分析师行业已初具规模，但依然存在部分公司不被任何分析师关注的现象。由此可见，分析师会对目标公司进行筛选，一些公司始终无法得到分析师的青睐。

① 活跃的分析师是指国泰安数据库中载录的已对市场公开发布了研究报告的分析师。

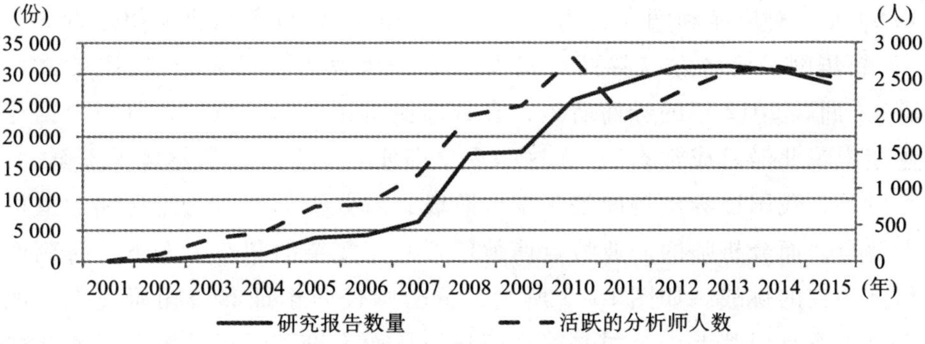

图1-1 证券分析师行业发展历程

资料来源：根据国泰安数据库披露数据整理。

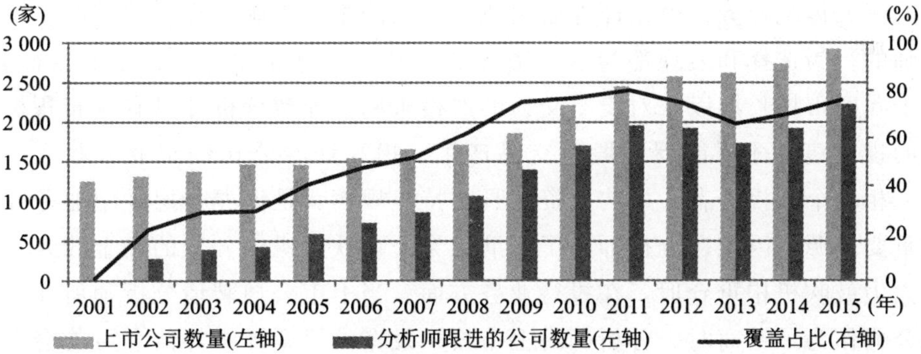

图1-2 分析师覆盖公司范围的变化

资料来源：根据国泰安数据库披露数据整理。

1.1.1.2 分析师行业面临的主要问题

我国分析师行业起步较晚但发展较快，导致市场中该行业的人员普遍存在从业时间不长、经验不足的问题，个人素质也是良莠不齐。此外，证券从业门槛过低，很多人虽然挂着证券分析师的头衔，但实际上并不具备相应能力。因此，当面对市场中冗杂的信息时，一些分析师往往给出了不准确的预测，甚至出现“乌龙研报”事件。例如，2012年獐子岛公司（股票代码002069）发布的业绩快报显示：2012年公司实现净利润1.17亿元，较上年同期减少76.49%。而此前不久，国海证券分析师预测该公司将实现每股收益 0.63 元，对应净利润高达 4.38 亿元，预测结果与实际业绩相差近 3.2 亿元[①]。新华网一篇名为《券商“乌龙”研报大盘点：谁在忽悠?》的文章中写道：“回顾 2012 年的券商研报，多数离谱得让人触目惊心，研报数据与实际业绩南辕北辙已成常态”。而这一现象即使到了今天，依然屡见不鲜。

另外，我国证券市场尚处于发展阶段，对分析师队伍的监督和约束机制尚未健全，而分析师的职业特点使他们置身于复杂的利益关系下，时刻面临着利益冲突的挑战。如图 1 – 3 所示，分析师任职于证券公司研究部，他们的主要工作是跟踪上市公司并搜集信息，从而为投资者提供服务。通常情况下，分析师提供的研究报告并不能直接创造利润，而是通过促进其他业务的开展来帮助证券公司获得收入。经纪业务、投行业务以及自营业务是证券公司的三大传统业务，也是证券公司业务收入的主要来源。在多数情况下，分析师的行为选择和表现都与这三类业务的开展息息相关。就经纪业务而言，由于我国市场长期以来对卖空交易的严格限制，导致分析师只有发布积极乐观的投资建议才可能促进股票交易产生，提高证券公司经纪业务收入。同时，相比个人投资者，机构投资者具有持股规模，是证券公司经纪业务收入的重要来源。因此，分析师为了帮助证券公司获得机构分仓的佣金收入，往往大力鼓吹机构重仓股。在投行业务方面，当上市公司聘请分析师所在的证券公司作为承销商时，分析师对上市公司发布的股票评级等信息可能会影响到承销工作的开展，而分析师为了维持客户关系，促进未来合作的可能，通常只说客户“好话”，采取“报喜不报忧”的策略。在自营业务方面，由于分析师对证券公司所持公司股票的投资建议直接影响证券公司的自营业务收入，分析师的乐观动机更显直接。总体来看，处在利益牵涉范围如此之广、利益关系如此复杂的环境下，分析师很可能会丧失应有的独立性和客观性，从而普遍表现出乐观倾向。

由于分析师职业的特殊性，其利益诉求对分析师的乐观倾向产生了推波助澜的作用。根据国泰安数据库资料整理发现，2013 ~ 2014 年，中信证券共为 53 家上市公司的再融资业务提供承销服务，而供职于中信证券研究部的分析师，为其中 22 家公司股票出具了“强买”建议报告。此外，在光大、

---

① 资料来源：东方财富网 http：//finance. eastmoney. com/news/1353，20130308277531856. html。

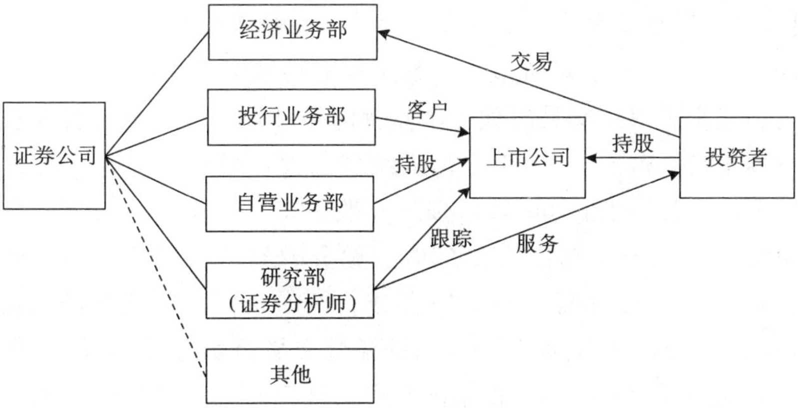

图1-3　分析师所处的复杂工作环境

兴业、安信以及国泰君安等多家证券公司的研报中，均存在“自销自荐”的现象。不限于承销股，分析师对机构重仓股（管总平，黄文锋和钟子英，2013[1]）、自营股（曹胜和朱红军，2011[2]）也都表现出乐观态度，频繁发布积极乐观的评级去支持这类股票。不仅如此，为了促进股票交易量、赚取交易佣金，以及出于与管理层维持友好关系等目的，分析师不愿发布负面评级也是不争的事实。上述问题导致了市场中充斥着大量的“买入”或“强买”建议，而极少出现“卖出”或“强卖”等具有负面性质的股票评级。如图1-4所示，2001~2015年市场中“强卖”“卖出”意见的股票评级相对评级总量的占比尚不足1%，显示出分析师行业存在严重的乐观倾向问题。

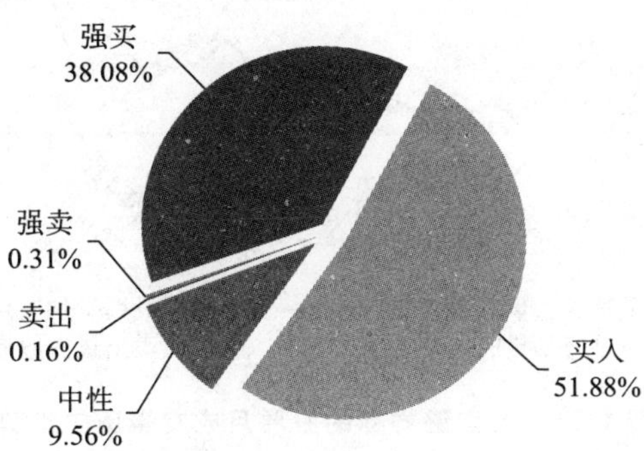

图1-4　2001~2015年证券市场中分析师出具的股票评级类别分布

资料来源：根据国泰安数据库披露数据整理。

1.1.1.3 融资融券业务的推出改变了证券公司的收入结构

2010 年 3 月 31 日，融资融券交易试点启动结束了中国长达 20 年的单边做多市场，迎来了双向交易时代。虽然我国融资融券交易制度引入较晚，但近年来发展迅速。截至 2015 年末，历经多次大规模扩容后，标的股票数量从最初的 90 只增长到近 900 只，约占 A 股上市公司总量的三分之一，标的股票市值约占 A 股公司总市值的 63%。融资融券试点启动当天，市场两融余额仅为 658.58 万元；而到了 2015 年末，两融余额已突破万亿元规模，达到 1.17 万亿元。仅 12 月 31 日一天内的融资交易额就达到了 564.6 亿元，约占当日 A 股交易总额的 8%。根据国泰安数据库两融交易数据的统计结果发现，从 2010 年 4 月初至 2014 年底，标的股票平均月融资买入量和融券卖出量整体呈现上升趋势，在股票市场交易总量中的比例也在稳步攀升，特别是 2014 年下半年，标的股票融资买入量占市场交易总量比例已突破 20%。2015 年，受股市剧烈震荡的影响，融资融券交易量出现大幅波动，6 月到 10 月的短短几个月内，标的股票平均月融券卖出量就从最高点的 4 489 万股一路跌到 18 万股（见图 1－5）。

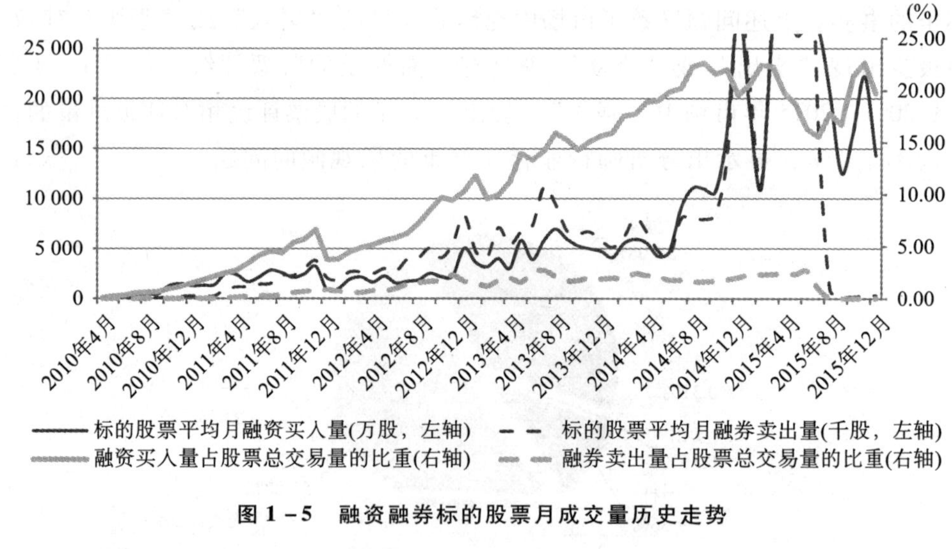

图 1－5 融资融券标的股票月成交量历史走势

资料来源：根据国泰安数据库披露数据整理。

融资融券交易制度的实施不仅改变了传统的市场交易模式，也改变了证券公司的收入结构。根据中国证券业协会证券公司经营数据的统计结果发现：近年来，券商融资融券业务利息收入逐年递增，2012～2015年的收入分别为52.57、184.56、446.24和591.25亿元，在各年券商经营总收入中的比例分别为4%、12%、17%和10%；在证券公司的各项主营业务中，2013年融资融券业务利息收入首次超出证券承销与保荐业务净收入，晋升为证券公司第三大收入来源，此后一直稳居第三[①]。图1－6展示了2014年券商各项主营业务的收入情况。

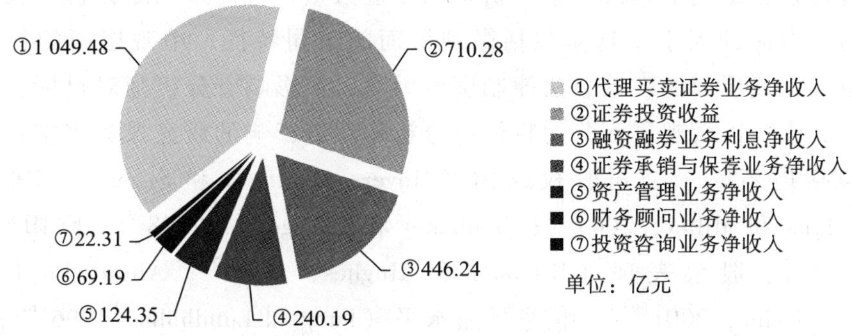

图1－6　2014年证券公司营业收入结构

资料来源：中国证券业协会证券公司经营数据。

在上述背景下，由于分析师为市场提供服务的目的之一是为了帮助证券公司获得利润，那么，融资融券业务的推出及其迅猛发展将对供职于证券公司的分析师产生哪些影响？例如，分析师在选择目标公司时是否会考虑融资融券业务开展这一因素？分析师受券商利益冲突影响下形成的乐观倾向现象又会发生怎样的变化？可能产生什么后果？对这些问题的回答，具有非常重要的现实意义。

1.1.2　理论背景

1.1.2.1　证券分析师行为是近年来研究关注的热点

由于分析师在证券市场中的重要性，国内外学者围绕着分析师行为展开

① 统计结果截至2015年。

了一系列研究，相关内容涉及分析师的行为选择和表现以及由此带来的经济后果。

（1）分析师行为选择。分析师行为选择，也就是分析师决定跟进哪些或哪类公司，是分析师行为开展的第一步。由于分析师会对目标公司进行筛选，并不是所有的上市公司都能得到分析师的关注和追踪，就如同交易者会基于对投资收益的判断来选择投资对象一般，分析师在选择目标公司时也有他们的考虑。现有研究成果中，学者们通常以结果为导向，采用实证方法检验哪些因素会影响上市公司中分析师的跟进数量，进而来判断分析师在选择目标时所考虑的因素，具体包括微观层面的公司特征，中观层面的行业因素，以及宏观层面的政策、法律制度等因素，都影响着分析师对目标公司的选择。其中，以微观层面公司特征对分析师跟进影响的研究最为丰富，研究内容包括但不限于公司股权结构（Moyer，Chatfield 和 Sisneros，1989[3]；Lang，Lins 和 Miller，2004[4]；Boubaker 和 Labegorre，2008[5]；欧阳励励，2011[6] 等）、股票表现（Brennan 和 Hughes，1991[7]；Alford 和 Berger，1999[8]；Irvine，2001[9]）、信息披露水平（Lang 和 Lundholm，1996[10]；Lehavy，Li 和 Merkley，2011[11]；Ledoux，Cormier 和 Houle，2014[12]；白晓宇，2009[13]；王玉涛和王彦超，2012[14]）以及公司规模、盈利能力、成长性等各项财务指标（Bhushan，1989[15]；McNichols 和 O'Brien，1997[16]；林小驰，欧阳婧和岳衡，2007[17]；王宇超，肖斌卿和李心丹，2012[18]；徐媛媛，洪剑峭和曹新伟，2015[19]）。从中观层面行业影响因素来看，行业规模和受管制程度（Obrien 和 Bhushan，1990[20]；潘亮，2015[21]）、行业集中度和竞争程度（Haw，Hu 和 Lee，2015[22]；邢立全和陈汉文，2014[23]）以及公司所在行业的研发成本（Barth，Kasznik 和 McNichols，2001[24]）等因素能够影响分析师行为选择。最后，从宏观层面的政策、法律制度等影响因素来看，市场层面的投资者法律保护程度（Chang，Khanna 和 Palepu，2000[25]；DeFond 和 Hung，2007[26]）或具体某项法律法规的实施，如内幕交易法（Bushman，Piotroski 和 Smith，2005[27]）、证券诉讼法（Leung 和 Srinidhi，2006[28]）、公平信息披露准则（Bailey，Li 和 Mao 等，2003[29]；Mohanram 和 Sunder，2006[30]）以及财务报告相关准则（Bao，Tan 和 Welker，2008[31]；Tan，Wang 和 Welker，2011[32]；Liu，Wang 和 Yao，2014[33]；史永和张龙平，2014[34]），都在不同程度上影响了分析师的跟进决策，但基于这一视角的研究以国外成果为主，结合我国特殊制度背景的研究相对匮乏。

（2）分析师行为表现。关于分析师行为表现的研究，早期大量成果表明，分析师提供的研究报告具有信息价值（Brown 和 Rozeff，1978[35]；Collins 和 Hopwood，1980[36]；Fried 和 Givoly，1982[37]；Conroy 和 Harris，1987[38]；Womack，1996[39]）。然而，学者们也发现，虽然分析师预测要比时间序列等模型更为准确，但依然存在明显偏差，且这种偏差并非随机分布的，而更多地表现为正偏（Fried 和 Givoly，1982[37]）。同时，分析师发布的股票评级类别也并非均匀分布，分析师给出的“强买”“买入”等正面评级数量要远远超过“强卖” “卖出”等负面评级数量（Mola 和 Guidolin，2009[40]）。意识到这一问题后，在很长一段时间里，学术界的研究重点集中在分析师乐观倾向的成因上。近年来，随着相关研究成果的不断积累，分析师乐观倾向的原因已逐渐清晰且研究结论趋于一致。学者们发现，一方面，处于复杂利益关系下的分析师，出于促进经纪业务收入（Hayes，1998[41]；Obrien 和 Bhushan，1990[20]；Gu，Li 和 Yang，2013[42]）、维持投行业务关系（Dugar 和 Nathan，1995[43]；O'Brien，Mcnichols 和 Lin，2005[44]；原红旗和黄倩茹，2007[45]；潘越，戴亦一和刘思超，2011[46]）以及讨好管理层（Francis 和 Philbrick，1993[47]；Das，Levine 和 Sivaramakrishnan，1998[48]；宋乐和张然，2010[49]；赵良玉，李增泉和刘军霞，2013[50]）等目的，倾向于发布乐观报告；另一方面，限于自身经验、素质以及能力等方面的不足，分析师对预测目标的认知存在偏差，导致预测结果呈现乐观性扭曲（Klein，1990[51]；Sedor，2002[52]；Chen 和 Jiang，2006[53]；周冬华和赵玉洁，2016[54]）。然而，尽管学术界对分析师乐观倾向的成因开展了深入研究，但对于如何改善这一现象，仍是困扰学者们的难题。部分学者研究发现，分析师行业的竞争压力（Gu 和 Xue，2008[55]；Sette，2011[56]）、机构投资者监督（Ljungqvist，Marston 和 Starks 等，2007[57]）以及媒体监督（周开国，应千伟和陈晓娴，2014[58]；谭松涛，甘顺利和阚铄，2015[59]）能够在一定程度上降低分析师的乐观倾向。此外，公平信息披露准则的实施在缓解利益冲突带来的分析师乐观倾向上也表现出了积极作用（谭跃，钟子英和管总平，2013[60]；管总平，黄文锋和钟子英，2013[1]）。

（3）分析师行为后果。分析师行为能够带来怎样的经济后果，也是这一领域研究的重点问题，且取得了较为丰富的成果。相关研究大都将分析师视为有效的信息中介，考察其对证券市场和上市公司的积极作用。研究发现，分析师的存在不仅降低了投资者与公司之间的信息不对称程度，提高了市场信息效率（Skinner，1990[61]；Roulstone，2003[62]；Derrien 和 Kecskes，2013[63]；朱红军、何贤杰和陶林，2007[64]等），同时分析师跟踪在降低公司再融资成本（Bowen，Chen 和 Cheng，2008[65]）、减少盈余管理行为（Yu，2008[66]；李春涛、宋敏和张璇，2014[67]）、降低企业违约风险（Cheng 和 Subramanyam，2008[68]）以及促进企业开展研发活动（徐欣和唐清泉，2010[69]）等方面也发挥了积极作用。此外，也有一些学者结合分析师乐观倾向的行为特征，从相反的角度出发，讨论分析师乐观可能引发的负面后果。例如，许年行，江轩宇和伊志宏等（2012）[70]、Xu，Jiang 和 Chan 等（2013）[71]研究了分析师对股价暴跌风险的影响，发现分析师盈余预测的乐观偏差越大，目标公司股价暴跌风险越高，反映了分析师乐观倾向的存在，能够给证券市场带来不利影响。然而，此类研究尚未引起足够重视，相关证据还十分有限，需要进一步补充。

1.1.2.2 融资融券外部治理效应的研究逐步兴起

在世界主要资本市场中，融资融券业务存在的历史十分悠久，其在证券市场中发挥的作用已得到了广泛讨论。近年来，我国融资融券交易制度的启动也引起了国内学者对这一领域研究问题的关注。纵观现有文献，无论是基于国外成熟资本市场的研究，还是结合我国特殊制度背景的研究，融资融券对证券市场有效性（Jones 和 Lamont，2002[72]；Chang，Cheng 和 Yu，2007[73]；Saffi 和 Sigurdsson，2011[74]；Beber 和 Pagano，2013[75]；李科、徐龙炳和朱伟骅，2014[76]；肖浩和孔爱国，2014[77]；李志生、陈晨和林秉旋，2015[78]；肖争艳和高荣，2015[79]）、流动性（Charoenrook 和 Daouk，2005[80]；Marsh 和 Payne，2012[81]；Beber 和 Pagano，2013[75]；Boehmer，Jones 和 Zhang，2013[82]；于潇和毛雅萍，2014[83]；李志生，陈晨和林秉旋，2015[78]）以及稳定性（Lamont 和 Stein，2004[84]；Chang，Cheng 和 Yu，2007[73]；Chang，Luo 和 Ren，2014[85]；宋民武，2015[86]；卢骏和杨季超，2015[87]；刘烨，方立兵和李冬昕等，2016[88]）等方面的影响研究，都已取得了极其丰厚的成果。相比之下，融资融券外部治理效应的研究近年来才逐渐兴起，研究成果还十分有限，研究视角也比较单一，主要集中在上市公司管理层上。一些学者研究发现，卖空机制的价格发现功能有利于市场挖掘出有关上市公司的负面信息，从而能够对管理层行为起到了一定的约束和监督作用，进而有利于降低公司盈余管理水平（Massa，Zhang 和 Zhang，2015[89]；Fang，Huang 和 Karpoof，2016[90]；陈晖丽和刘峰，2014a[91]）、提高会计稳健性（陈晖丽和刘峰，2014b[92]）、降低财务重述发生的可能性（张璇，周鹏和李春涛，2016[93]）、提高企业投融资效率（靳庆鲁，侯青川和李刚等，2015[94]；徐蕊和邱妘，2016[95]）、改善内部治理（Massa，Zhang 和 Zhang，2013[96]）以及提高薪酬契约安排合理性（Angelis，Grullon 和 Michenaud，2013[97]）。

1.1.2.3 现有研究的局限性

纵观分析师行为和融资融券的研究成果，本书认为尚存在以下几方面不足：

第一，对分析师行为选择影响因素的研究，仍主要集中在公司内部因素的探讨上，忽视了对宏观法律制度等影响因素的挖掘。公司特征、行业特征以及市场层面的法律制度安排等因素都在不同维度上影响着分析师的跟进决策。从研究意义上看，讨论公司层面因素对分析师跟进决策的影响有利于了解分析师行为选择的特点，但由于外界对公司内部因素的不可控，从而难以通过调整公司特征实现引导分析师行为选择的目的。相比之下，基于宏观政策的研究，更能够从整体上抓住决定整个分析师行业行为选择的因素，相关结论为监管部门调控和引导分析师在不同类别公司间的分布提供参考价值。然而，由于我国证券分析师行业起步较晚，目前关于分析师跟进决策影响因素的研究仍集中在公司内部因素的探讨上（林小驰，欧阳婧和岳衡，2007[17]；范宗辉和王静静，2010[98]；欧阳励励，2011[6]；王宇超，肖斌卿和李心丹，2012[18]；崔玉英，李长青和郑燕等，2014[99]；徐媛媛，洪剑峭和曹新伟，2015[19]），而少有研究探讨我国市场层面交易制度和政策等外部因素的变化对分析师行为选择的影响。

第二，分析师乐观倾向的成因逐渐清晰，但关于如何改善这一现象的研究明显不足。随着相关研究成果的不断积累，分析师乐观倾向的成因已逐渐清晰且研究结论趋于一致，利益冲突（Dugar 和 Nathan，1995[43]；Lin 和 McNichols，1998[100]；Michaely 和 Womack，1999[101]；Dechow，Hutton 和 Sloan，2000[102]；O'Brien，Mcnichols 和 Lin，2005[44]）和认知偏差（Klein，1990[51]；Sedor，2002[52]；Chen 和 Jiang，2006[53]；周冬华和赵玉洁，2016[54]）是导致分析师乐观的两大原因。然而，相对于硕果累累的成因研究，关于分析师乐观倾向改善机制的成果还屈指可数，特别是缺乏基于我国特殊制度背景的研究。相比西方发达国家的市场，我国证券市场的发展还不太完善，对分析师形成的直接监督和约束机制也尚未健全，而上市公司信息透明度普遍较低的现状又导致市场对分析师的需求十分强烈。在这种特殊的环境下，亟待从更多的视角去挖掘分析师乐观倾向的改善机制。而从现有为数不多的研究成果来看，仅公平信息披露准则的实施（谭跃、钟子英和管总平，2013[60]；管总平、黄文锋和钟子英，2013[1]）和媒体监督（周开国、应千伟和陈晓娴，2014[58]；谭松涛、甘顺利和阚铄，2015[59]）在缓解由利益冲突引起的分析师乐观倾向问题上表现出了积极作用，但是研究视角和成果还十分有限，需要进一步扩展和补充。

第三，分析师行为后果的研究大多以分析师为有效信息中介的前提而展开，忽视了对其乐观倾向引发的负面后果的讨论。目前，关于分析师行为后果的研究虽然丰富，但大都将分析师视为有效的信息中介，考察其在缓解信息不对称、促进市场信息流动以及监督上市公司行为等活动中的积极作用，少有文献从分析师乐观倾向的视角出发，讨论分析师这一行为特征可能引发的负面后果。分析师乐观倾向的存在不利于市场发现和传递公司负面信息，造成负面信息堆积，而当负面信息积聚达到某一界限时，则可能发生集中释放，从而带来个股价格的暴跌。现有研究对这一问题的讨论和验证还十分有限，需要进一步补充。此外，若分析师的乐观倾向的确带来了股价暴跌风险的上升，那么检验乐观倾向的改善机制能否进一步减弱这种负面影响，也是对现有研究的重要补充和扩展。

第四，融资融券外部治理效应的研究视角单一，经验证据有限。综合融资融券的已有研究可以看出，融资融券交易对证券市场有效性、流动性以及波动性的影响研究，一直是国内外相关研究的主流和热点内容。相关研究成果颇为丰富，既有深度也有广度。虽然在市场稳定性方面的研究成果尚未得出一致结论，但无论从有效性还是流动性角度来看，都基本肯定了融资融券对证券市场的积极作用。相比之下，融资融券外部治理效应的讨论近年来才逐渐得到学者们的重视，因此研究成果还十分有限，研究视角也相对局限。现有研究主要从管理层机会主义行为视角出发，探讨融资融券对管理层行为起到的约束和监督作用，提供融资融券外部治理效应的证据。然而，融资融券能否对市场中其他参与者行为产生治理作用，相关研究尚未涉及。

1.2 研究问题与意义

1.2.1 研究问题

融资融券交易制度的实施是近年来我国证券市场的一次重大突破和创新。自2010年3月交易试点启动以来，融资融券业务规模发展迅猛，对证券市场产生了一系列影响。对于证券公司而言，该业务的推出更是改变了其以往的收入结构。2013年，证券公司融资融券业务利息收入已超过投行业务净收入，晋升为第三大收入来源。在这样一种实践背景下，探讨融资融券业务推出对任职于证券公司内部的分析师行为产生的影响，具有非常重要的现实意义。与此同时，创新性地将融资融券纳入到分析师行为选择、特征及其经济后果的研究框架中，既扩展了分析师行为现有研究的视角，也是对融资融券相关研究的重要补充，具有较强的理论意义。因此，针对目前研究的不足以及结合当前现实背景，本书提出如下研究问题：

1.2.1.1 融资融券业务推出是否影响了分析师对目标公司的选择

对目标公司的选择，也就是跟进决策，是分析师行为开展的第一步。因此，探讨融资融券业务推出对分析师行为影响的首要任务，就是明确其对分析师跟进决策的影响。公司开展融资融券业务是吸引了更多的分析师跟进，还是削弱了分析师的跟进热情？对这一问题的回答，本书首先基于Bhushan（1989）[15]的理论框架进行分析。目前，关于分析师跟进决策的实证研究成果虽然丰厚，但始终没有形成统一的理论框架。Bhushan（1989）[15]首次将均衡理论的分析方法应用到这一问题的研究中，他认为，需求和供给共同决定了分析师的均衡数量。借鉴 Bhushan （1989）[15] 的理论分析方法，本书从信息需求和供给两个方面讨论融资融券业务推出对分析师跟进决策的影响，并在理论分析基础上采用实证方法进行检验，从而来回答这一研究问题。

1.2.1.2 融资融券业务推出对分析师乐观倾向产生了怎样的影响

在明确了融资融券对分析师跟进决策的影响后，本书的第二个研究问题是探讨融资融券对分析师行为特征——乐观倾向的影响。现有文献指出，源自证券公司业务关系下的利益冲突以及分析师自身存在的认知偏差是造成分析师乐观倾向的两大原因。那么，作为我国证券公司第三大收入来源的融资融券业务，其开展活动又将对分析师行为特征产生怎样的影响？为了回答这一问题，本书首先从分析师乐观倾向产生的根源——利益冲突和认知偏差两个方面，综合分析融资融券业务推出带来的影响；其次，进一步区分融资交易和融券交易在上述影响中的作用差异；最后，基于分析师个人层面的评级修正行为，识别融资融券对分析师乐观倾向影响的实现路径。

1.2.1.3 分析师乐观是否会导致股价暴跌风险上升，以及融资融券业务推出对二者关系产生了怎样的影响

本书的最后一个研究问题是从股价暴跌风险的角度，探究分析师乐观倾向带来的负面后果，以及融资融券业务推出对这一后果产生的影响。根据以往文献的普遍观点，分析师促进了资本市场中的信息流通，提升了市场信息效率（Skinner，1990[61]；Roulstone，2003[62]；Derrien 和 Kecskes，2013[63]；朱红军，何贤杰和陶林，2007[64]）。因此，从这个角度来看，分析师的存在应有利于揭示公司不利信息，从而减弱因负面信息堆积带来的股价暴跌风险。然而，也有观点认为，分析师乐观倾向的存在不利于市场发现和传递公司负面信息，从而导致负面信息堆积，对未来股价的暴跌起到了推波助澜的作用（许年行，江轩宇和伊志宏等，2012[70]；Xu，Jiang 和 Chan 等，2013[71]）。本书对第三个问题的研究，试图明确分析师乐观倾向对股价暴跌风险的影响，并在此基础上进一步拓展，探究融资融券业务推出对分析师该行为后果的影响。

1.2.2 研究意义

1.2.2.1 理论意义

(1) 提供市场交易机制变化与分析师行为调整关系的证据。分析师供职于证券公司，通过跟踪上市公司而为市场提供服务。证券公司和上市公司构成了分析师利益关系的主体，以往研究也大多围绕着这两个方面的特征讨论其对分析师行为的影响。分析师作为市场参与者以及信息中介的重要存在，有必要探索市场交易机制变化对这一群体行为的影响。纵观现有文献，从这一视角展开的研究还十分有限。本书利用我国首次引入融资融券机制的事件背景，研究融资融券业务推出对分析师行为的影响，从而为理解市场交易机制变化与分析师行为调整的关系提供了证据。

(2) 将市场交易机制对分析师乐观倾向及其经济后果的影响有机统一起来。已有文献重点研究了分析师乐观倾向的成因，部分学者考察了法律制度安排（谭跃，钟子英和管总平，2013[60]；管总平，黄文锋和钟子英，2013[1]）或外部监督（Ljungqvist，Marston 和 Starks 等，2007[57]；周开国，应千伟和陈晓娴，2014[58]；谭松涛，甘顺利和阚铄，2015[59]）对分析师乐观倾向的改善作用。然而，上述文献并没有进一步深入研究这些改善机制对分析师乐观倾向经济后果的影响。本书在明晰融资融券交易制度实施对分析师乐观倾向影响的基础上，进一步检验这项交易机制对分析师乐观引发的负面后果的影响，从而实现了两者的统一，是对前人研究的进一步拓展。

(3) 丰富了目前关于融资融券外部治理效应的研究成果。近年来，融资融券是否具有外部治理效应逐渐得到学者们的重视，相关研究也主要从管理层机会主义行为视角来挖掘融资融券的治理功能。现有研究认为，卖空机制的价格发现功能有利于揭示管理层自利行为，起到外部监督作用，从而减小管理层机会主义行为发生的可能。与管理层自利动机相似，分析师出于自身利益的考虑会发布偏颇且乐观的报告，但同时两者所受到的利益牵制又有所不同。卖空机制是否也会对这类行为产生约束作用，现有研究并未给出答案。本书通过系统研究融资融券对分析师行为的影响，填补了这一研究领域的空白。

1.2.2.2 现实意义

（1）为监管部门规范分析师行为提供了新的思路。分析师是资本市场中最为重要的信息中介之一，而保障分析师行为有效、避免分析师受利益冲突驱使扰乱证券市场，是监管部门面对的难题之一。目前，监管机构已颁布了“公平信息披露”以及“隔离墙”等多项制度，旨在规范分析师行为。然而，由于分析师职业的特殊性，各方利益牵扯导致相关准则在实际执行中存在困难。可见，对分析师这一群体的监管工作不能单纯依赖这些强制性手段，而需要调动市场多方力量共同监督。融资融券业务推出后，市场中涌现了一批专注挖掘负面信息的卖空交易者，他们的出现对分析师的信息中介角色提出了挑战，分析师一味报喜不报忧的策略将更容易暴露在投资者面前。因此，调动市场中卖空交易者的积极性，对于改善分析师乐观现象、规范分析师队伍具有重要意义。融资融券对分析师行为影响的研究结论，可以为监管部门制定相关政策来规范分析师行为提供决策参考。

（2）为公司管理者全面理解分析师的乐观倾向行为提供了帮助。对于上市公司管理者来说，如果有分析师积极跟踪并发布乐观报告，他们则欢欣鼓舞甚至给予分析师回报。但是，一旦有分析师发布不利于公司的信息，他们就会打击报复，惩罚那些分析师。然而，本书的研究发现，分析师的乐观可能带来公司股价的暴跌风险，随着分析师跟踪人数的增加以及乐观程度的上升，这种风险就越高。可见，管理者应慎重面对分析师一味乐观的态度。虽然分析师的乐观报告可能带来公司短期内市场价值的上升，但并不利于公司的长期稳定发展。

（3）为投资者了解分析师的行为提供了借鉴。个人投资者是我国证券市场交易的主体。相比机构投资者，他们不仅缺乏专业知识和投资经验，同时在精力以及信息获取上也处于弱势地位，因此他们更加依赖分析师所提供的信息。然而，分析师往往出于自身利益的考虑，提供的信息并非客观且真实的，而是带有一定的乐观倾向。此外，本书研究发现，分析师向下修正股票评级的行为与修正前市场卖空交易量正相关，意味着分析师向下修正评级所传递的负面信息很可能早已反映到了股价中，因此投资者要谨慎对待分析师所提供的建议。

（4）为全面评估融资融券交易制度的实施效果提供了证据。融资融券机制的引入是近年来我国证券市场的一次重大创新和突破，其带来的利弊也是实务界和理论界讨论的热点。目前，对融资融券交易制度实施效果的讨论仍主要围绕在市场的有效性、流动性和稳定性等方面。作为证券市场信息中介重要代表的证券分析师，其在市场各方参与主体之间搭建起了信息桥梁，在市场中的地位不可小觑。本书创新性地从这一视角分析融资融券机制引入对分析师行为的影响，研究结论对于全面评估融资融券交易制度的实施效果具有一定的参考价值。

1.3　研究内容、方法与框架

1.3.1　研究内容

针对研究问题和目标，本书的研究分八个章节展开，具体安排如下：

第 1 章为绪论。本章主要阐述了本研究的实践背景和理论背景，并基于此明确本书的研究问题，阐明研究意义，并概述本书的研究内容、方法和框架。

第 2 章为文献综述。本章主要综述了与本书研究问题密切相关的文献。具体来说，从融资融券概述、对证券市场质量的影响以及外部治理效应三个方面，综述融资融券相关文献；从分析师跟进决策的影响因素、乐观倾向的存在、成因及其改善机制以及分析师行为与股价暴跌风险关系三个方面，梳理分析师领域的相关研究；最后，对上述文献进行述评，指出目前研究的不足，从而得出相关研究启示。

第 3 章为制度背景。本章介绍了国内外融资融券和证券分析师行业的制度背景，并分析了我国融资融券的发展特征和现状，以及现阶段分析师行业面临的主要问题，为后文研究奠定制度背景基础。

第 4 章为理论基础与概念模型。本章首先阐述了相关基础理论以及本书各研究要素的内涵，并在此基础上基于相关理论观点，梳理研究要素之间的逻辑关系，进而构建本书的概念模型，为后文研究奠定理论基础。

第5章为融资融券对分析师跟进决策影响的理论分析和实证检验。本章主要分析融资融券业务推出对分析师行为选择——跟进决策的影响，并在理论分析基础上通过实证方法进行检验，从而回答本书的第一个研究问题。本章的实证结果支持了融资融券影响分析师跟进决策的研究假设，发现融资融券交易制度实施有利于促进分析师对标的公司跟进的积极性。

第6章重点研究融资融券对分析师乐观倾向的影响。本章以分析师对目标公司出具的股票一致评级作为分析师乐观程度的衡量指标，分析并检验融资融券交易制度实施对分析师乐观倾向的影响，从而回答本书的第二个研究问题。本章实证结果表明，融资融券业务的推出降低了分析师的乐观程度，且发现放开卖空交易是这种作用产生的根本原因；最后，基于分析师个人层面的评级修正行为检验发现，分析师不会基于个股的融资交易状况向上修正评级，但会基于个股的融券交易状况向下修正评级，从而最终实现了分析师整体乐观水平的下降。

第7章研究了融资融券对分析师行为与股价暴跌风险关系的影响。本章首先研究分析师行为对股价暴跌风险的直接作用，随后进一步检验融资融券业务的推出对二者关系的影响，从而来回答本书的第三个研究问题。本章实证检验发现，分析师跟进数量越多，发布的研究报告数量越多，股票一致评级水平越高，目标公司股价暴跌风险越高，而融资融券业务的推出减弱了上述影响，支持了融资融券对于缓解由分析师乐观倾向引发的负面后果的积极作用。

第8章为结论和展望。本章对本研究的主要结论进行了归纳，并据此提出相关政策建议，随后阐明论文的主要创新点，最后指出研究中存在的局限性以及未来研究的方向。

1.3.2 研究方法

本书采用的研究方法主要包括理论分析与实证分析。在理论分析方面，对这一方法的应用贯穿全文。首先，本书在对相关文献梳理的基础上，指出目前研究中尚存在的不足之处，并据此提出本书的主要研究问题；其次，明确各个研究要素的内涵，基于相关理论观点，构建融资融券、分析师行为与股价暴跌风险之间的概念模型；最后，基于概念模型，分别在论文的第5

章、第 6 章、第 7 章这三章中通过理论归纳和逻辑推演得出本书的各个研究假设。在实证分析方面，本书运用多种实证分析方法，包括描述性统计分析、相关性统计分析、均值差异和中位数差异检验、OLS 回归分析、Logit 回归分析以及 PSM 配对样本检验等，并对相应检验结果进行定性和规范分析。具体地，对各实证分析方法的简单介绍和运用如下：

（1）描述性统计分析和相关性统计分析。本书在第 5、第 6、第 7 章的实证检验部分均运用了此方法，汇报了各章研究变量以及所涉及控制变量的描述性统计结果，同时对各变量的相关性进行了统计分析。对该方法的应用目的在于了解数据的整体分布情况，同时初步判定各个变量之间的相互关系。

（2）均值差异和中位数差异检验。本书在第 5 章中运用均值 T 检验和中位数 Wilcoxon 非参数检验对比融资融券公司和非融资融券公司在各项指标上的差异，从而来识别两类公司的系统性差异。

（3）OLS 回归分析。普通最小二乘回归分析是本书最主要的研究方法，贯穿于各个实证章节（第 5 章至第 7 章）。同时，为了确保研究结果的稳健性，控制样本公司在时间序列上可能存在的自相关性，本书在所有回归分析中均对估计的标准差在公司层面上进行了聚类处理。

（4）Logit 回归分析。根据本书在第 6 章中提出的问题，需要检验个股融资融券交易状况对分析师评级修正行为的影响，评级修正是取值为 0 和 1 的类别变量，因此需要用到 Logit 回归分析。同时，在回归中依然在公司层面上进行了聚类处理。

（5）PSM 配对样本检验。倾向得分匹配法（Propensity Score Matching Method，简称 PSM 法）是目前应用较为普遍的一种配对方法，可以用于有效控制样本选择性偏差，并在一定程度上解决内生性问题。本书的研究样本由融资融券标的和非标的两类公司组成，由于入选融资融券标的的公司具有的某些共同特征可能导致两类样本存在系统性差异，从而导致研究结论可能受到样本选择性偏差问题的干扰。为了控制上述问题，本书在各实证章节的稳健性检验部分，采用 PSM 配对样本对主要研究假设重新进行了检验。

1.3.3　研究框架

本书的研究框架如图 1 – 7 所示。

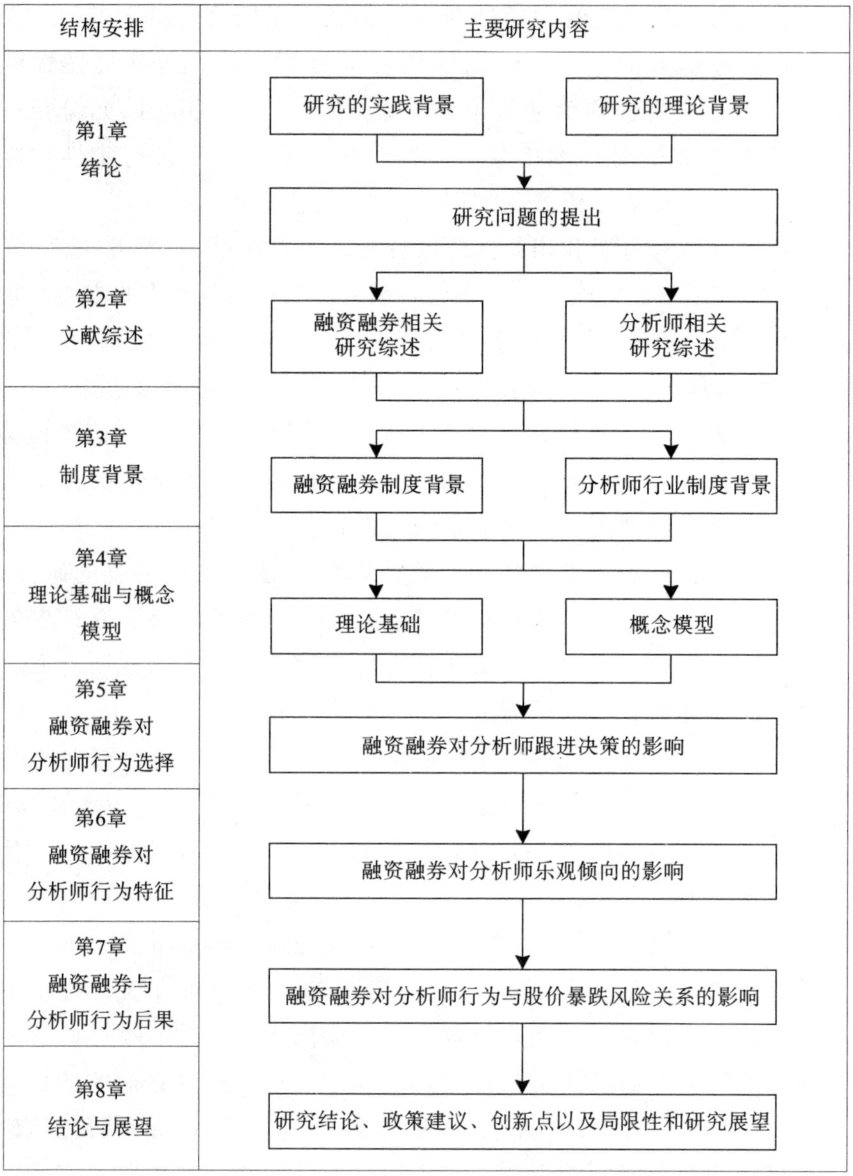
结构安排
主要研究内容
第1章
绪论
研究的实践背景
研究的理论背景
研究问题的提出
第2章
文献综述
融资融券相关
研究综述
分析师相关
研究综述
第3章
制度背景
融资融券制度背景
分析师行业制度背景
第4章
理论基础与概念
模型
理论基础
概念模型
第5章
融资融券对
分析师行为选择
融资融券对分析师跟进决策的影响
第6章
融资融券对
分析师行为特征
融资融券对分析师乐观倾向的影响
第7章
融资融券与
分析师行为后果
融资融券对分析师行为与股价暴跌风险关系的影响
第8章
结论与展望
研究结论、政策建议、创新点以及局限性和研究展望

图 1－7　本书的研究框架

第 2 章

文献综述

本章首先从融资融券定义概述、对证券市场质量的影响以及外部治理效应三个方面，系统梳理和总结融资融券领域的相关研究成果；其次，从分析师跟进决策的影响因素、乐观倾向的存在、成因及其改善机制以及分析师行为与股价暴跌风险关系三个方面，梳理和总结分析师领域的研究成果；最后，对已有文献进行述评，并在此基础上明确本书的研究方向。

2.1 融资融券相关研究综述

在美国、欧洲等较为发达的资本市场，以信用交易为基础的融资融券行为已相对成熟。因此，国外学者在该领域取得的研究成果十分丰厚且相对较早。自 2010 年我国引入融资融券机制以来，国内学者结合我国特殊的制度背景，积极探讨融资融券交易制度的实施效果，逐步形成了一批新的研究成果。为充分了解国内外研究现状，本章首先对融资融券的概念进行阐述，并在此基础上从融资融券对证券市场质量的影响，以及融资融券的治理功能两个方面梳理文献，从而为本研究奠定基础，也为后续研究提供思考和启示。

2.1.1 融资融券定义概述

2.1.1.1 融资融券的定义

融资融券交易，是市场中证券交易形式的一种，从本质上看属于信用交易，也可称其为保证金交易。根据我国《证券公司监督管理条例》（2014 年修订），所谓融资融券业务，是指在证券交易所或国务院批准的其他证券交易场所进行的证券交易中，证券公司向投资者出借资金供其买入证券或出借证券供其卖出，并由交易者提供相应担保物的经营活动。从上述定义可以看出，融资融券具体可分为融资交易（俗称买空交易）和融券交易（俗称卖空交易）两种形式。

在融资交易模式下，当投资者预测某只或某些股票价格将上涨时，可以凭借信用账户中的资金或证券进行担保，向具有融资融券业务资格的证券公司融入资金，从而买入股票，并按照约定在规定时间内偿还资金和利息。若在该期间内，所预测股票价格确实上涨，投资者则可以卖出股票进行偿还，并以这种低买高卖的方式赚取差价。可见，这样一种交易模式为投资者创造了资金的杠杆效应；当信用保证金比例为 50% 时，意味着投资者可以以双倍自有资金进行交易；若股价上涨，则可赚取接近双倍的利润。

对于融券交易的定义，至今已有 400 多年的历史。按照美国《1934 年证券交易法》中的规定，卖空交易是指投资者出售其并不拥有所有权的证券，或基于自有账户以借来的证券进行交割的任何出售行为。该定义与我国融券业务的界定都满足了两个条件：一是投资者出售股票的行为；二是投资者出售股票时实际并不拥有该股票。不同的是，根据投资者是否需要提供担保物，卖空交易可以分为“裸卖空”（即无担保卖空）和有担保卖空两种形式，我国的融券交易属于后者。依照我国两融交易的实施细则，投资者在进行卖空时，需要向具有业务资格的券商提供一定的自有资金或证券作为担保物，才能够借入证券以供出售，且必须在规定期限内偿还证券以及缴纳一定的融券费用。

2.1.1.2 融资融券的特征

相比普通的证券交易业务，融资融券具有以下几方面特征：

第一，双重信用关系的特征。在两融交易中，一方面，投资者因投资需求，可以向证券公司进行资金或证券的融通；另一方面，当证券公司自有资金或证券不足时，可以通过证券金融公司进行转融通①。由此可见，上述过程形成了融资融券交易中两个层面的信用关系，第一层信用关系建立在投资者与证券公司之间，投资者向证券公司提供部分自有资金或证券作为担保物，就可以融入更多的资金或借入证券；第二层信用关系存在于证券公司与证券金融公司之间，当证券公司的自有资金或证券不足以支撑其业务需要时，可以向证券金融公司提供一定比例的保证金，从而借入更多的资金或证券。在这两层关系中，投资者与证券公司之间的信用关系是基础，而转融通关系则是为了更好地服务于第一层信用关系。

第二，促进资券流通的特征。相比一般证券交易，融资融券的实现一方面能够使投资者在受到自身资金限制或看跌市场时，可以向证券公司借入资金或证券用于交易，从而增加了资券的流通性；另一方面，当证券公司向证券金融公司进行转融通时，证券金融公司再通过商业银行、基金公司以及保险公司等途径融入资金或证券，从而搭建了证券市场与货币市场的一条通道，使得资券得以进一步融通。由此可见，融资融券交易促进了资金与证券的有序流动，有利于提高资本市场的运行效率。

第三，财务杠杆的特征。融资融券具有杠杆效应，表现为投资者可以凭借一定价值的担保物，融入更多的资金买入股票或借入更多的证券以供卖出，从而在市场走势与投资者的预期相符时采取相应操作，以实现利用最少投资赚取最大收益的目的。杠杆效应体现了融资融券交易“本小利大”的特点，但也使得这种交易形式伴随着极高的投资风险。当市场走势与投资者的预期相反时，相比常规性交易，融资融券交易将使投资者招致加倍损失。特别是看跌市场的卖空行为，随着股票价格的不断上涨，这种交易带来的损失将无限放大。

除上述特征外，融资融券交易，特别是融券交易的实现，打破了以往的市场单边交易模式，为投资者提供一条新的获利途径。在限制卖空的市场中，投资者只能基于利好信息买入股票，而面对利空信息时，只有持公司股

① 所谓转融通，是指证券金融公司将自有或依法筹集的资金和证券出借给证券公司，以供其开展融资融券业务的经营活动。转融通机制主要存在于集中授信的融资融券模式下，本书在制度背景中会更详细地对这一模式进行说明。

票的投资者才能够采取卖出行为，其他投资者无法进行操作。融券交易的特征为投资者创造了反向操作的可能，实现了市场的双边交易模式。

2.1.2 融资融券对证券市场质量的影响

在世界主要资本市场中，融资融券业务存在的历史十分悠久，其对证券市场质量的影响机理和作用效果也得到了广泛讨论。从实质上看，由于融资交易与一般证券交易没有根本性差异，其对证券市场质量的影响也主要体现在杠杆效应创造的股票流动性上，因此专注于融资交易的研究文献极其有限。相比之下，卖空交易对证券市场质量的影响广泛且复杂，是这一领域的研究重点。目前，这一方面的研究已取得了大量成果，具体包括卖空交易对证券市场有效性、流动性以及稳定性的影响。

2.1.2.1 融资融券与证券市场有效性

关于融资融券如何影响证券市场有效性，Miller（1977）[103]开创性地探讨了这一问题。他提出的股票价格高估假说认为，在限制卖空以及投资者异质信念共存的情况下，悲观者的负面信息不能及时有效地传递到市场中，股价往往只能反映乐观者态度，从而造成股价估值过高，市场有效性下降。随后，Jarrow（1980）[104]对这一观点提出了质疑，他认为卖空限制既可能导致资产价格高估，也可能导致价格低估，这取决于不同的市场环境。Diamond和Verrecchia（1987）[105]基于理性预期模型的推导得出，在限制卖空的市场中，股价对负面信息的调整速度要远低于对正面信息的调整速度，也就是说卖空约束妨碍了股价对负面信息的吸收，这一观点与Miller十分相似。但是，作者还指出，理性的投资者在交易中会考虑到卖空限制的这种影响，进而调整相应策略，最终股票价格在总体并不会被高估，否定了Miller的股票价格高估假说。不过，该模型在构建中给出了十分严格的限定条件，使其在现实中的适用性受到了质疑。

尽管上述学者对Miller的假说提出了挑战，但随后的大量研究结果显示，限制卖空导致股票价格高估，放松卖空则有利于提高股票定价效率，支持了Miller的观点。Figlewski和Webb（1993）[106]引入期权作为卖空约束的代理变量，研究发现，期权能够提升股价信息效率。这一结果反映了卖空限制会造成股价对负面信息的低估，而期权有利于降低卖空约束，提高股价对负面信息的反应程度。Jones 和 Lamont（2002）[72]研究了卖空成本与股票定价之间的关系，并发现卖空成本越高的股票价值被高估得越严重。Chang，Cheng 和 Yu（2007）[73]利用香港证券市场的特殊性，对比研究同一市场环境下允许卖空与否对股票定价效率的影响，结果表明限制卖空导致股票价格高估，并且在投资者信念差异越大的公司中股价膨胀越严重。Bris，Goetzmann 和 Zhu（2007）[107]基于全球46个证券市场数据的检验结果显示，相比限制卖空的市场，在允许卖空的市场中股价对负面信息的调整速度更快。Saffi 和 Sigurdsson（2011）[74]对26个国家样本的考察结果也支持了这一结论，他们发现限制卖空导致股票定价效率偏低，同时放松卖空并没有引起股价的极端波动。Beber 和 Pagano（2013）[75]专门研究了2007～2009年金融危机期间各国政府对卖空的严格限制与市场有效性之间的关系，他们发现在这一期间限制卖空导致了定价效率的下降，且这种现象在熊市中更为严重。

此外，基于不同样本、不同事件或不同方法的检验，大量研究结果也都反映了卖空交易对保证证券市场有效性的重要意义（Berkman，Dimitrov 和 Jain 等，2009[108]；Marsh 和 Payne，2012[81]；Boehmer 和 Wu，2013[109]；Charoenwong，Ding 和 Wang，2013[110]；Curtis 和 Fargher，2014[111]；Drake，Myers 和 Myers 等，2015[112]）。然而，也有一些学者的研究并未发现限制卖空能够对市场有效性产生不利影响（Lim，2011[113]；Boehmer，Jones 和 Zhang，2013[82]），且在某些特殊情况下，放松卖空反而损害了市场有效性，但有关经验证据相对较少（Henry 和 Koski，2010[114]）。

自2010年正式推出融资融券业务以来，我国学者围绕融资融券对市场有效性影响的研究日益增多。这些研究虽然尚未得出一致结论，但从总体上看，大多数证据都肯定了该项交易制度对市场有效性的积极作用。古志辉，郝项超和张永杰（2011）[115]首先从随机估值模型出发，运用面板数据方法对我国A股市场的股价泡沫水平和成因进行了检验。研究结果表明，我国A股市场中资产定价泡沫较为严重，且卖空约束是导致该现象的重要原因之一。许红伟和陈欣（2012）[116]检验了两融业务推出初期股票定价效率的变化，研究结果显示在试点启动的第一年里，标的股票定价效率的改善并不理想，融资融券发挥的作用十分有限。随后，李科，徐龙炳和朱伟骅（2014）[76]、Chang，Luo 和 Ren（2014）[85]等基于多期数据的检验发现，我国推出融资融券业务矫正了过高的股价，挤压出了股价中的泡沫。方立兵和刘烨（2014）[117]从股价对信息的调整速度和反映程度两个维度共同考察，发现股票加入融资融券标的后定价效率明显提高。此外，肖浩和孔爱国（2014）[77]、李志生，陈晨和林秉旋（2015）[78]、肖争艳和高荣（2015）[79]、Chen，Kadapakkam 和 Yang（2016）[118]等的研究结论也都肯定了我国引入融资融券机制对改善市场定价、提高股票信息效率等方面发挥的积极作用。

2.1.2.2 融资融券与证券市场流动性

从本质上看，融资融券为交易者提供了资金和证券的需求，从而有利于促进资券融通，提高证券市场流动性。不仅如此，Diamond 和 Verrecchia（1987）[105]指出，禁止卖空阻碍了知情人对负面信息的反应，降低价格发现速度，扩大买卖价差，进而会降低市场流动性。也就是说，卖空的价格发现功能能够帮助市场对股票进行正确估值，这在一定程度上有助于降低市场买卖价差，促进股票流动。Charoenrook 和 Daouk（2005）[80]为此提供了经验证据，基于 111 个国家样本的检验，他们发现在允许卖空的市场中，股票流动性更高。

2008 年，全球众多证券市场遭受了金融危机的影响，很多人将此次金融危机归咎于卖空交易者的恶意抛空行为。随后，各国政府出台相应政策暂时性禁止卖空交易，旨在遏制卖空的不利影响。这一事件为学者们研究卖空对证券市场质量的影响创造了契机。Battalio 和 Schultz（2011）[119]研究了该期间美国政府的卖空禁令对市场造成的影响，他们发现，禁令颁布后限制卖空的股票买卖价差急剧上升。Boehmer，Jones 和 Zhang（2013）[82]也发现，美国的临时性卖空禁令严重损害了证券市场质量，限制卖空导致买卖价差变大，股票流动性下降。Marsh 和 Payne（2012）[81]对英国证券市场的考察结果显示，金融危机期间英国政府对金融类公司股票提出的限制性卖空要求，导致这类公司股票买卖价差明显扩大。通过对金融危机期间全球 30 个国家样本的考察，Beber 和 Pagano（2013）[75]发现，虽然各国的卖空禁令存在差异，但从总体上看，限制卖空带来了股票买卖价差的扩大以及流动性的下降。上述证据均支持了 Diamond 和 Verrecchia（1987）[105]的观点。

除上述研究外，一些学者在研究中并未得出卖空与市场流动性之间的明确关系，有些学者甚至发现了相反的证据。例如，Jones（2012）[120]检验了在 20 世纪 30 年代期间美国证券市场的流动性如何随着各项卖空限制的出现而变化。结果发现，虽然 1932 年和 1938 年的两项规定都使得卖空交易更难实现，但对市场流动性的影响却是截然相反的。具体来说，1932 年要求券商在融券给投资者前必须先取得授权的规定造成了市场流动性的下降，而 1938 年对卖空交易提出的更严格的报升规则却提高了市场流动性。此外，Lecce，Lepone 和 McKenzie 等（2012）[121]实证研究结果显示，澳大利亚市场放松裸卖空带来了流动性的略微下降。Sharif，Anderson 和 Marshall（2014）[122]针对中国市场的检验也发现，股票在允许融资融券后买卖价差增大、流动性降低。

综上可见，在检验融资融券如何影响市场流动性的研究中，正反两方面证据都存在，但以支持性证据更为普遍。虽然 Sharif，Anderson 和 Marshall（2014）[122]的研究结论否定了融资融券对我国市场流动性的积极作用，但国内更多学者的研究发现均支持了融资融券有利于提升股票流动性的观点，从而为此提供了新兴市场的经验证据（杨德勇和吴琼，2011[123]；于潇和毛雅萍，2014[83]；李志生，陈晨和林秉旋，2015[78]）。

2.1.2.3　融资融券与证券市场稳定性

虽然关于融资融券对市场有效性和流动性影响的研究结论不一，但从总体上看，以支持的观点为主；相比之下，关于卖空对市场稳定性的作用，正反两方面观点相互抗衡，相关经验证据也都十分丰富，目前尚未得出较为一致的结论。

证券市场稳定性主要体现在较小的收益率波动、较少的收益率偏态现象以及更低的暴涨暴跌风险。一种观点认为，卖空交易有利于市场及时发现负面信息，缓解因负面信息堆积带来的收益率负偏和异常波动等现象，进而降低由此引发的股价暴跌风险，提高市场稳定性。Miller（1977）[103]、Diamond 和 Verrecchia（1987）[105]等认为，限制卖空导致悲观者情绪无法体现在股价中，造成股票收益率负偏，不利于市场稳定。更甚者，Hong 和 Stein（2003）[124]基于理论模型分析得出，卖空约束导致负面信息不断累积，达到一定界限时很可能造成股价暴跌，酿成股灾。随后，不少学者们的实证结果支持了这种观点。Charoenrook 和 Daouk（2005）[80]基于全球 111 个国家证券市场的检验结果显示，当市场放松卖空时股票波动性更低，股价更趋于平稳。Boehmer，Jones 和 Zhang（2013）[82]研究发现，2008 年金融危机期间美国证券市场的卖空禁令给大规模公司的股价带来了严重波动，破坏了市场的稳定。Chang，Luo 和 Ren（2014）[85]基于我国证券市场的研究发现，解除卖空限制后标的股票收益率波动明显下降。此外，利用我国首次引入融资融券机制这一特殊事件，国内学者的大量实证结果均支持了上述观点（万迪昉，李佳岚和葛星，2012[125]；李志生，杜爽和林秉旋，2015[126]；朱民武，2015[86]；卢骏和杨季超，2015[87]；刘烨，方立兵和李冬昕等，2016[88]）。

另一种观点认为，融资融券的杠杆效应会吸引更多的投机行为，加剧股价波动，无益于市场稳定。更为严重的是，大量卖空行为可能导致收益率负极端值出现的频率更高，负偏度更为严重，从而对股价暴跌起到推波助澜的作用。Chang，Cheng 和 Yu（2007）[73]基于香港证券市场的检验结果显示，放松卖空后市场波动更大且股票收益率分布表现出更少的正偏，意味着允许卖空后股价暴跌风险提高，支持了卖空破坏市场稳定的观点。Lamont 和 Stein（2004）[84]针对不同时期在纳斯达克上市的股票历史累积卖空余额进行了研究，得出卖空无益于市场稳定的结论。Bris，Goetzmann 和 Zhu（2007）[107]基于 46 个证券市场数据的检验结果显示，在限制卖空的市场中，市场收益率表现出较少的负偏现象，反映了限制卖空对改善收益率偏态的积极作用。褚剑和方军雄（2016）[127]基于我国证券市场的研究发现，融资融券交易制度的实施导致我国标的公司股价暴跌风险恶化，进一步支持了上述观点。

除上述正反两方面的直接证据外，以我国融资融券首次启动为背景，国内部分学者得出了更为复杂的研究结论。例如，许红伟和陈欣（2012）[116]的研究结果表明，我国证券市场上融资融券交易能够显著降低股价暴跌风险，但对抑制暴涨现象以及改善收益率尖峰现象等几乎没有作用。陈海强和范云菲（2015）[128]研究发现，融资交易显著降低了股价波动性，而融券交易却增加了股价波动，但由于我国市场上的融资交易相比于融券交易更为活跃，因此从整体上表现出融资融券有利于降低市场波动的现象。可见，无论针对国外市场的研究，还是结合我国特殊制度背景的讨论，两融制度对市场稳定性的影响始终未得出统一且明确的结论。

表 2－1 对以上融资融券影响证券市场质量的研究文献进行了简要汇总。

表 2－1　　融资融券与证券市场质量研究文献汇总表

研究内容	代表性文献	研究结论
市场有效性	Miller（1977）[103]；Bris，Goetzmann 和 Zhu（2007）[107]；Beber 和 Pagano（2013）[75]；李志生，陈晨和林秉旋（2015）[78]	融资融券有利于提高股票定价效率，减小股票价格泡沫，增加市场有效性
	Diamond 和 Verrecchia（1987）[105]；Boehmer，Jones 和 Zhang（2013）[82]	融资融券不改变市场有效性
市场流动性	Charoenrook 和 Daouk（2005）[80]；Marsh 和 Payne（2012）[81]；Beber 和 Pagano（2013）[75]；杨德勇和吴琼（2011）[123]	融资融券能够帮助市场对股票进行正确估值，减小买卖价差，促进股票流动
	Jones（2012）[120]；Sharif，Anderson 和 Marshall（2014）[122]	融资融券增大了股票买卖价差，降低了市场流动性
市场稳定性	Hong 和 Stein（2003）[124]；Boehmer，Jones 和 Zhang（2013）[82]；Chang，Luo 和 Ren（2014）[85]；万迪昉，李佳岚和葛星（2012）[125]	融券交易有利于缓解负面信息堆积带来的收益率负偏和异常波动等现象，提高市场稳定性
	Lamont 和 Stein（2004）[84]；Chang，Cheng 和 Yu（2007）[73]；Bris，Goetzmann 和 Zhu（2007）[107]；褚剑和方军雄（2016）[127]	融资融券的杠杆效应加剧了股价波动，无益于市场稳定

2.1.3　融资融券的外部治理效应

自信用交易诞生以来，学术界对融资融券经济后果的研究主要围绕着证券市场质量展开。近年来，逐渐有学者研究发现，除直接作用于证券市场质量外，融资融券还能够间接影响上市公司管理者行为，对其起到约束和外部治理作用。由于这一领域的研究起步较晚，目前研究成果还相对有限。现有研究发现，卖空交易能够影响管理层盈余操纵、投融资决策以及自愿性信息披露等行为。

2.1.3.1　融资融券与盈余操纵

Desai，Krishnamurthy 和 Venkataraman（2006）[129]指出，卖空交易者会盯住那些盈余质量差的公司，当预测到公司要发生财务重述等问题时，会提前卖空公司股票以赚取投资收益。Massa，Zhang 和 Zhang（2015）[89]认为，卖空交易者对负面信息的挖掘，有利于市场发现管理层自利行为，从而对其起到约束作用，特别是对盈余信息的关注加大了管理层操纵盈余的风险。基于33个国家数据的实证检验结果显示，股票的卖空压力的确与公司盈余管理程度呈现负向关系，从而支持了他们的想法。Fang，Huang 和 Karpoof（2016）[90]利用美国证监会发布的一项旨在降低卖空成本的事件进行研究，他们发现，试点公司的可操纵应计水平在卖空成本降低后显著下降，而在试点结束后又重新回升至原来水平。利用我国证券市场提供的准自然实验环境，陈晖丽和刘峰（2014a）[91]的研究结论也支持了这一观点。他们发现，相比非标的公司，标的公司在融资融券启动后盈余管理水平显著下降，盈余质量上升。同时，陈晖丽和刘峰（2014b）[92]还发现，融资融券业务推出后，标的公司的会计稳健性水平也得到了提升。此外，张璇，周鹏和李春涛（2016）[93]研究发现，卖空机制可以通过增加激励合约的有效性以及吸引分析师跟踪等方式，降低标的公司发生财务重述的可能性。

2.1.3.2 融资融券与管理层投融资决策

Grullon，Michenaud 和 Weston（2015）[130]指出，由于公司股价下跌导致融资成本上升，进而会影响到公司的融资能力和投资能力。因此，当管理层面对卖空带来的股价下滑压力时，规模较小的公司会选择降低投融资水平的方式予以应对。靳庆鲁，侯青川和李刚等（2015）[94]认为，卖空的价格发现功能有利于股价中及时融入利空信息，从而对管理层行为起到监管作用。当公司面临较差的投资机会时，为避免管理层错误决策而招致卖空风险，大股东会更加有效地监督管理层，促使其及时调整投资策略。徐蕊和邱妘（2016）[95]指出在我国证券市场中，相当一部分上市企业存在过度投资现象，而融资融券业务推出对于改善标的公司过度投资行为起到了积极作用，肯定了融资融券的外部治理功能。

2.1.3.3 其他方面

除上述两方面证据外，也有一些学者发现卖空机制还会影响到公司内部治理水平、CEO薪酬契约安排以及管理层信息披露策略。与卖空对公司盈余管理活动的影响机理类似，Massa，Zhang 和 Zhang（2013）[96]认为潜在的卖空交易时刻威胁着大股东的个人利益，因此他们会更加努力地监督管理层，从而对提高内部治理水平起到了积极作用。Angelis，Grullon 和 Michenaud（2013）[97]研究发现，为了应对卖空带来的股价下跌风险，公司会改变原有的 CEO 薪酬契约结构，加大报酬中股票期权的占比，同时采用反收购条款等方式来确保管理层能积极应对跌价风险。与上述研究的视角不同，Li 和 Zhang（2015）[131]认为，放松卖空后股价对负面信息的极度敏感，给管理层负面信息披露行为带来了压力，导致他们会采用相对模糊的披露方式来发布具有负面性质的预测信息，例如采取降低披露精度或提高阅读难度等方式。这一结果反映了卖空机制在发挥外部治理作用的同时，也可能引起管理者采取其他更隐蔽的方式予以应对。

2.2　分析师相关研究综述

在美国等较发达的资本市场，证券分析师行业起步较早，且随着会计实证研究的发展，有关分析师行为的研究早已成为学术界讨论的热点，研究成果十分丰富。我国分析师队伍虽然出现相对较晚，但近些年来发展迅速，特别是在 2010 年以后，研究成果集中迸发。可见，无论是针对国外市场的讨论，还是围绕我国证券市场的研究，有关分析师的研究文献数量庞大、涉及范围较广，因此本章重点选取与本研究相关的文献进行梳理，分别从分析师跟进决策的影响因素，分析师乐观倾向的普遍存在及其成因，以及分析师乐观与股价暴跌风险三个方面对国内外研究进行梳理。

2.2.1　分析师跟进决策的影响因素

跟进决策是分析师行为开展的第一步，探讨哪些因素会影响分析师对目标的选择，一方面有助于深入了解分析师的行为特征，另一方面也具有重要的现实意义。然而，对于研究者来说，分析师对跟进目标的选择是一个相对复杂且不可观测的决策过程，不仅会受到公司特征等内部因素的影响，同时行业特征、市场环境以及政策安排等方面的变化也会影响其最终决策。因此，相关研究多以结果为导向，采用实证方法检验哪些因素会影响上市公司中跟进的分析师数量，进而来判断分析师在行为选择时所考虑的因素。早期大量研究从微观层面的公司特征出发，识别公司规模、盈利能力、成长性等指标对分析师跟进决策的影响。此外，也有学者研究发现，行业特征也是导致分析师选择偏好的重要因素。随后，宏观层面的法律制度安排与实施等对分析师行为造成的影响日益得到重视，形成了新的研究方向。本小节按照影响因素的层次差异，分别从公司特征、行业特征以及法律制度三个层面梳理国内外主要研究成果。

2.2.1.1 公司特征

（1）国外研究。国外学者关于公司特征对分析师跟进数量影响的研究成果颇为丰富，相关内容涉及公司综合情况、股权结构、股票表现、信息披露以及其他方面特征。

①综合情况。Bhushan（1989）[15]是该研究领域中最具代表性的一篇文献，为后续研究的开展奠定了基础。作者基于供需关系的理论模型，从需求和供给角度综合讨论了公司规模、所有权结构、股票收益率波动、股价同步性以及公司业务数量五个方面对分析师均衡数量的影响。他认为，分析师是否跟进某一上市公司，取决于市场对该公司信息的需求程度以及分析师信息供给的成本。当某一特征的改变引发市场更强烈的信息需求而供给成本不变时，分析师数量将上升，反之则下降；若某一因素的变动导致分析师供给成本上升而市场需求不变时，分析师数量将下降，反之则上升。因此，当公司中机构持股数量越多、持股比例越高、公司规模越大或股票收益率波动越高时，市场对公司的信息需求越强烈，分析师跟踪人数就会越多；公司股价同步性越高，导致分析师信息供给成本越低，进而跟进数量越高；而业务数量越多的公司复杂性越高，分析师提供信息的成本越高，从而跟进人数越低。Bhushan 的上述观点均得到了实证的支持。

基于 Bhushan（1989）[15]的理论框架，Moyer，Chatfield 和 Sisneros（1989）[3]认为，流通股数量越多、股东人数越高的公司，市场对信息需求越高，分析师跟进数量越多。对经营业绩越好、发展前景越乐观的公司提供的预测能够为分析师赚取更高的收益，因此在这类公司中分析师跟进的动机越强（McNichols 和 O'Brien，1997[16]）。Barth，Kasznik 和 McNichols（2002）[24]指出，无形资产占比越高的公司不确定性越高，导致投资者对分析师的需求增加，从而分析师跟进数量增加。此外，他们还发现，分析师跟进数量与公司规模、股票交易量、股票发行数量以及错误定价程度正相关，而与跟进成本负相关。

②股权结构。Moyer，Chatfield 和 Sisneros（1989）[3]从监管需求的角度讨论了公司成长性以及股权结构与分析师跟进的关系。作者认为，由于管理者与投资者之间存在着代理冲突，分析师的跟进能够为投资者提供信息，从而对管理层起到监督作用，降低代理成本。因此，在成长性越高的公司中，投资者对分析师的监管需求越强烈，分析师跟进的意愿也就越高；而内部人持股比例越高的公司，股东与管理层的利益越趋于一致，从而对分析师的监管需求减弱，分析师跟进人数也相应减少。这篇文章为后续研究奠定了理论基础。Lang，Lins 和 Miller（2004）[4]研究发现，在家族企业或其他股权相对集中的公司中，信息主要在内部进行流通，因此对分析师的需求减弱。而在所有权与控制权分离程度较高以及那些具有金字塔层级结构的公司中，小股东利益被侵占的可能性高，因此对分析师挖掘的信息产生了强烈需求，从而引导分析师更积极地跟进（Boubaker 和 Labegorre，2008[5]）。

③股票表现。Brennan 和 Hughes（1991）[7]研究了股票价格、股票拆分活动与分析师跟进的关系。他们认为，由于分析师个人收入与券商利益息息相关，而股票交易佣金是券商业务收入的主要来源之一。因此，分析师更愿意选择跟进那些容易产生大量股票交易的公司，而较低的股票价格能够为此创造便利。实证结果显示，股票价格与分析师跟进数量负相关；不仅如此，管理层会通过股票分拆的方式降低股票价格，向分析师传递积极信号以吸引他们的关注。类似的，Alford 和 Berger（1999）[8]研究发现，股票交易量越高的公司跟进的分析师数量越多。Irvine（2001）[9]的研究为以上观点提供了更直接的证据。研究发现，分析师跟进的确能够为其所在证券公司创造更高的佣金收入并增加市场份额。此外，Rajan 和 Servaes（1997）[132]针对 IPO 市场的研究发现，新股发行抑价与分析师跟进人数成正向关系。

④信息披露。信息披露与分析师跟进关系的讨论一直是该领域的研究热点。基于 Bhushan（1989）[15]的理论分析框架，从信息供给的角度来看，由于信息披露水平上升会降低分析师对公有信息的搜集和处理成本，从而增加了分析师的跟进意愿；但从信息需求的角度来看，Healy、Hutton 和 Palepu

(1999)[133]认为分析师是私有信息的主要供给者，因此随着公有信息质量提升，投资者对私有信息的需求将下降，私有信息供给创造的利润空间将减小，导致分析师跟进积极性减弱。可见，从理论分析的角度难以断定信息披露对分析师跟进的影响，而后续的实证研究也支持了不同的观点。Lang 和 Lundholm（1996）[10]的实证检验结果支持了第一种假设，即公司信息披露政策越完善，分析师跟进数量越多。此外，更多的研究发现，公司降低盈余管理水平（Hong、Huseynov 和 Zhang，2014[134]）以及披露与投资者价值相关的信息（Ledoux、Cormier 和 Houle，2014[12]）等行为，吸引了更多分析师的跟进，均支持了第一种观点。但另一方面，Lehavy，Li 和 Merkley (2011)[11]研究发现，公司年报可读性越低，分析师跟进的可能性越高，意味着当投资者对分析师的需求强烈时，即使分析师为这类公司提供信息的成本增加，也不会减弱他们跟进的积极性。Jiraporn、Liu 和 Kim（2014）[135]研究结果显示，当 CEO 拥有的权利越大时其隐藏信息的动机越小，公司信息透明度越高，从而降低了市场对分析师的需求，导致分析师跟进数量下降，研究结论支持了第二种观点。

⑤其他。除上述研究成果外，一些学者们还发现，分析师与管理层私人关系以及地理距离等因素也会影响分析师跟进决策。例如，Brochet、Miller 和 Srinivasan（2014）[136]研究发现，当公司高层管理人员跳槽到其他公司时，跟进该公司的分析师很可能会追随管理者，开始跟踪另一家公司；当管理者任职的先后两家公司处于同一行业时，这种可能性更高。O'Brien 和 Tan (2015)[137]研究发现，分析师对本地 IPO 公司的跟进意愿高出非本地公司的 80%。

（2）国内研究。由于我国证券分析师队伍起步较晚，国内学者关于这方面的研究主要集中在 2006 年以后，研究内容及相关结论与国外文献基本一致。林小驰、欧阳婧和岳衡（2007）[17]对我国上市公司特征与海外证券分析师关注度的研究发现，规模越大、盈利能力越好、财务杠杆比例越低、应计项目占比越小的公司，吸引的分析师越多，表明分析师偏好经营业绩好且风险低的公司。此外，分析师还倾向于跟进治理结构较好的公司。范宗辉和王静静（2010）[99]研究发现，分析师偏好盈余较为平滑且操纵较少的公司。王宇超，肖斌卿和李心丹（2012）[18]实证结果表明，除大规模公司外，机构投资者持股比例较高且投资者关系管理较好的公司更容易受到分析师的青睐；而风险较高、业务相对复杂或内部人持股比例较大的公司，分析师跟进人数相对较少。崔玉英、李长青和郑燕等（2014）[99]重点关注了公司成长性和盈余波动对分析师行为选择的影响。他们发现，公司成长性以及盈余波动性均与分析师跟踪人数正相关。徐媛媛，洪剑峭和曹新伟（2015）[19]综合研究了公司特征对分析师实地调研的影响。结果显示，与之前学者的研究发现相似，分析师更愿意去规模大、机构投资者关注度高、盈利能力好、经营不确定性高以及信息披露质量好的公司进行实地调研。此外，与调研对象的地理距离也显著影响了分析师的选择。

从信息披露方面的研究成果来看，李丹蒙（2007）[138]、白晓宇(2009)[13]等研究发现，我国上市公司信息披露政策越完善、透明度越高，跟进的分析师数量越多。此外，业绩预告披露精度越高（王玉涛和王彦超，2012[14]）、或有事项披露越详细（董小红、李哲和王放，2015[139]），都有利于激励更多的分析师跟进，而财务重述的发生会导致跟进的分析师人数减少(马晨，张俊瑞和李彬，2013[140])。蒋艳辉和李林纯（2014）[141]研究发现，智力资本多源化信息的披露也会影响分析师行为，并通过吸引更多分析师跟踪这一中介作用最终对企业价值产生正面影响。可见，基于我国证券市场的实证检验结果均支持了信息披露水平越高，分析师信息供给成本越低，从而跟进越积极的观点，反映了分析师在我国证券市场中更多地扮演了信息补充而非信息竞争的角色。

除上述研究外，欧阳励励（2011）[6]实证研究发现，我国控股权集中的公司吸引了更多分析师的关注，且这种影响主要体现在非国有控股公司中。与 Bhushan（1989）[15]研究发现一致，蔡卫星和曾诚（2010）[142]实证检验结果显示，我国上市公司多元化水平与分析师关注度负相关。苏治和魏紫(2013)[143]研究发现，企业无形资产资本化程度与分析师跟进人数正相关。姚禄仕，何方和王丽娜等（2014）[144]从利益冲突的视角研究了机构持股、高管持股对分析师跟进的影响。作者认为，机构持股比例越高，来自于机构投资者的利益冲突压力越大，分析师跟进数量越高。研究结果支持了这一假设，但并未发现高管持股的显著影响。除机构持股比例外，机构投资者情绪也是影响分析师跟进的显著因素，机构投资者情绪越高涨，分析师跟进的积极性越高（黄永安和曾小青，2013[145]）。周开国，应千伟和陈晓娴（2014）[58]研究发现，上市公司受媒体的关注程度与分析师跟进水平显著正相关。此外，针对IPO市场的研究发现，私募股权投资的公司受更多分析师的青睐（窦欢和王会娟，2015[146]），定向增发整体上市的公司也会吸引更多分析师的关注（佟岩和刘勋，2016[147]）。

2.2.1.2 行业特征

相比公司特征，截至目前行业特征对分析师跟进影响的研究成果相对较少。Obrien 和 Bhushan（1990）[20]首次从行业特征的视角探讨了行业规模及其受管制程度对分析师跟进收益和成本的影响。作者认为，由于同一行业的公司之间具有某些共同特征，从而分析师对某一公司技术知识的掌握也很可能适用于同行业内的其他公司。因此，当行业内公司数量越多时，这种规模效益越容易产生，分析师跟进也会越积极。从成本的角度来看，在被管制的行业内，由于公司受到严格监管，信息披露质量有所保障，从而降低了分析师信息处理成本，导致这类行业吸引了更多分析师的跟进。Haw，Hu 和 Lee（2015）[22]研究发现，行业竞争程度也是影响分析师行为选择的重要因素。他们认为，从信息需求的角度来看，相比处于竞争性行业内的公司，投资者对市场占有率越高或处于垄断地位的公司的信息需求越强烈，从而分析师跟进数量越多；同时，从供给成本的角度来看，行业集中度越高，意味着分析师可以凭借对某一公司信息的掌握，来判断行业内其他公司的发展状况，信息搜集成本降低。因此，行业竞争程度与分析师跟进人数负相关，该假设得到了研究中实证结果的支持。此外，Barth，Kasznik 和 McNichols（2001）[24]在研究无形资产与分析师跟进的关系时发现，公司所在的行业研发成本越高，由此带来的不确定性越高，导致市场对分析师的需求强烈，分析师跟进越积极。

国内相关研究与国外研究发现基本一致。邢立全和陈汉文（2014）[23]基于 2002～2011 年我国上市公司样本的检验结果显示，相比其他行业的公司，分析师对处于高集中行业的公司跟进更积极。潘亮（2015）[21]以 2003～2011 年我国深市 A 股公司为样本，讨论产业政策对分析师行为选择的影响。结果显示，整体信息披露质量较高的行业或处于国家调控的行业，吸引了更多分析师的跟进。

2.2.1.3 法律制度

20 世纪末，法与金融研究的兴起与发展，为学术界研究分析师行为指引了新的方向。法律，作为宏观层面的制度安排，在影响个人行为中扮演着非常重要的角色。识别法律制度因素对分析师行为产生的影响不仅具有重要的现实意义，同时从实证角度来看，法律制度本身具有很好的外生性，不会受分析师个人行为或意志影响，从而相关研究结论也更为可靠，也由此吸引了一些学者的关注与研究。

基于 47 个国家数据的考察，Chang，Khanna 和 Palepu（2000）[25]研究发现，除公司规模等微观因素对分析师行为产生显著影响外，不同国家在投资者法律保护以及市场信息环境等宏观层面存在的区别，也是导致分析师行为差异的重要因素。具体地讲，如果一个国家的政策制定者能够在制度安排上致力于提高市场整体的信息透明度，那么这个国家的分析师团队也表现得更为积极，对市场产生更显著的正面效应。DeFond 和 Hung（2007）[26]具体考察了投资者保护与分析师信息供给的关系。研究发现，在投资者保护水平较弱的国家，分析师更愿意提供现金流预测。这一结果与 Chang，Khanna 和 Palepu（2000）[25]的研究结论有些差异，它反映了在市场环境并不理想的情况下，分析师更加致力于为投资者提供信息，是信息的重要供给者。

此外，不少学者着重关注某项具体法律法规的实施对分析师行为产生的影响。为了提高证券市场的透明度及公平性，2000 年 8 月 10 日，美国证券交易委员会通过了公平信息披露准则（Regulation Fair Disclosure，简称 FD 准则），旨在禁止上市公司选择性信息披露行为。该准则实施后，证券分析师通过与管理层电话会议等途径获取的信息优势被大打折扣，曾一度导致分析师盈余预测分歧的显著增加（Bailey，Li 和 Mao 等，2003[29]）。Mohanram 和 Sunder（2006）[30]进一步探究了该准则实施后分析师跟进行为的变化。研究发现，FD 准则通过以后，分析师投入了更多的精力去挖掘异质性信息。为了实现这一目的，一些分析师选择放弃跟踪那些广受欢迎的公司，而将精力集中在之前不太受关注的公司上。该研究结论为理解法律制度实施如何影响分析师跟进决策提供了依据。

Bushman，Piotroski 和 Smith（2005）[27]研究了不同国家内幕交易法实施对分析师跟进行为的影响。作者认为，内幕交易行为会挤占分析师私有信息供给所创造的价值，因此禁止内幕交易法案的施行将会影响分析师行为。通过对 1987 ~ 2000 年 100 个国家的考察发现，内幕交易法首次执行后分析师跟进人数显著增加，且这种影响主要表现在新兴市场中；而对于投资者保护水平较高的国家，禁止内幕交易并未引起分析师行为的显著变化。Leung 和 Srinidhi（2006）[28]重点考察了 1995 年美国私人证券诉讼改革法案实施对分析师行为的影响。该法案的颁布增加了私人因证券投资失败而起诉公司时的限制性条件，使管理层在信息披露时不再需要承受太大的压力。如此一来，对于大规模公司，法案实施将提高管理层信息披露水平，从而降低了市场对分析师跟进的需求；但由于小规模公司信息披露的可信度本身偏低，法案实施进一步降低了市场对其的信赖程度，从而引发市场对分析师更强烈的需求，分析师跟进数量增加。

Bae，Tan 和 Welker（2008）[31]、Tan，Wang 和 Welker（2011）[32]、Liu，Wang 和 Yao（2014）[33]分别从财务报告要求和财务报告形式方面考察了相关准则规范对分析师行为产生的影响。Tan，Wang 和 Welker（2011）[32]认为国际会计准则趋同会提高财务报告的可比性和有用性，进而会影响分析师对目标公司的选择。基于 25 个国家的实证检验结果显示，采用国际财务报告准则（International Financial Reporting Standards，简称 IFRS）不仅促使公司吸引了更多本土分析师的跟进，同时赢得了更多海外分析师的关注。进一步研究发现，在先前所采取的会计准则与 IFRS 相差更大的国家里，这种影响更为明显。从财务报告形式来看，Liu，Wang 和 Yao（2014）[33]认为可扩展商业报告语言（eXtensible Business Reporting Language，简称 XBRL）能够加强财务报告的规范性和可读性，提高分析师的信息处理效率，进而有利于调动分析师跟进的积极性。实证检验结果支持了作者的假设。以上研究结果表明，由于财务报告是分析师信息来源的主要途径之一，因此与其相关的准则规范的颁布和实施，一定程度上能够影响分析师的行为选择。

目前，国内关于法律制度安排对分析师跟进决策影响的研究成果还相对较少。史永和张龙平（2014）[34]采用 2007 ~ 2012 年 A 股市场数据，对我国实施 XBRL 财务报告与分析师行为变化的关系进行了考察。研究发现，XBRL 实施提高了分析师对财务报告的使用效率，表现为上市公司被分析师跟踪的频率以及分析师所提供的研究报告中预测项目的数量均显著提升，且这种影响在机构投资者持股比例较低的公司中更为明显。此外，谭跃，钟子英和管总平（2013）[60]、管总平，黄文锋和钟子英（2013）[1]从利益冲突的角度，研究了 2006 年我国证券市场实施的公平信息披露准则（Regulation Fair Disclosure，简称 FD 准则）对分析师行为的影响。结果显示，FD 准则缓解了承销商与机构投资者带给分析师的压力，进而减弱了分析师乐观倾向的程度，但研究中并未针对分析师跟进决策的变化展开讨论。

表 2-2 对以上分析师跟进决策影响因素的相关文献观点进行了简要概括。

表 2-2　分析师跟进决策影响因素研究文献观点总结

研究视角	主要观点	代表性文献
公司特征	公司综合情况、股权结构、股票表现以及信息披露等多方面因素通过调整市场对公司个体的信息需求程度以及分析师供给成本，最终影响分析师跟进数量	Bhushan（1989）[15]；McNichols 和 O'Brien（1997）[16]；Brennan 和 Hughes（1991）[7]；Lang 和 Lundholm（1996）[10]；林小驰，欧阳婧和岳衡（2007）[17]；徐媛媛，洪剑峭和曹新伟（2015）[19]
行业特征	行业规模、竞争程度以及受管制程度等因素影响着分析师跟进所产生的规模效益，从而决定了分析师对某一行业公司的偏好和选择	Obrien 和 Bhushan（1990）[20]；Haw，Hu 和 Lee（2015）[22]；Barth，Kasznik 和 McNichols（2001）[24]；邢立全和陈汉文（2014）[23]；潘亮（2015）[21]
宏观因素	宏观层面的法律制度等因素能够对市场环境以及市场中各方参与主体行为产生影响，从而通过调整分析师的行为动机改变分析师的行为选择	Chang，Khanna 和 Palepu（2000）[25]；DeFond 和 Hung（2007）[26]；Mohanram 和 Sunder（2006）[30]；Liu，Wang 和 Yao（2014）[33] 史永和张龙平（2014）[34]

2.2.2　分析师乐观倾向的存在、成因及其改善机制

上一小节回顾了分析师行为选择的影响因素，本小节重点梳理有关分析师行为特征——乐观倾向的研究文献，并按照相关研究的发展，从分析师乐观倾向存在的经验证据、成因以及已发现的改善机制三个方面对文献进行归纳总结。

2.2.2.1 分析师乐观倾向的普遍存在

（1）国外证据。现有研究发现，无论是在相对成熟的资本市场，还是在仍处于发展中的新兴市场，证券分析师作为市场参与者之一，始终发挥着关键性的信息中介作用。分析师基于对上市公司信息的搜集以及整体情况的掌握，判断公司未来的发展状况，为投资者提供盈余预测，并基于预测情况与当前市场价值形成对比，给出买入或卖出股票的投资建议。在很长一段时间里，学术界关于分析师的研究都集中在探讨分析师报告的信息价值上，包括其所提供盈余预测的准确性以及股票评级的投资价值。早期大量研究发现，相比时间序列模型以及其他预测模型得到的结果，分析师所提供的盈余预测整体表现更好、预测结果更准确（Brown 和 Rozeff，1978[35]；Collins 和 Hopwood，1980[36]；Fried 和 Givoly，1982[37]；Conroy 和 Harris，1987[38]）。此外，学者还发现，除盈余预测外，分析师所提供的股票评级和评级修正也同样具有信息价值，投资者基于评级或评级修正进行股票交易能够赚取超额利润（Davies 和 Canes，1978[148]；Bjerring，Lakonishok 和 Vermaelen，1983[149]；Stickel，1985[150]；Stickel，1995[151]；Womack，1996[39]）。

然而，随着相关研究的不断深入，逐渐有学者发现，无论是在盈余预测上，还是在股票评级方面，分析师都表现出了乐观倾向。一方面，虽然分析师预测要比时间序列等模型更为准确，但依然存在明显偏差，且这种偏差并非随机分布的，而更多地表现为正偏（Fried 和 Givoly，1982[37]），即盈余预测值高于真实盈余值；另一方面，分析师发布的股票评级类别也并非均匀分布的，分析师给出的“强买”“买入”等正面评级数量要远远超过“强卖”“卖出”等负面评级数量（Mola 和 Guidolin，2009[40]）。

Obrien（1988）[152]通过对 IBES（Institutional Broker Estimate System，简称 IBES）中分析师预测数据的检验发现，分析师预测通常会高于真实盈余。Dowen（1989）[153]以 1977～1986 年分析师预测数据进行分析，发现 10 年中有 7 年分析师的平均预测偏差为正，也就是说在大多数情况下分析师预测都要好于实际情况。这些检验结果意味着分析师可能存在“乐观倾向”。随后的经验证据也不断支持了这一观点。Butler 和 Lang（1991）[154]基于 186 个分析师、49 家公司、4 年内共计 9 120 个预测结果的检验发现，平均 76.5% 的分析师盈余预测值高于公司真实盈余值，且相比于乐观预测，总体上悲观预测的准确度更高。Calderon（1993）[155]也发现了类似的现象，他们以 1976～1988 年分析师盈余预测为样本，实证结果显示，总体上看分析师对公司 EPS 的预测超过了公司真实 EPS，特别是在 1980 年以后，这种现象更为明显。此外，若公司的真实盈余高于分析师预测时，预测偏差整体较小，而当真实盈余低于预测值时，预测偏差整体较大，这种不对称性反映了分析师存在乐观倾向。

此外，分析师在股票评级上表现的乐观倾向更显直接。Barber，Lehavy 和 McNichols 等（2003）[156]对 1996～2001 年美国证券市场股票评级类别的描述性统计结果显示，6 年间“强买”和“买入”评级数量约占评级总量的 67%；而“卖出”和“强卖”评级仅占 3%，这一比例曾在 2000 年时达到历史最低，仅为 1.6%。Mola 和 Guidolin（2009）[40]也指出，1995～2001 年美国证券市场几乎被“买入”类别的股票评级所侵占，负面评级数量不足 4%，分析师乐观倾向严重。即使在 2002 年相应调整政策出台后，这一状况也并未得到很大改善，分析师整体上依然表现乐观。除这些直接证据外，早期的研究成果也间接反映了这一问题的存在。例如，Davies 和 Canes（1978）[148]在研究股票评级的投资价值时发现，被分析师出具“买入”评级的股票在评级发布当天，平均能够获得 0.923% 的超额收益率，而这一比率在被出具“卖出”的股票当中达到了 -2.374%，可见“卖出”评级的投资价值要远远超过“买入”评级。这一结果反映了分析师存在乐观倾向，其对负面评级的发布更为保守，从而导致相比正面评级，负面评级投资价值明显更高。

（2）国内证据。国内学者的研究发现为分析师乐观倾向的存在提供了新兴市场的证据。吴东辉和薛祖云（2005）[157]以 2001 年我国 A 股上市公司盈余预测为样本，考察分析师提供的盈余预测是否具有信息价值。研究发现，基于这些预测构建的投资组合能够赚取超额回报，肯定了我国证券分析师的价值。但作者发现，无论是均值还是中位数，预测误差始终为负①，反映了在我国证券市场上，分析师存在着乐观倾向。陈伟忠，吴佳和王宇熹等（2007）[158]在研究评级调整的投资价值时发现，从买入评级中被剔除的股

① 预测误差 =（真实盈余 - 预测盈余）/ 预测公布后 1 天的股票市值总额。

票，在调整后出现累积收益率下降趋势，反映了这种评级调整具有投资价值。然而，从卖出评级中被剔除的股票，在调整后不仅没有出现收益率上涨之势，反而呈现大幅下跌之势。作者认为，导致这种现象的原因，可能是由于分析师对公司的未来盈利能力存在着系统性乐观。李文贵（2007）[159]重点研究了我国分析师的盈余预测特征，包括预测准确度、修正情况以及倾向性。研究结果显示，我国分析师盈余预测具有较高的准确度，并且修正行为能进一步提高预测精度。然而，作者还发现分析师预测存在着系统性乐观，表现为预测误差的均值和中位数显著异于零，且预测盈余普遍高于真实盈余。随后，原红旗和黄倩茹（2007）[45]研究发现，无论是盈余预测抑或股票评级，在承销商团队中，分析师的乐观倾向都更为严重。王倩（2011）[160]对 2008 年 4 月初至 2009 年 3 月底我国 A 股市场的股票评级类别进行了统计，结果发现，这一期间“卖出”和“强卖”的评级数量分别为 26 个和 14 个，仅占评级总量的 0.72%，这一数字比 2000 年美国证券市场的统计结果更低。可见，在我国证券市场上，分析师的乐观倾向十分严重。

由此可见，无论是在美国较发达的资本市场，还是在我国处于发展阶段的市场中，证券分析师均发挥了重要的信息中介作用，为投资者提供了有价值的信息。然而，分析师乐观倾向的普遍存在，却是始终困扰人们且不容忽视的重要问题，也带动了相关研究的不断深入。

2.2.2.2 分析师乐观倾向的成因

在证实了分析师乐观倾向的存在后，学者们开始积极探讨造成这种现象的原因，并从多个角度展开研究且取得了十分丰厚的成果。总体来说，现有研究主要可以分为两类：一类是建立在利益冲突假说上的战略性动机，此类研究普遍认为，分析师出于促进交易量、发展投行业务以及讨好管理层等目的，从而选择发布正偏的预测或评级；另一类则是基于行为金融理论，从认知偏差角度出发，讨论由于分析师自身经验、素质以及预测能力等方面的不足，最终在预测结果上呈现的非战略性扭曲。

（1）利益冲突视角下的战略性动因。用利益冲突来解释分析师的乐观倾向，是建立在理性人假说基础之上的。理性人假说认为，经济决策的主体所追求的唯一目标就是满足自身经济利益的最大化。对分析师个人而言，为所供职证券公司带来的经济收入是影响分析师薪酬以及晋升机会的关键性因素；此外，维持与管理层的良好关系是分析师私有信息获取的重要途径，决定了分析师的长期表现。因此，现有研究主要围绕证券公司和管理层两个方面讨论利益冲突对分析师乐观倾向的影响。

①证券公司业务收入与分析师乐观倾向。证券公司业务收入主要包括经纪业务收入和投行业务收入等，其中每一类业务的开展都可能给分析师带来利益冲突，导致分析师乐观倾向的存在。

经纪业务收入是指投资者通过在证券公司开户进行证券交易而产生的交易佣金。Brennan 和 Hughes（1991）[7] 指出，促进股票交易量、帮助证券公司赚取交易费用是分析师信息供给的主要目的之一。由于卖出评级只可能促进那些已持有公司股票的投资者进行交易，而买入建议则有助于增加更多投资者的交易需求，从而分析师出具乐观性投资建议的动机更强（Francis 和 Soffer，1997[161]）。Hayes（1998）[41] 采用模型推导的方式支持了上述观点。作者发现，分析师决定搜集的信息数量取决于这些信息能够产生的交易费用。此外，分析师更愿意追踪经营业绩好的公司以期促进更多交易产生。Jackson（2005）[162] 的实证检验结果为此提供了经验证据。研究发现，乐观的分析师能够为所在证券公司赚取更多的交易佣金，且随着分析师声誉的提高，这种作用越发显著。作者还指出，声誉机制并没有让分析师保持应有的客观，面对经济诱惑，他们往往选择发布乐观预测以误导投资者进行交易。Beyer 和 Guttman（2011）[163] 基于模型分析也得出了类似的结论。他们发现，交易量动机导致分析师向上修正盈余的频率要明显高于向下修正的频率，从而整体上表现出乐观倾向，且这种乐观程度与促成的交易数量显著正相关。

Obrien 和 Bhushan（1990）[20] 在研究机构投资者持股与分析师跟进的关系中提到，由于股票交易量是决定分析师跟进和信息供给的关键因素，同时机构投资者又是大量交易产生的主体，因此，机构投资者青睐的公司往往是分析师关注的重点。不仅如此，分析师为了获得机构投资者的交易订单，选择发布乐观的评级去支持基金重仓股，即使在这些公司表现并不理想的情况下也依然如此（Mola 和 Guidolin，2009[40]；Firth，Lin 和 Liu 等，2013[164]；Gu，Li 和 Yang，2013[42]）。

除经纪业务外，大量研究发现，投行业务也是导致分析师乐观的重要原因。一方面，投行业务关系给予了分析师压力去为客户提供乐观的研究报告，以帮助投行业务顺利开展；另一方面，分析师通过发布乐观预测或评级的手段讨好管理层，为证券公司争取更多的业务合作机会（Feng 和 McVay，2010[165]）。

Dugar 和 Nathan（1995）[43]检验了投资银行关系对分析师行为特征的影响。研究发现，相比其他分析师，处于投行业务压力下的分析师发布的盈余预测和股票评级都更为乐观，但从预测的准确度以及评级的投资价值来看，两类分析师的表现并无明显差异。Lin 和 McNichols（1998）[100]根据承销业务关系将分析师划分为承销商分析师和独立分析师，并对比两类分析师的行为特征。结果显示，两类分析师在盈余预测方面的表现没有明显差异，但在盈余增长预测和股票评级上，承销商分析师均表现得更为乐观。随后，Michaely 和 Womack（1999）[101]研究发现，被承销商分析师出具买入评级的股票整体表现要远远差于独立分析师推荐的股票，Cliff（2007）[166]的研究也得出了类似的结论。Dechow，Hutton 和 Sloan（2000）[102]考察了上市公司股权融资时分析师的表现，研究发现在上市公司发行新股期间，分析师普遍高估公司的盈余增长能力，其中这种现象在承销商分析师中更为突出。进一步研究发现，承销费用与承销商分析师的乐观程度成正比。O'Brien，Mcnichols 和 Lin（2005）[44]从评级修正及时性的视角检验了利益冲突对分析师行为的影响。研究发现，当掌握了客户的利好信息时，分析师积极向上修正评级，而得知负面信息时，却不调整或推迟调整评级。

为了探究证券公司哪类业务的开展给分析师带来的压力最大，Cowen，Groysberg 和 Healy（2006）[167]基于对比研究发现，若分析师任职的公司只靠经纪业务收入来资助研究部门，分析师的乐观倾向最为严重；相比之下，若证券公司同时开展经纪业务和承销业务，分析师的乐观倾向略微改善；只通过销售研究报告来盈利的公司，其研究团队下的分析师发布的预测最为客观。这一结果反映了，相比承销业务，经纪业务压力更容易导致分析师的乐观。

基于我国证券市场的检验，国内学者研究发现，承销商分析师比非承销商分析师总体上乐观倾向更为严重，无论是表现在盈余预测抑或投资评级上（原红旗和黄倩茹，2007[45]；丁方飞，王晓彦和贺芳丽，2012[168]；冯旭南，2012[169]）。潘越，戴亦一和刘思超（2011）[46]对我国 IPO 市场承销商托市行为进行了考察。结果发现，承销商利用分析师发布乐观且偏颇的研究报告，从而为上市后表现不佳的公司托市。管总平，黄文锋和钟子英（2013）[1]实证检验结果发现，除承销商压力外，机构投资者也是造成我国分析师乐观的重要原因，分析师普遍对机构重仓股持乐观态度。具体地，官峰，靳庆鲁和张佩佩（2015）[170]以我国上市公司定向增发解禁为背景，检验了机构投资者对分析师行为特征的影响。研究发现，为了帮助机构投资者顺利抛售股票而获利，分析师在定向增发解禁前为机构重仓股发布更加乐观的盈余预测。

此外，曹胜和朱红军（2011）[2]检验了我国券商自营业务压力下的分析师评级行为。研究发现，分析师会出具更加乐观的投资评级去支持所隶属证券公司已重仓持有的股票。胡娜，周铭山和郭寿良等（2014）[171]以具有证券公司持股的IPO公司为研究对象，检验在IPO市场上券商参股是否影响了分析师的独立性。不出所料，相比其他分析师，隶属分析师的股票评级更加乐观。可见，券商自营业务有损分析师独立性，导致分析师过度乐观。

②管理层关系与分析师乐观倾向。上市公司管理层是分析师私有信息获取的重要途径，而私有信息获取能力一定程度上决定了分析师在市场中的长期表现。Laderman（1990）[172]提到，一些管理人员会报复那些曾对公司发表过不利言论的分析师，取消他们与管理层的见面机会。因此，分析师有时会选择牺牲研究报告的客观性来迎合管理层的需求。Francis 和 Philbrick（1993）[47]的实证检验结果一定程度上支持了这种观点。他们发现，当分析师对目标公司出具了“持有”等负面类型的投资建议时，会同时发布乐观偏差更大的盈余预测，以缓和与管理层之间的关系。Das，Levine 和 Sivaramakrishnan（1998）[48]认为，由于乐观预测有助于拉近分析师和管理层的距离，因此当公司盈余不确定性较高时，分析师发布乐观预测的动机更强，从而增加未来获取私有信息的机会。Lim（2001）[173]通过建立分析师效用函数，采用模型推导的方式得出类似结论。模型预测结果显示，从管理层关系和盈余预测准确度两个维度共同分析，最终选择发布存在乐观偏差的预测是分析师的最优策略。Mayew（2008）[174]从管理层回报的视角佐证了上述观点。研究发现，管理层在电话会议时，会选择性的回答问题，面对那些为公司发表过乐观报告的分析师，管理层表现得更加热情，而对于出具过向下修正评级建议的分析师，管理层通常不予理睬。

关于管理层关系与分析师行为特征的探讨，我国学者也取得了一些成果。与国外研究视角略有不同，宋乐和张然（2010）[49]考察了任职高管的证券背景对分析师行为产生的影响。研究发现，当上市公司高管曾在或正在分析师所隶属证券公司工作时，分析师与高管之间容易形成良好关系，分析师会高估该高管任职公司的未来盈余，且在不确定性越高的公司中，高估程度越严重。但研究中并未检验任职高管是否会为存在这种关系的关联分析师提供更多的信息。赵良玉，李增泉和刘军霞（2013）[50]较为全面地研究了我国证券市场上管理层与分析师之间的互动形式。基于上市公司大股东减持、公开增发和配股事件的检验发现，在上市公司需要时，发布乐观评级的分析师更可能获得私有信息，表现为之后的盈余预测更加准确。进一步研究发现，分析师以发布乐观评级换取私有信息的行为主要存在于私有信息获取价值更高的公司中。此外，作者还发现，采取上述策略的分析师更有可能获得去上市公司调研的机会，这可能是管理层回馈分析师的具体形式。

随着该领域研究的不断深入，逐渐有学者研究发现，选择在季度开始发布乐观盈余预测，随着季报披露日逐渐接近，进而转向发布悲观预测的分析师更能赢得管理层的青睐（Ke 和 Yu，2006[175]）。Libby、Hunton 和 Tan 等（2008）[176]采用实验研究法，对来自两大证券公司的 81 个分析师进行测试，也得出了类似结论。同时，作者给出了造成这种现象的原因。由于证券分析师行业的日渐成熟，分析师一致预测目前已成为市场预期的最优代理变量，管理层希望或诱导分析师在季报披露前调低盈余预测，从而实现真实盈余超过市场预期的目的。基于我国市场的检验，冯旭南（2012）[169]也发现了类似现象。在上市公司即将公告当期盈余时，一些分析师会调低盈余预测使其远远低于真实盈余，从而帮助公司战胜市场预期。可见，分析师会以牺牲预测准确度为代价来博得管理层的好感。

（2）认知偏差视角下的非战略性扭曲。所谓认知偏差，是指人们凭借一些表面现象或虚假信息而对他人做出判断，从而出现判断本身与判断对象真实情况不符，抑或导致判断失误，这是行为金融学中的一个重要概念。分析师处在一个复杂且嘈杂的市场环境下，他们在撰写研究报告过程中会受到自身能力和素质等方面的限制，往往无法识别外界信息的真伪或被投资者情绪等因素干扰，导致最终发布了偏颇预测。在这种情况下，分析师并非为了最大化个人收益而故意发布扭曲信息。可见，这是利益冲突观点与认知偏差观点存在的最大差异。

早在 20 世纪 90 年代初，就有学者发现，分析师在预测盈余时会表现出反应不足（Lys 和 Sohn，1990[177]；Abarbanell，1991[178]）或过度反应（Debondt 和 Thaler，1990[179]）等特征，而这种行为特征不能很好地基于利益冲突假说进行解释。一些学者认为，这主要是由于人们在处理问题时会受到自身一系列经验规则、乐观悲观情绪以及与此相关的系统性偏差所致。Klein（1990）[51]检验了分析师乐观倾向的形成是否符合认知偏差理论。研究发现，面对股价上涨时，分析师既不乐观也不悲观；但当股价下跌时，分析师存在反应不足，从而导致系统性乐观的存在。除股价外，Abarbanell 和 Bernard（1992）[180]研究还发现，分析师在进行预测时，对公司近期的盈余信息也存在反应不足的问题。Easterwood 和 Nutt（1999）[181]指出，分析师究竟是反应不足还是反应过度与其所接受到的盈余信息本质相关。具体地，当分析师对坏消息反应不足而对好消息反应过度时，整体上就会表现出乐观倾向。

除受到自身反应不足或过度反应的影响外，分析师在预测未来盈余时所依赖的信息特征也是导致其行为偏差的重要原因。Sedor（2002）[52]认为，分析师并非有意发布乐观预测，而造成这一结果的根源在于管理层。管理层有蓄谋地向分析师传递更加乐观的公司经营信息，而分析师基于这些信息导致形成的研究报告过于乐观。Chen 和 Jiang（2006）[53]也指出，分析师过度信赖从管理层处获得的公司私有信息。然而，管理层出于维护公司形象，树立投资者投资信心等目的，往往都采用尽可能积极乐观的语气去描绘公司状况。如此一来，分析师基于此类信息进行预测，也会在一定程度上受其影响，产生乐观倾向。

还有学者研究发现，投资者情绪也是造成分析师认知偏差的原因之一。Qian（2009）[182]基于市场季度数据的检验结果显示，分析师乐观程度会随着时间的推移而发生明显变化，且这种变化与市场上投资者情绪，特别是机构投资者情绪的波动高度相关。类似地，Hribar 和 McInnis（2012）[183]研究发现，当市场中投资者情绪高涨时，分析师针对不确定性高的公司发布的前瞻性预测以及成长性预测都更为乐观。可见，当分析师面对难以预测的公司时，投资者情绪是影响其预测行为的重要因素。同时，作者进一步检验发现，分析师的这种行为表现并非出自战略上的动机。基于我国证券市场的检验结果也得出了类似结论。伍燕然，潘可和胡松明等（2012）[184]构造了月度投资者情绪指数，并发现这一指数能够很好地解释证券分析师在盈余预测上存在的偏差。管总平，黄文锋和钟子英（2013）[1]也发现，即使在控制了承销商关系以及机构投资者持股压力的影响下，投资者情绪高涨也是导致分析师乐观的重要原因。

此外，Mokoaleli－Mokoteli，Taffler 和 Agarwal（2009）[185]指出，分析师乐观倾向是利益冲突与认知偏差共同作用的结果，只考虑利益冲突而忽略了认知偏差，难以全面地理解分析师行为，从而在改善这种行为的机制设计上达不到理想效果。我国学者周冬华和赵玉洁（2016）[54]研究发现，一般情况下，认知偏差和利益冲突分别独立影响分析师的乐观倾向，但当分析师声誉较低时，两者之间则表现出了互补关系，彼此间的交互作用加剧了分析师的乐观程度。

表 2－3 对分析师乐观倾向的成因进行了简要概括。

表 2－3　　分析师乐观倾向成因研究文献汇总

研究视角		主要观点	代表性文献
利益冲突视角	证券公司业务压力	分析师为提高券商经纪业务、投行业务以及自营业务等收入而有意发布乐观报告	Obrien 和 Bhushan（1990）[20]；Hayes（1998）[41]；O'Brien，Mcnichols 和 Lin（2005）[44]；原红旗和黄倩茹（2007）[45]；曹胜和朱红军（2011）[2]
	管理层关系	分析师为了讨好管理层获取私有信息以及创造业务合作机会而有意发布乐观报告	Francis 和 Philbrick（1993）[47]；Das，Levine 和 Sivaramakrishnan（1998）[48]；宋乐和张然（2010）[49]；赵良玉，李增泉和刘军霞（2013）[50]
行为金融视角	认知偏差	分析师在信息收集或处理过程中，受自身能力等方面限制以及外部环境干扰，产生了认知偏差，最终无意识地发布了偏颇且乐观的报告	Klein（1990）[51]；Sedor（2002）[52]；Chen 和 Jiang（2006）[53]；周冬华和赵玉洁（2016）[54]

2.2.2.3 分析师乐观倾向的改善机制

随着分析师乐观倾向动因的逐渐清晰，学者们开始关注这一现状的改善措施及其效果，并不断探究和挖掘新的治理机制。

2002 年，美国证券商协会向证券交易委员会提交了第 2711 条准则，要求证券公司在今后所发布的每一条研究报告中，都要披露上一年度出具的所有股票评级类别的统计信息。这意味着，那些因为利益冲突而频繁发布“买入”、拒绝出具“卖出”建议的行为，将直接暴露在投资者视线下。Barber, Lehavy 和 McNichols 等（2006）[186]首先检验了这一准则的实施效果。研究发现，准则实施对改善分析师股票评级行为中的乐观倾向起到了一定的作用，“买入”评级占比从准则实施前的 60% 下降到 45%，而“卖出”评级占比从 5% 提升至 14%。Chen 和 Chen（2009）[187]的检验结果也肯定了该准则的实施效果。他们发现，该准则实施以后，分析师评级与股票内在价值之间的相关性显著提升，而与利益冲突之间的关系减弱，表明分析师更多地基于股票真实价值而非经济利益动机给出评级建议。

针对这一准则的实施效果，也有学者指出，该准则虽然降低了分析师的乐观程度，但作用能力十分有限。例如，Mola 和 Guidolin（2009）[40]发现，2002 年以后，分析师总体的乐观倾向有所改善。但进一步研究结果表明，即使在准则实施后，分析师对目标公司股票评级的向上修正行为依然与公共基金持有该公司股票的市场份额显著正相关。Kadan，Madureira 和 Wang 等（2009）[188]研究结果显示，准则实施后，处于投行业务关系下的分析师出具乐观评级的频率有所下降，且信息含量增加；然而，发布中性和悲观评级的频率虽然提高，但信息含量下降。这一结果意味着，准则实施减弱了投行业务关系对分析师独立性的影响，但处于利益冲突下的分析师依然不愿出具真正意义上的悲观评级。

此外，还有学者发现，美国证监会于 2004 年发布的一项与卖空交易相关的规章（Regulation SHO）对缓解分析师乐观倾向起到了积极作用（Ke, Lo 和 Sheng 等，2015[189]）。这项规章旨在降低卖空交易的成本，并在罗素 300 指数（Russell 3000 Index）中选取了三分之一的公司作为试点。研究发现，这一规章颁布后，试点公司中分析师盈余预测的乐观偏差得到了一定程度的修正。基于不同的研究视角，我国学者的近期研究成果也支持了这一观点。研究发现，我国市场引入卖空机制显著降低了分析师盈余预测中的乐观偏差（李丹，袁淳和廖冠民，2016[190]）。

除上述研究外，我国学者还发现，公平信息披露准则（Regulation Fair Disclosure，简称 FD 准则）在缓解利益冲突带来的分析师乐观倾向上，也表现出了积极作用。谭跃，钟子英和管总平（2013）[60]从私人信息供给压力角度讨论了 FD 准则对于缓解分析师利益冲突的作用。他们发现，FD 准则的实施降低了承销商关系对分析师乐观偏差的正向影响，同时也减弱了机构投资者持股与分析师预测偏差的正向关系。可见，FD 准则的实施一定程度上有利于缓解分析师的利益冲突，对于改善我国证券分析师行业乐观倾向的现状具有重要意义。此外，管总平，黄文锋和钟子英（2013）[1]的研究发现也支持了上述观点。

还有一些学者从竞争压力、机构投资者监督以及媒体监督等视角讨论这些因素对于修正分析师乐观倾向的作用。例如，Gu 和 Xue（2008）[55]研究发现，当非独立分析师跟进的公司同时也被独立分析师关注时，非独立分析师的预测偏差明显降低。这一结果反映了，来自于独立分析师的竞争压力，有利于减弱关联分析师因利益冲突而形成的乐观倾向。Sette（2011）[56]考察了 IPO 市场上竞争关系对承销商分析师评级乐观性的影响，检验结果也支持了上述观点。此外，Ljungqvist，Marston 和 Starks 等（2007）[57]认为，对于分析师而言，机构投资者的重要性不仅在于大规模股票交易带来的佣金，同时也是明星分析师评选中的决定力量。因此，对于机构投资者重点关注的股票，分析师即使面临着投行业务关系下的利益冲突，也不会表现的过分乐观，而是倾向于给出更准确的预测。实证结果支持了作者的观点，肯定了在某些情况下，机构投资者的存在有利于修正分析师的乐观倾向。近年来，我国学者研究发现，媒体关注在降低分析师盈余预测的乐观偏差上发挥了积极作用。周开国，应千伟和陈晓娴（2014）[58]研究结果显示，媒体关注度越高，分析师盈余预测越准确，且这种作用主要体现在对乐观性预测的修正上。谭松涛，甘顺利和阚铄（2015）[59]也得出了类似的结论，他们发现，媒体关注度的提升能够显著降低分析师盈余预测的乐观偏差，且在财务信息透明度较差的公司中效果更好。

2.2.3　分析师行为与股价暴跌风险

现有文献提供了分析师乐观倾向存在的证据，也探讨了造成这一现象的原因及其治理机制。那么，分析师这种行为特征会导致怎样的后果？这是值得关注和研究的问题。显然，无论是乐观的盈余预测还是投资评级，其造成的最直接后果为误导投资者，造成投资者投资决策失误。此外，也有学者认为，分析师乐观倾向的存在，不仅给投资者带来了损失，更为严重的是引发股价暴跌的可能。

2.2.3.1　股价暴跌风险的形成机理

关于股价暴跌风险的形成机理，学者们从不同角度出发进行分析，其中较多学者的研究是在不完全信息理性预期框架基础上展开的。基于该理论框架的分析认为，由于投资者对信息掌握的不完备，无法对公司做出正确估值，从而可能推动公司股价偏离真实价值。然而，当市场中知情交易者掌握的私有信息，特别是负面信息被集中揭露时，则可能导致股价暴跌。

Romer（1993）[191]认为，市场中投资者对信息的掌握情况存在差异，从而形成了信息优势一方和信息劣势一方。然而，由于投资者难以判断自身所获得信息的质量，因此信息优势一方往往没有及时利用手中信息进行交易，致使信息无法被充分反映到股价中，造成信息堆积。但是，随着投资者交易的不断进行，市场将自然分辨信息的优劣，那些没有被充分反映到股价中的真实信息也将逐渐被交易者认知。当所有不利信息被全部揭露时，市场价格就会发生暴跌。Lee（1998）[192]认为，由于交易成本的存在，导致采用序贯交易模式的投资者不愿透露其私有信息，从而隐藏的坏消息不断聚集，一旦某一特定事件发生，形成导火索促使这些聚集的负面信息集中释放时，股价就会出现大幅度波动，产生暴跌风险。

基于以上作者观点可以推断，造成股价暴跌的两个必要条件是负面信息的堆积以及集中释放。随后，逐渐有学者发现，管理层出于自利等目的，往往存在隐藏公司负面信息的动机。随着这些负面信息的不断积累和发酵，当达到某一临界点时，极有可能发生泄露，最终被市场发觉，从而导致公司股价暴跌（Bleck 和 Liu，2007[193]；Kim，Li 和 Zhang，2011[194]；Kim，Li 和 Zhang，2011b[195]）。

对于如何防范和降低股价暴跌风险，Hutton，Marcus 和 Tehranian (2009)[196]指出，公司提高财务报告透明度、改善信息披露质量，有利于公司相关信息被市场所认知，并及时反映到股价中，从而有效避免了股价的极端波动，降低股价暴跌风险。我国学者潘越，戴亦一和林超群（2011）[197]研究发现，个股股价发生暴跌的可能性与公司信息披露透明度显著负相关。此外，提高公司会计稳健性（Kim 和 Zhang，2013[198]）、提高审计质量（江轩宇和伊志宏，2013[199]）、加强内部控制（叶康涛，曹丰和王化成，2015[200]）、增加大股东持股比例（王化成，曹丰和叶康涛，2015[201]）以及加强媒体监督（罗进辉和杜兴强，2014[202]）等有利于提高公司信息透明度，减弱管理层隐藏负面信息的动机，从而促使负面信息更及时地披露给投资者，降低公司股价暴跌风险。

2.2.3.2 分析师行为与股价暴跌风险的关系

目前，关于分析师行为与股价暴跌风险关系的直接证据相对较少，相关研究主要形成了两种观点。

一种观点认为，证券分析师是市场中最为重要的信息中介之一，他们的存在能够促进信息传播，帮助市场及时了解和吸收公司相关信息。因此，从这个角度来看，分析师跟进应有利于揭示公司不利信息、牵制管理层自利行为，从而避免负面信息堆积带来的股价暴跌风险。例如，Kim，Li 和 Zhang (2011)[194]基于 1995 ~2008 年美国证券市场数据的考察发现，管理层避税行为增加了公司股价的暴跌风险，但来自于外部的监管机制，如分析师跟进、机构投资者持股等，有利于揭露管理层自利行为，降低股价暴跌风险。潘越，戴亦一和林超群（2011）[197]基于我国 A 股上市公司的检验结果显示，在我国投资者法律保护相对不理想的环境下，分析师作为一种法律外的替代机制，在降低信息不透明与股价暴跌风险的关系中起到了积极作用。以上研究结果表明，分析师作为信息中介，在减弱因管理层自利等行为引起的股价暴跌风险中发挥了治理效应，肯定了分析师的积极作用。

然而，另一种观点认为，由于投行业务压力、讨好管理层等动因，分析师往往不愿揭露负面信息，成为管理层隐藏负面信息的帮凶。与此同时，他们的乐观倾向加剧了市场的乐观，导致公司市场价值与真实价值严重偏离，一旦负面信息被市场发现，则将带来股价暴跌的风险，因此分析师乐观倾向的存在会加剧股价暴跌风险。Xu，Jiang 和 Chan 等（2013）[71]、许年行，江轩宇和伊志宏等（2012）[70]为这一观点提供了经验证据。基于中国证券市场的检验，Xu，Jiang 和 Chan 等（2013）[71]研究发现，分析师跟进数量的增加导致股价暴跌风险上升，且当分析师乐观程度更高，分析师任职于投资银行或所隶属证券公司与基金公司存在关联时，这种影响更为显著。类似地，许年行，江轩宇和伊志宏等（2012）[70]实证检验结果显示，分析师乐观偏差与目标公司股价暴跌风险之间显著正相关，且在牛市中这种关系更明显。进一步研究发现，机构投资者数量越多、持股比例越高、上市公司发生再融资行为以及来自前五大佣金收入证券公司的分析师占比越高，分析师乐观偏差对股价暴跌风险的正向影响就越显著。上述研究结果支持了分析师乐观倾向增加股价暴跌风险的观点。

2.3 文献述评与研究启示

2.3.1 文献述评

通过 2.1 节的文献回顾可以看出，融资融券特别是卖空机制在国内外证券市场中的影响都是广泛且重大的，相关研究大体可以归为两部分：一是从市场层面上考察融资融券对整个证券市场质量的影响，具体包括对市场有效性、流动性以及波动性的影响；二是在此基础上，进一步从个体层面上探究融资融券对管理层行为的影响，挖掘卖空机制的外部治理功能。从现有文献的研究成果来看，第一类研究在理论上以及实证上都取得了颇为丰厚的成果，虽然在市场稳定性方面尚未得出一致结论，但无论从有效性还是流动性角度来看，基本都肯定了融资融券对证券市场的积极作用。相比之下，第二类研究的起步较晚，近几年才逐渐得到学者们的重视，因此目前研究成果还十分有限，研究视角也相对局限，主要从管理层机会主义行为视角来挖掘融资融券的治理功能，而忽视了探讨融资融券对市场中其他参与者自利行为可能起到的约束作用。

2.2节结合本书的研究内容，重点梳理了分析师跟进决策的影响因素、乐观倾向的存在、成因及其改善机制以及分析师行为与股价暴跌风险关系三个方面的文献，下面对此逐一进行评述。

在第一部分文献中，现有研究围绕公司、行业和宏观政策三个层面因素探讨对分析师跟进行为的影响。从研究数量上看，目前以讨论公司特征影响因素的文献居多，以行业和市场层面出发进行的研究还相对较少。特别是在我国，由于分析师行业起步较晚，相关研究主要集中在第一类文献上，而少有研究探讨我国市场层面交易制度和政策等外部因素的变化对分析师行为选择的影响。就研究意义而言，公司特征对分析师跟进的影响体现在规模、盈利能力、股权结构等个体特征差异上，研究结论虽有利于了解分析师行为选择的特点，但由于外界对公司内部因素的不可控，从而难以实现通过调整公司特征来引导分析师行为选择的目的。相比之下，基于宏观法律政策的研究，更能够从整体上抓住影响整个分析师行业行为选择的因素，相关结论对于调控和引导分析师在不同类别公司间的分布提供参考价值。

在第二部分文献中，关于分析师乐观倾向的存在证据以及成因已取得了非常丰厚的成果，且研究结论也逐渐趋于一致。分析师的乐观倾向主要源自利益冲突以及认知偏差的共同作用。随后，研究重点落在如何改善这一现状上。从现有研究成果可以看出，目前外部监督特别是法律制度的安排是改善分析师乐观倾向的重要力量，但研究成果还相当有限，特别是缺乏结合我国特殊制度背景的研究。相比西方发达国家的市场，我国证券市场的发展还不太完善，对分析师的监督和约束机制也尚未健全，导致分析师乐观倾向严重。同时，我国上市公司信息透明度普遍较低、市场信息环境较差以及个人投资者为主体的特征，导致市场对分析师的需求更加强烈。在这种特殊的背景下，挖掘分析师乐观倾向的改善机制具有极其重要的现实意义。

第三部分文献重点梳理了分析师行为与股价暴跌风险的关系。目前，有关分析师行为后果的研究成果颇为丰富，但大都将分析师视为有效的信息中介，考察其在缓解信息不对称、促进市场信息流动以及监督上市公司行为等活动中的积极作用，少有文献从分析师乐观倾向的视角出发，讨论分析师这一行为特征引发的负面后果。分析师乐观倾向的存在导致市场负面信息堆积，当达到某一界限时，则可能引发股价暴跌。现有研究对这一问题的讨论和验证还十分有限，难以给出肯定的答案，需要进一步补充经验证据。

基于以上述评，将现有研究主要存在的不足归纳如下：

第一，融资融券外部治理效应的经验证据尚不充足且视角单一，除上市公司管理层外，忽视了考察对市场中其他参与者自利行为的约束作用；

第二，分析师跟进影响因素的研究主要集中在公司内部因素的讨论上，对宏观层面影响因素的挖掘不足；

第三，分析师乐观倾向的成因逐渐清晰，但关于如何改善这一现象的研究成果明显不足；

第四，分析师行为后果的研究，大多建立在分析师是有效信息中介基础上展开的，忽视了对其乐观倾向引发的负面后果的讨论。

2.3.2 研究启示

现有研究为本书提供了充实的理论依据和丰富的经验证据，主要启示如下：

首先，现有研究发现融资融券交易制度不仅能够对证券市场产生直接影响，同时这种影响具有溢出效应，能够进一步作用于上市公司管理者身上，对其行为产生影响。现有研究发现，卖空机制的价格发现功能有利于揭示管理层自利行为，起到外部监督作用，减小管理层机会主义行为发生的可能。与管理层自利动机相似，分析师出于自身利益的考虑会发布偏颇且乐观的报告，但同时两者所受到的利益牵制又有所不同。那么，卖空机制是否也会对分析师自利行为产生约束作用？与对管理层的影响相比，其作用机理和表现形式又存在哪些差异？

其次，关于分析师乐观倾向的研究成果表明，促进证券公司内部经纪业务、投行业务以及自营业务的发展是分析师乐观倾向形成的重要原因。可见，这一现状导致对分析师乐观倾向的改善难以凭借券商的内部监督加以实现，而需要寻求有效的外部调整机制。从现有为数不多的研究成果来看，公平信息披露准则等制度安排在缓解分析师利益冲突方面发挥了积极作用。受相关研究启示，本书认为，融资融券交易制度的安排是我国近年来的一次重大金融创新与突破，其不仅改变了传统的市场交易模式，同时对证券公司而言，更是创造了新的业务支点。分析师乐观倾向形成的主要原因之一在于促进证券公司各项业务的开展，帮助证券公司赚取更多收入。然而，与证券公司传统业务的获利模式不同，融券业务的本质是看跌交易，这种交易的开展与分析师乐观倾向的特征相悖，从而很可能会引起分析师行为的调整。可见，从这个角度来看，也有必要探讨一下融资融券交易制度安排对分析师行为的影响。

最后，关于分析师行为后果的讨论，现有研究大多将分析师视为有效的信息中介，考察其对证券市场和上市公司的积极作用。然而，由于分析师乐观倾向的普遍存在，且在我国资本市场还不成熟、市场稳定性较差的现状下，分析师一味报喜不报忧的态度是否会对市场产生不利影响，带来股价暴跌风险？此外，若分析师乐观倾向的确带来了股价暴跌风险的上升，那么乐观倾向的改善机制能否进一步减弱这种负面效应，也是值得研究的问题。

针对上述问题，本书利用我国首次引入融资融券交易制度的事件背景，将融资融券纳入到分析师行为选择、特征及其经济后果的研究框架中，理论分析并实证检验融资融券业务的推出对分析师跟进决策、乐观倾向以及由此引发的股价暴跌风险的影响机理和作用效果。

2.4 本章小结

本章首先系统总结了融资融券领域的相关研究成果，在厘清融资融券概念及其特征的基础上，从融资融券对证券市场质量的影响及其外部治理效应两个方面，梳理国内外文献。可以看出，融资融券对证券市场质量影响的研究颇为丰富，既有深度又有广度，相关经验证据汗牛充栋，而关于其外部治理效应的研究仍处于起步阶段且视角单一，目前主要围绕着融资融券对管理层自利行为的约束作用展开讨论，尚未将其扩展到对市场中其他参与者行为影响的研究中来。

其次，本章从分析师跟进决策的影响因素、乐观倾向的存在、成因及其改善机制以及分析师行为与股价暴跌风险关系三个方面，重点梳理并回顾了有关分析师的研究文献，进而了解了现有研究的进展：第一，分析师跟进决策会受到公司特征、行业特征以及法律制度三个层面因素的影响，其中公司特征主要解释了分析师在不同目标公司之间的选择，行业特征决定了分析师对不同行业的青睐程度，而宏观层面的法律制度等因素能够影响分析师行业的整体选择，目前国内研究还主要集中在讨论微观层面公司特征因素对分析师跟进行为的影响，较少涉及对宏观层面因素的挖掘与探索；第二，关于分析师乐观倾向的成因已逐渐形成统一观点，现有研究认为利益冲突和认知偏差是导致分析师乐观的两大动因，而如何改善这一现状，国外学者从法律制度以及市场环境等方面的研究取得了一定成果，我国学者在此方面的研究成果还十分有限；第三，目前有关分析师行为与股价暴跌风险关系的研究相对较少，且形成了正反两面的对立观点，需要提供更多的经验证据。可见，在对文献的系统回顾和述评基础上，作者发现了现有研究中存在的不足，同时也受到了启发，明确了本书的研究方向。

第3章
制度背景

本章首先阐述境内外融资融券交易制度的发展，分析我国融资融券的制度特征和发展现状；随后介绍国内外证券分析师行业的制度背景，分析现阶段我国分析师行业面临的主要问题，从而为后续章节的研究奠定制度背景基础。

3.1 融资融券制度背景

3.1.1 境外主要证券市场融资融券的发展及制度特征

从世界范围来看，融资融券交易的历史源远流长。早在17世纪，荷兰市场中就发生了卖空行为，这是有关卖空交易的最早记录。到了18世纪，英、法、美等国也先后开展了融资融券交易。在随后的发展中，融资融券逐渐暴露出一些问题，曾多次遭到各国政府的暂停和禁止，但最终也都重新得到了允许。融资融券业务的开展与市场的成熟度密切相关。有学者统计发现，2002年，95%的发达国家都已放开了卖空交易（Charoenrook 和 Daouk，2009[203]），融资融券业务已发展得相当成熟，相应的法律法规也较为完善，监管十分到位。而在新兴市场中，市场发展初期的各方面条件还不成熟，几乎都不允许信用交易，而随着证券市场对外开放程度的提高以及相应制度建设的日益完善，才逐渐引入融资融券机制。根据 Charoenrook 和 Daouk

(2009)[203]的统计结果，1990年以前，开展卖空交易的新兴市场比例仅为10%，到了2002年，这一比例提升至31%。可见，在许多的新兴市场中，融资融券依然没有放开，或是处于刚刚起步阶段。因此，需要借鉴成熟市场的经验。

目前，纵观融资融券在世界范围的发展，主要形成了以美国、日本和我国台湾地区为代表的三种模式，分别为分散授信模式、集中授信模式和双轨制集中授信模式。后文先简要概述以上国家或地区融资融券的发展历程，随后对三种模式的主要特征进行分析和对比。

3.1.1.1 美国融资融券的发展

融资融券在美国的发展，经历了一个在自由化金融市场下不断演进并不断试错、进而逐渐丰富与完善起来的过程。融资融券的萌芽出现于18世纪，并于19世纪末进入快速发展阶段。这一期间，美国市场中的买空卖空行为颇为盛行，且完全由市场调控，政府并未对此作出相应规定。然而，1929年美国股市的大崩盘，促使政府对监管工作重新思考。美国政府通过了证券交易法并建立了证券交易委员会，开始颁布和调整相应法律法规，也逐渐对信用交易进行了适当约束。但总体上看，美国的融资融券依然以市场主导为主，即在制度所限定的范围内，融资融券交易由市场参与者自发完成。进入20世纪70年代，随着金融服务电子化和全球化的发展，美国证券市场迎来了融资融券交易的又一个高峰。一方面，以一定比例的现金抵押而进行的融券交易行为，在这一阶段得到了快速的发展；另一方面，美国市场中信用交易的范围不再局限于国内，而开始走向国际。到了80年代，第三方抵押品管理推进了美国融资融券的进一步发展。第三方托管银行成为信用交易融入方和融出方的中介机构，并对抵押品进行接收、监管和维护。20世纪90年代以后，融券交易在操作方面发生了许多结构性变化。与此同时，对冲基金的快速发展也促使融券交易的规模得以飞速提升。

3.1.1.2 日本融资融券的发展

日本现行的融资融券交易制度是经过长期演变而来的，追根溯源已有百余年历史。从1879年至1949年，日本证券交易处在定期清算时期。这一期间，证券买卖双发相互给予信用，可在预定期限内采取反向交易，并最终以差额进行清算。然而，这种交易形式在促进市场活跃的同时，也助长了投机行为。1948年5月，日本政府制定了证券交易法，并以此取代原有法规，标志着日本定期清算时代的结束。依据当时的证券法，在不超过成交价55%的范围内，证券业者可以向客户提供信用。然而实际上，日本财政机关依据法律授权，将这一比例降为零，导致信用交易无法实现。此外，由于定期清算交易已废除，造成这一时期的市场萎靡不振。直至1951年，大藏省才将保证金比例更改为55%，真正意义上允许了融资融券行为。从此，日本成为东亚国家和地区中第一个引入融资融券的国家。1954年，日本政府成立了专业化的证券金融公司，为信用交易提供支持和保障。证券公司在为客户办理融资融券业务时，若自身资券不足则可以向证券金融公司进行转融通，但后者不得直接为客户提供服务，从而基本形成了日本融资融券的集中授信模式。此后，日本政府不断出台新的方案，涉及信用交易期限、最低保证金等内容，旨在保障信用交易的健康发展。

3.1.1.3 我国台湾地区融资融券的发展

我国台湾地区的融资融券交易始于1962年，并伴随着金融市场自由化程度的增加而逐步成熟起来。1962～1974年是我国台湾证券市场的例行交易时期。这一期间，交易者通过支付一定的保证金，可在约定的交割日前进行反向交易，并最终在交割日补上价差，从而实现杠杆交易的目的。1974年，我国台湾方面正式指定三家金融机构办理信用交易的融资业务，从此进入了银行代办信用交易时期。1980年，三家金融机构合资设立复华证券金融公司，正式开展了融资融券业务。此后十年内，市场中的信用交易全部由这家金融公司独揽。1988年，为了适应市场中日益增长的信用交易需求，台湾地区“证券法”做出修正，明确符合条件的证券公司可以办理融资融券业务。同时，证券金融公司既可以为证券公司融资融券，也可以直接向客户融资融券。1990年，元大证券和鼎盛证券成为首批可以办理该业务的证券公司，从此我国台湾地区市场基本形成了融资融券的双轨制集中授信模式。此后，可以办理融资融券业务的证券公司数量不断增加，于1988年达到了60家。此外，市场中的证券金融公司也由原来的一家独揽变为多家共存且竞争的局面。

3.1.1.4 融资融券制度特征分析

通过回顾以上国家或地区的融资融券发展历程可以看出：第一，美国证券市场中融资融券交易的完成更加自由，主要依靠市场这只“无形的手”，美国政府不会主动干预证券公司的借贷关系；证券公司为投资者办理信用业务时若出现资券不足问题，可以向市场中多方金融机构进行融通，这种模式是典型的分散授信模式。第二，日本融资融券采用的是集中授信模式，这种模式具有高度垄断性，由政府严格控制市场；政府设立专门的证券金融公司作为中介，证券公司资券不足时只能向证券金融公司进行转融通。第三，我国台湾方面对融资融券的控制程度介于以上两者之间，呈现出双轨制集中授信的特征；一方面，我国台湾方面也设立了专业的证券金融公司，这类公司具有绝对的优势和一定的垄断性；另一方面，与日本不同，我国台湾的证券金融公司既可以向证券公司融资融券，也可以直接为投资者进行融资融券，且证券金融公司数量不止一家，彼此之间形成了竞争关系。

表 3－1 对以上三种融资融券交易模式特征进行了比较分析。

表 3－1　　融资融券制度特征分析

<table>
<tr><th></th><th>美国
（分散授信）</th><th>日本
（集中授信）</th><th>我国台湾地区
（双轨制集中授信）</th></tr>
<tr><td rowspan="4">制度特征</td><td>融通自由性</td><td>融通垄断性</td><td>既垄断又竞争</td></tr>
<tr><td>未设立证券金融公司</td><td>设立证券金融公司</td><td>设立多家证券金融公司</td></tr>
<tr><td>证券公司为投资者办理融资融券业务，对其提供信用</td><td>证券公司为投资者办理融资融券业务，对其提供信用</td><td>证券金融公司、证券公司为投资者办理融资融券业务，对其提供信用</td></tr>
<tr><td>证券公司资券不足时，向金融市场融通</td><td>证券公司资券不足时，只能向证券金融公司融通</td><td>证券公司资券不足时，可以向证券金融公司融通，也可以向金融市场融通</td></tr>
<tr><td rowspan="2">优劣</td><td>优势：效率高，成本低，交易十分活跃</td><td>优势：操作层级分明，便于监管，风险相对较低</td><td rowspan="2">该授信模式介于两者之间，风险低于前者但高于后者，效率高于后者但低于前者</td></tr>
<tr><td>劣势：风险高，一旦出现问题难以控制</td><td>劣势：运行效率难以保障，交易活跃度相对较差</td></tr>
</table>

3.1.2　我国融资融券的发展历程与制度变迁

我国证券市场建立较晚，在市场发展初期各方面条件还不成熟，开展信用交易的风险极高。因此在很长一段时间里，我国都是明令禁止融资融券行为的。后来，随着证券市场规模的不断扩大以及监管体制的日益完善，市场对融资融券的呼声越来越高。已有的现货交易不仅无法满足投资者的需求，也存在着一定的弊端。在这样的背景下，我国开始摸索融资融券的制度建设。由于相比美国，我国证券市场运行机制尚在健全和完善中，信用机制还没有真正建立。与此同时，市场各方参与主体的风险控制能力也相对较弱，所以不适宜采用美国的分散授信模式。因此，我国最终形成了与日本相类似的融资融券集中授信制度。下文将具体介绍我国融资融券业务发展的各个阶段。

3.1.2.1 明令禁止阶段（1990～2005 年）

在我国证券市场建立最初的十几年里，融资融券是被明令禁止的。1990 年，上海证券交易所和深圳证券交易所的先后成立，标志着我国证券市场的基本形成。但在这一时期，由于市场中的法律法规尚未健全和完善，同时投资者对风险的处置意识薄弱，因此监管机构出于市场稳定等方面的考虑，禁止证券信用交易行为。在《深圳证券交易所业务规则》（1991）第 24 条明确规定："证券商未经主管机关或本所同意，不得以其自有资金或证券，或向他人借入资金或证券而为其委托人买卖证券办理交割"；1993 年，上交所颁布的《上海证券交易所交易市场业务规则》中也对信用交易提出了禁止；1993 年 4 月，国务院第 112 号令《股票发行与交易管理暂行条例》中指出"任何金融机构不得为股票交易提供贷款"；1996 年 8 月，中国证监会发布的《关于坚决制止股票发行中透支等行为的通知》中提到："各证券经营机构不得透支申购股票，也不得为客户进行透支申购或为客户融资申购股票"，并指出一经发现、严肃处罚；1998 年，我国首部《证券法》的出台，更是在法律形式上明令禁止了证券信用交易。可见，这一阶段，不同层级的规范性文件和法律法规都一再重申禁止开展证券信用交易。在当时特定的市场环境下，这些禁止信用交易的规定对证券市场的稳定发展起到了一定的保护作用。

3.1.2.2 前期准备阶段（2006 年～2010 年 2 月）

随着我国证券市场规模的不断扩大，现货交易已经无法满足投资者的需求。另一方面，现货交易只能买涨不能买跌的缺陷，导致牛市和熊市的不同阶段，市场活跃度呈现出极大反差。为了进一步推动证券市场的健康发展，2005年10月27日，我国第十届全国人民代表大会常务委员会第十八次会议，通过了《证券法》的修订案，并规定从2006年1月1日起执行新法。在新的证券法中，将原有的禁止证券公司向客户提供融资融券服务相关内容的条款变更为“证券公司为客户买卖证券提供融资融券服务，应当按照国务院的规定并经国务院证券监督管理机构批准”，标志着从此我国在法律意义上允许了信用交易行为。随后的几年内，证监会、沪深交易所等监管机构积极响应国家政策，制定了一系列与融资融券业务相关的管理办法和实施细则等，为正式启动融资融券交易试点做好了前期准备。这一阶段，虽然市场依然没有放开信用交易，但相关法律法规和制度规范都逐步确立起来，融资融券交易的实现指日可待。

3.1.2.3 试点交易阶段（2010年3月~2011年10月）

2010年3月31日，在完成前期一系列准备工作后，经国务院同意，中国证监会正式启动融资融券业务试点。从此，中国长达20年的单边做多市场画上了句号，迎来了双向交易的时代。首批试点选取了40只深圳成指成分股和上证50指数成分股作为融资融券标的，共计90只股票。虽然首批标的股票数量不多，但全部为沪深300指数的权重股。首批融资融券业务试点机构共包含6家券商，分别为国泰君安、中信、光大、国信、广发以及海通证券。同年6月3日，申银万国、东方证券、招商证券、华泰证券以及中国银河5家证券公司获批取得了开展融资融券业务的资格；随后，11月23日，包括安信、长城、长江等在内的14家证券公司也成为该业务的试点机构。在整个试点过程中，共计25家证券公司加入了融资融券业务试点这一队伍。

3.1.2.4 常规运行阶段（2011年11月至今）

试点顺利启动后，为了进一步规范融资融券交易行为，中国证监会于2011年10月对2006年的《证券公司融资融券试点管理办法》和《证券公司融资融券业务试点内部控制指引》进行了修订。与此同时，出台《转融通业务监督管理试行办法》（后简称为《办法》），确立了转融通业务的制度框架，明确了证券金融公司的职责。《办法》指出，“所谓转融通业务，是指证券金融公司将自有或者依法筹集的资金和证券出借给证券公司，以供其办理融资融券业务的经营活动”。证券金融公司的成立以及管理办法的出台，标志着我国融资融券迈入了常规运行阶段。随后，沪深交易所发布了《融资融券交易实施细则》，进一步规范了融资融券交易行为，也为后期扩容做好了准备。2011 年 12 月 5 日，融资融券标的迎来了第一次大规模扩容，标的数量由原来的 90 只股票扩容至 278 只，其中包括了全部的上证 180 指数成分股。此后，融资融券标的又经历了数次大规模扩容，标的范围不断扩大。与此同时，各项规章制度也在不断地修订与完善。

表 3－2 列示了我国融资融券相关制度的变迁。

表 3－2　　　　我国融资融券制度变迁

时间	相关制度	主要内容
明令禁止阶段		
1991 年 6 月	《深圳证券交易所业务规则》	第 24 条规定了未经批准，证券公司不允许为投资者提供信用交易
1993 年 1 月	《上海证券交易所交易市场业务规则》	第 59 条规定了证券公司不得受理委托信用方式的证券买卖
1993 年 4 月	国务院第 112 号令《股票发行与交易管理暂行条例》	第 43 条规定了任何金融机构不得为股票交易提供贷款
1996 年 8 月	中国证监会发布《关于坚决制止股票发行中透支等行为的通知》	第 2 条规定了各证券经营机构不得透支申购股票，也不得为客户透支申购或融资申购股票
1999 年 7 月	首部《证券法》	第 35、36、141 条明确禁止了证券信用交易
前期准备阶段		
2005 年 10 月	《证券法》修订案	删除第 36 条，修改第 35、141 条，解除了证券信用交易的禁令
2006 年 6 月	中国证监会发布《证券公司融资融券试点管理办法》和《证券公司融资融券业务试点内部控制指引》	明确了证券公司申请融资融券业务所必须达到的条件
2006 年 7 月	中国证监会发布《证券公司风险控制指标管理办法》	规定了证券公司在提供融资融券服务时必须控制的业务规模
2006 年 8 月	沪深交易所发布《融资融券交易试点实施细则》	制定了更为详细的操作细则，对保证金、担保物、标的范围等做出了明确规定
2008 年 4 月	国务院出台《证券公司监督管理条例》和《证券公司风险处置条例》	规定了融资融券的法律内涵、证券公司从业条件等内容

续表

时间	相关制度	主要内容
2010 年 1 月	中国证监会发布《关于开展证券公司融资融券业务试点工作的指导意见》	明确了首批试点证券公司需满足的条件
常规运行阶段		
2011 年 10 月	中国证监会发布《转融通业务监督管理试行办法》	明确了证券转融通业务规则和管理办法，对证券金融公司的职责等进行了规定
2011 年 10 月	中国证监会发布《证券公司融资融券业务管理办法》和《证券公司融资融券业务内部控制指引》	对 2006 年发布的《试点管理办法》和《试点内部控制指引》进行了修订
2011 年 11 月	沪深交易所发布《融资融券交易实施细则》	对 2006 年发布的《试点实施细则》进行了修订
2015 年 7 月	中国证监会发布《证券公司融资融券业务管理办法》	对 2011 年发布的《管理办法》进行了修订
2015 年 7 月	沪深交易所发布《融资融券交易实施细则》	对 2011 年发布的《实施细则》进行了修订

3.1.3　我国证券市场融资融券发展现状分析

截至 2015 年末，融资融券交易机制在我国证券市场的运行时间已有 5 年零 9 个月。在此期间，融资融券业务发展呈现出以下特征：第一，融资融券市场规模发展迅速，两融余额不断攀高；第二，两融交易额占市场交易额比重有所提升，融资融券已逐步发展成为一支促进我国股票市场流动的重要力量；第三，融资融券业务的推出改变了证券公司的收入结构，两融利息收入已晋升为券商第三大收入来源；第四，融资交易和融券交易发展不均衡，融券交易规模有待进一步提高。下文将围绕以上四点具体分析。

3.1.3.1　融资融券市场规模发展迅速

截至 2015 年末，历经 2011 年 12 月 5 日、2013 年 1 月 31 日、2013 年 9 月 16 日以及 2014 年 9 月 22 日四次大规模扩容后，我国证券市场中融资融券标的数量已从最初的 90 只增长至近 900 只，约占 A 股公司总量的三分之一。随着标的数量的不断增加，融资融券市场规模也迅速增长，两融余额不断攀高。2010～2012 年，融资融券交易增长相对缓慢，但自 2013 年起，两融交易就如雨后春笋，交易规模呈现爆发式增长。2014 年 12 月，融资融券余额首次突破万亿元大关，达 10 256.56 亿元。2015 年 5 月，两融余额再创新高，突破 2 万亿元。2015 年下半年，受市场异常波动的影响，两融余额有所回落，但依然处于万亿元交易规模上下。2015 年年末以 11 742.67 亿元收官。图 3－1 列示了上述期间融资融券余额以及标的数量的变化情况。

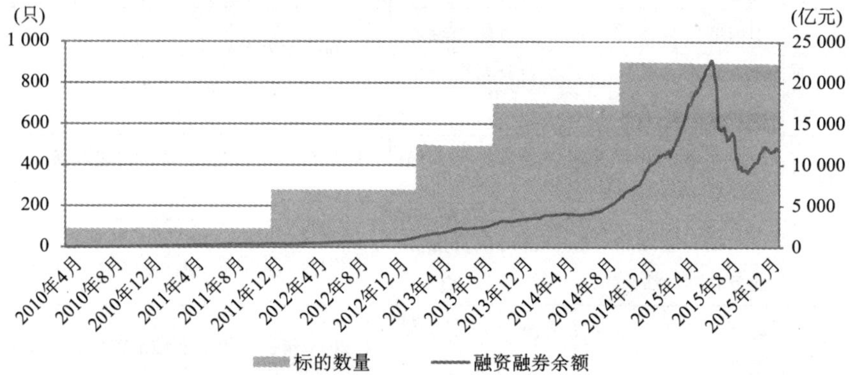

图 3－1 融资融券市场规模发展情况

资料来源：根据 Wind 资讯数据资料整理。

3.1.3.2 两融交易额占市场交易总额比重有所提升

图 3－2 列示了融资融券业务开展以来，两融交易额走势及其占比 A 股交易总额的变化情况。如图所示，在融资融券业务推出的前两年里，由于市场中可进行融资融券交易的股票数量有限，两融日交易额普遍较低，不足百亿元，占 A 股日交易总额的比例也尚未达到 5%。2012 年 12 月 14 日，两融日成交额首次突破百亿元，达到 103.73 亿元。自 2013 年起，随着融资融券市场规模的增长，融资融券交易也越来越活跃。2013 年下半年，两融日成交额处于 200 亿～300 亿元之间，占 A 股日交易总额的 10%，并呈现持续增长之势。进入 2014 年第四季度，市场融资融券交易异常活跃，日成交额不断攀升，于 2014 年 9 月 3 日首次突破 500 亿元成交额。此后不久，2014 年 11 月 24 日又突破了千亿元大关，高达 1 151.66 亿元，占当日 A 股市场交易总额的 20%。随着牛市的到来，融资融券日成交额又增长至新的高点，达 2 977.50亿元，但其占市场交易总额的比例却始终未能突破 22%。进入 2015

年下半年，受市场异常波动的影响，我国市场两融交易额有所下滑，占市场交易额比例也回落至 10% 左右。

在发达国家或地区，融资融券交易量占市场总交易量的比例基本能维持在 15% 以上的水平，其中美国市场中两融交易量占市场总交易量的16% ~ 20%；这一比例在日本市场中约为 15%；我国台湾地区融资融券交易水平较高，占市场总交易量比例高达 20% ~40%。由此可见，相比发达国家或地区，我国融资融券交易水平还有待提高，但总的来说，经历几年的快速发展，融资融券交易已逐步发展成为提高我国股票市场流动性的重要力量，融资融券在我国证券市场中的作用和地位已不容忽视，其对股票定价、信息流动效率等方面的影响意义深远。

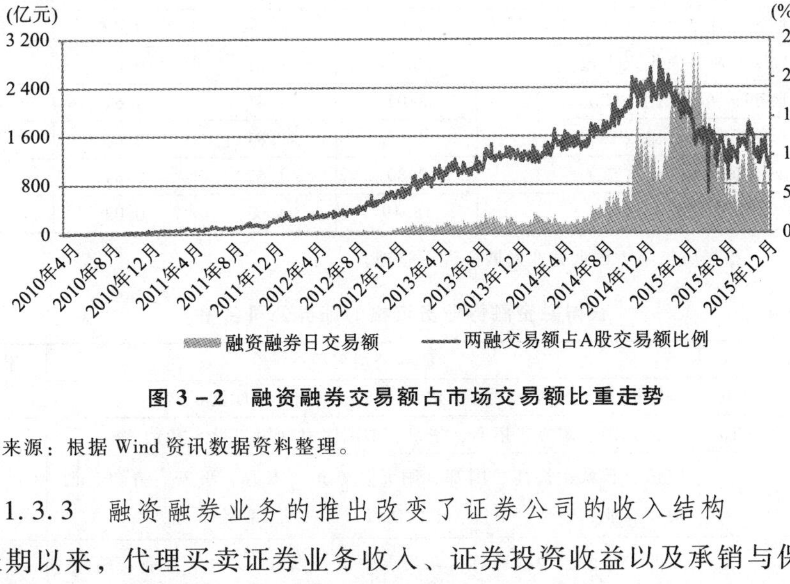

图 3－2　融资融券交易额占市场交易额比重走势

资料来源：根据 Wind 资讯数据资料整理。

3.1.3.3　融资融券业务的推出改变了证券公司的收入结构

长期以来，代理买卖证券业务收入、证券投资收益以及承销与保荐业务收入是证券公司营业收入的三大来源，位列证券公司各项收入的前三名。自 2010 年融资融券业务推出以来，伴随融资融券交易产生的利息收入，给证券公司盈利带来了新的增长点。根据中国证券业协会提供的证券公司营业收入结构数据（表 3－3）可以看出：2012 年，融资融券业务利息净收入占证券公司全年营业收入的比例为 4.07%，位居各项业务收入的第四位；2013 年，融资融券业务利息净收入超过承销与保荐业务收入，晋升为券商的第三大收入来源；2013 年以后，融资融券业务收入一直稳居第三，且占比也始终保持在证券公司营业总收入的10%以上。由此可见，融资融券业务推出不仅改变了投资者的交易模式，同时也改变了证券公司的收入结构。融资融券业务正逐步发挥作用，构建证券公司的营业支点，降低了证券公司对传统业务的依赖程度。表3-4统计结果显示，从2012年起，超过60%的证券公司[①]获批取得了融资融券业务资格。由此可以预测，抢占融资融券业务市场、提高融资融券业务利息收入，是大多数证券公司谋求未来发展的重要手段。

表3-3　　2012~2015年证券公司营业收入结构

	2012年	2013年	2014年	2015年
全年实现营业收入（亿元）	1 294.71	1 592.41	2 662.84	5 751.55
代理买卖证券业务净收入占比（%）	38.93	47.68	39.41	46.79
证券投资收益占比（%）	22.41	19.19	26.67	24.58
融资融券业务利息净收入占比（%）	4.07	11.59	16.76	10.28
证券承销与保荐业务净收入占比（%）	13.70	8.08	9.02	6.84
资产管理业务净收入占比（%）	2.07	4.41	4.67	4.78
财务顾问业务净收入占比（%）	2.74	2.81	2.60	2.40
投资咨询业务净收入占比（%）	0.89	1.62	0.84	0.78
其他业务收入占比（%）	15.19	4.62	0.03	3.56

资料来源：根据历年《中国证券业发展报告》整理。

表3-4　　获得融资融券业务资格的证券公司名单

获批时间	证券公司名单	累计数量
2010年3月19日	国泰君安、国信、中信、光大、海通、广发（首批6家）	6
2010年6月3日	申银万国、东方、招商、华泰、中国银河（第二批5家）	11
2010年11月23日	安信、长城、长江、国都、国元、方正、宏源、平安、齐鲁、西南、兴业、中金、中投、中信建投（第三批14家）	25
2012年	山西、华西、中银国际、东吴、中信（浙江）、中信万通、渤海、浙商、大通、南京、华龙、华鑫、上海、东北、金元、华安、新时代、日信、财通、湘财、东兴、信达、东莞、西部、国联、中国民族、首创、红塔、银泰、华宝、中原、国金、天风、财达、广州、华创、华福、国盛、恒泰、华融、中航、国海、第一创业、江海、德邦、开源、财富、中邮、五矿（共计49家）	74

① 根据中国证券业协会的统计结果，2011~2015年我国证券市场中证券公司数量分别为106、114、115、120、125家。

续表

获批时间	证券公司名单	累计数量
2013 年	中天、万联、东海、国开、宏信、英大、大同、华林、西藏同信（共计 9 家）	83
2014 年	太平洋、世纪、爱建、航天、川财（共计 5 家）	88
2015 年	万和、众城、九州（共计 3 家）	91

资料来源：根据中国证监会网站公示整理。

3.1.3.4　融资交易和融券交易发展不均衡

融资融券交易迅速发展的同时，也逐渐显露出两融业务发展不均衡的问题。如图 3－3 所示，自 2013 年起，融资余额不断攀升，但融券余额增长缓慢；2013 年初，融资余额达 878.85 亿元，而同日融券余额仅为 38.99 亿元；2013 年末，融资余额迅猛增至 3 434.70 亿元，而融券余额依然徘徊在 30 亿～40 亿元之间，交易规模远低于融资交易。此外，融券余额占两融余额的比例也始终处于较低水平，从未突破过 5%。融券交易活跃度过低不利于发挥卖空机制的作用，因此未来应进一步促进融券交易的发展，努力提高市场中融券交易的活跃度。

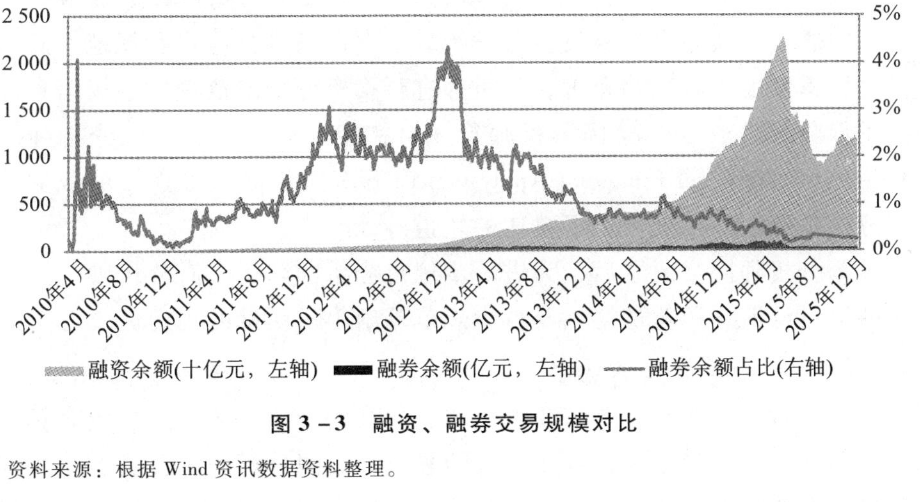

图 3－3　融资、融券交易规模对比

资料来源：根据 Wind 资讯数据资料整理。

3.2 证券分析师行业制度背景

3.2.1 美国证券分析师行业制度背景

证券分析师行业是资本市场发展到一定阶段的必然产物。在美国资本市场，分析师行业自形成后，经历了一段从自发无序到政府监管与行业自律相结合的发展过程。早在20世纪初，美国资本市场中就出现了分析师，也是分析师行业形成最早的国家。但在发展初期，由于当时美国的证券市场不是十分规范，投资者投机行为盛行，从而对与公司基本面变化相关的特质信息并不关心，也没有对分析师这一群体给予过多的关注。1925年，美国首个分析师职业团体——芝加哥分析师协会的成立，使分析师这一群体有了自己的组织。随后，分析师队伍对证券市场的影响日益扩大，也开始吸引了人们的关注。特别是在1929年美国经济危机大爆发后，投资者吸取了教训，开始重视股票的内在价值，从此分析师行业也越来越受到市场的青睐。1934年，美国成立了证券交易委员会，开始对证券市场进行监督和规范。随着美国信息披露制度的确立和完善，分析师进行投资分析所依赖的市场信息环境得到了保障。1959年，美国分析师行业自律组织——特许金融分析师协会（Institute of Chartered Financial Analysts，以下简称分析师协会）的成立，将美国分析师行业的发展带上了自律的轨道。

美国分析师协会成立后，为进一步规范分析师队伍，对分析师行业从业人员的资格认证、职业道德以及行为规范等给出了明确的规定。

3.2.1.1 从业资格认证

证券分析师行业是一个高要求且充满挑战的行业，从业人员应兼具专业知识和实务经验。为了保证从业人员的素质，美国分析师协会要求从业人员必须通过专业的资格认证考试，考试合格后至少要从事相关实务工作三年，方可获得特许金融分析师（Chartered Financial Analysts，简称CFA）证书，正式加入这一队伍。美国的CFA考试难度大且知识覆盖面广，相关考试内容涉及经济、金融、财务、统计等多个方面。CFA考试共分为三个级别，且难度越来越大，只有通过了上一级别的考试，才能进入下一级别。目前，在世界范围内，CFA证书都是十分具有竞争力的。想要从事金融行业的各国人员都纷纷参加这一考试，以此提高获得良好工作的机会。此外，美国分析师协会对从业人员还提供了更多的后续教育和培训机会，不断提高从业人员的素质。

3.2.1.2 职业行为准则

1962年，美国分析师协会颁布了《职业道德和职业行为准则》，其涉及的内容全面且十分详细。该准则不仅对分析师普遍性工作做出了明确规定，还对工作中可能遇到的特殊情况的处理提出了要求，几乎覆盖了分析师执业过程中的方方面面。例如，该准则特别设立独立一章来阐述分析师与客户的关系和责任，要求分析师在为客户提供投资建议前，需要先对客户的资金实力和投资经验做出判断，并对投资对象进行尽职调查，结合客户自身特点充分考虑投资建议的适合性，只有在合理判断的基础上，才可以向客户提供投资建议。可见，该准则具有很强的指导性和可操作性，对于引导和规范分析师队伍意义重大。1988年，美国分析师协会对该准则做出了进一步修订，旨在不断地完善该准则的适用性和可操作性。

3.2.1.3 行业监管机制

分析师职业的特殊性导致其存在严重的利益冲突，为了尽可能降低由利益冲突引发的不良后果，美国在制度设计上采取了信息隔离制度以及强制性信息披露制度。

1988年，美国国会制定的《内幕交易与证券欺诈实施法》中，对证券经纪商的信息隔离做出了明确规定，提出证券经纪商应建立合理的政策和程序，阻止有关人员对非公开信息的滥用，并指出违反此规定的，证券交易委员会将追究其民事责任。2001年，为了进一步确保信息隔离的实现，提高分析师独立性，美国SOX法案第501节（a）针对分析师利益冲突问题进行了专门的制度设计，并要求美国证监会、证券交易所以及证券业协会在一年内制定与之相匹配的相关规则。规则要求包括以下内容：第一，通过限制从事投行业务的人员审批分析师报告，禁止投行业务管理人员评估分析师薪酬等各种手段提高分析师独立性，加强公众对分析师报告的信心；第二，禁止参与股票发行与承销业务的投行在禁声期内发布相关研究报告；第三，在投行内部设立制度性保障措施以实现信息隔离的目的。

除信息隔离制度外，SOX 法案第 501 节（b）对分析师可能存在的有关利益冲突的信息提出了强制性披露要求。法案规定，美国证监会、证券交易所以及证券业协会需在一年内制定相关规则，要求经纪商和分析师在公开刊物和研究报告中披露其已经知道或应该知道的利益冲突信息，包括分析师是否持有其目标公司的股票、经纪商是否从其所分析的公司中领取了报酬、分析师薪酬是否与投行业务收入相关等信息。在这项法案出台前，美国证券市场中已有类似的披露准则，但多数为自愿性质的。SOX 法案采取的强制性披露措施对于缓解分析师利益冲突效果显著。

3.2.2 我国证券分析师行业的发展

我国分析师行业的萌芽始于证券市场成立初期，并伴随着证券市场的发展而逐渐规范和壮大起来。分析师行业的发展历程大致可以分为三个阶段，分别是起步阶段（1990～1997 年）、规范阶段（1998～2000 年）和快速发展阶段（2001 年至今）。

3.2.2.1 起步阶段（1990～1997 年）

早在 20 世纪 90 年代初，我国证券投资咨询行业就伴随着证券市场的建立而兴起。不过这一时期的分析师群体还不能称为真正意义上的分析师，而主要是指那些供职于证券公司营业部对散户投资进行入门指导的证券咨询人员，以及那些在股市行情火爆时通过各种媒体向股民提供投资建议的“股评家”。这一时期，由于证券咨询行业刚刚兴起，尚未规范，导致从业人员经常与特定机构合作，联合媒体散播所谓的“内幕信息”来诱导投资者，以配合特定机构实现拉抬股价或打压股价的目的。可见，早期的分析师更像是“说客”和“庄托”，也因此被市场冠以“黑嘴”的称号。

3.2.2.2 规范阶段（1998～2000 年）

为了加强对证券投资咨询活动的管理，1997 年 12 月 25 日，国务院证券委员会发布了《证券、期货投资咨询管理暂行办法》（以下简称《办法》）并于次年 4 月 1 日起执行，标志着我国分析师行业的发展迈入了规范阶段。《办法》中明确规定了证券咨询从业机构以及从业人员的必备条件，改善了证券市场中咨询人员鱼龙混杂的局面。1998 年我国首部《证券法》出台，更是为分析师的资格认证和行为规范提供了法律上的依据。2000 年 7 月 5 日，分析师行业的自律组织——中国证券业协会证券分析师专业委员会成立；同期，中国证券业协会颁布了《中国证券分析师职业道德守则》，意味着分析师行业从此步入了自律的轨道。这一时期，分析师行业从业人员的素质有所提升，大批名校毕业生开始涌入这一行业，成为“娃娃分析师”。然而，良好的教育背景并不能弥补专业经验的不足，分析师行业的整体表现依然不佳，市场中粗略的股评式分析仍占主体。

3.2.2.3　快速发展阶段（2001 年至今）

2001 年，我国加入世界贸易组织，资本市场的逐步开放、境内机构投资者的大力发展以及合格境外机构投资者（简称 QFII）的引入，推动着我国分析师行业的发展步入了新的阶段。随着机构投资者队伍的不断壮大，分析师服务的对象发生了明显变化，他们开始致力于为以基金为代表的机构投资者提供服务。与此同时，QFII 的引入带来了国外成熟的投资理念，致使我国分析师行业开始立足于基本面分析和投资价值的研究。随着专业知识的积累以及投资理念的逐步成熟，分析师已然能为投资者提供较为专业的分析报告。这一期间，市场中专业的分析师人数以及规范的研究报告数量成倍增长。通过对国泰安（CSMAR）数据库资料的汇总发现：2001 年，国泰安数据库中存在记录的分析师人数仅有 10 人，而规范的研究报告数量尚不足 20 份。到了 2015 年，分析师人数和研究报告数量分别增长至 2 529 人和 28 421 份。此外，我国分析师队伍的研究方向也在不断细化，研究范围越来越广，逐渐形成以宏观经济研究、策略研究、固定收益研究、衍生品研究以及各个行业方向研究为主的专业分析师队伍。可以看出，在这短短的十几年里，无论在规模上还是质量上，我国分析师行业都取得了很大的进步。分析师队伍已成为我国市场中不可或缺的参与主体之一，对保障和促进证券市场的健康发展意义重大。

3.2.3　现阶段我国分析师行业面临的主要问题

经历了十余年的快速发展，现阶段我国分析师行业已初具规模，从业人员也具备了基本的素质。但依然存在许多问题，主要表现在从业人员经验不足、利益冲突严重以及监管机制尚未健全三个方面。

3.2.3.1 从业人员经验不足

1997年，《证券、期货投资咨询管理暂行办法》（以下简称《办法》）中首次对申请从事证券投资咨询业务的人员提出了明确要求。按照规定，申请人员必须通过证券从业资格考试、具有本科及以上学历、具备从事证券业务2年以上经历以及满足其他规范性条件。由于在当时的背景下，我国证券咨询业尚处于起步阶段，市场中证券咨询人员的素质普遍不高。因此，这一要求的出现对于提高那一阶段从业人员的整体素质起到了积极作用。然而，在经历了十余年的快速发展后，我国对从业人员的要求依旧如此。中国证券业协会的专项调查统计结果显示：2014年，在参与调查的87家证券公司的研究所、研究部或子公司中，具备5年及以上证券从业经验的研究人员为1 349人，约占研究部门员工总数的37.78%，这一比例已是当时的最高值，在2010~2013年期间，仅为25%左右。然而，分析师行业是一个高要求且充满挑战的行业。从业人员不仅需要具备专业的知识，还要有丰富的实战经验，从业5年可能只是处在对这个行业刚刚开始了解的阶段。在国外相对成熟的证券市场中，分析师对一个行业的关注往往有10年，甚至20年之久。然而在我国，面对高薪的诱惑，很多名牌大学的毕业生在经历了短暂的研究助理阶段后，就纷纷加入了证券分析师的队伍。可想而知，在过低的从业门槛以及从业人员平均经验不足的现状下，分析师的表现难免不尽人意。

表3-5统计了2013年我国和美国证券市场上分析师从业经验的分布情况[①]。如表所示，在我国证券市场中，工作经验不足5年的分析师达到了1 377人，约占分析师总人数的70%；工作经验在5~10年之间的分析师数量为546人，占总体的27.67%；而工作经验超过10年的分析师寥寥无几，仅为50人，占分析师总数量的2.54%。相比之下，美国市场中一半以上的分析师工作年数都已超过了5年，从业经验10年、15年甚至20年的都大有人在。足以见得，现阶段我国分析师行业的流动性还很强，从业人员平均从

① 根据国泰安（CSMAR）数据库中分析师预测子库数据资料汇总得到我国分析师从业经验数据，与中国证券业协会统计结果略有差异；根据WRDS（Wharton Research Data Services）数据库中IBES子库数据资料汇总得到美国分析师从业经验数据。

业时间较短，我国分析师行业的整体素质仍有待进一步提高。

表 3－5　　中、美分析师从业经验对比

从业经验	中国			美国		
	人数（人）	占比（%）	累计占比（%）	人数（人）	占比（%）	累计占比（%）
1～5 年	1 377	69.79	69.79	2 035	47.24	47.24
6～10 年	546	27.67	97.46	1 014	23.54	70.78
11～15 年	50	2.54	100	707	16.41	87.19
16～20 年	0	0	100	336	7.80	94.99
20 年以上	0	0	100	216	5.01	100
合计	1 973	100	100	4 308	100	100

资料来源：根据 CSMAR、WRDS 数据库资料整理。

3.2.3.2　利益冲突严重

我国证券市场中活跃的分析师大多供职于证券公司的研究部，他们的主要工作是跟踪上市公司、搜集信息，从而向市场提供研究报告。但由于研究部门本身不能直接创造利润，因此分析师的个人收入往往与其所提供的研究报告质量相关性不大，而是取决于其能否通过促进证券公司其他业务的开展来创造利润。就证券公司经纪业务而言，由于我国市场长期以来对卖空交易的严格限制，导致分析师只有发布积极乐观的投资建议才可能促进股票交易的产生，从而提高证券公司佣金收入。而面对证券公司佣金收入重要来源的机构投资者，分析师往往通过提供乐观报告或避免发布对机构投资者不利的信息来争取分仓机会，帮助证券公司赚取分仓佣金收入。类似地，面对证券公司自营业务，分析师的乐观动机就更显直接，他们对自营部门重仓股票的积极建议能够直接影响证券公司的自营业务收入。此外，投行业务关系也给分析师带来了压力。当上市公司聘请分析师所在证券公司作为承销商时，分析师对上市公司发布的股票评级等信息直接影响着承销工作的顺利开展。不仅如此，分析师为了维持与客户的关系，创造未来合作的机会，通常也只说客户“好话”，积极采取“报喜不报忧”的策略。可见，这些源自于证券公司内部的利益冲突，导致分析师独立性严重受损，最终表现出乐观倾向。与此同时，相比国外成熟的资本市场，现阶段我国上市公司信息透明度普遍偏低，市场信息环境较差。在这种现状下，分析师能否与管理层建立良好关系，形成友好互动，直接决定了其未来获取私有信息的能力。而负面的研究报告会影响上市公司市场价值，得罪管理层，因此分析师往往更愿意选择发布对公司有利的信息来试图讨好管理层。

表3－6对2007～2013年中、美两国证券市场中分析师发布的股票评级类别进行了统计。结果显示，我国市场中分析师发布的“强买”“买入”等乐观性评级累积占比高达88.6%，远远超出美国市场的45.98%。相比之下，我国市场中的负面评级数量屈指可数，比例极低。可见，上述结果足以说明我国分析师行业乐观倾向的严重性。

表3－6　　中、美分析师发布的股票评级类别分布对比

评级类别	中国			美国		
	数量（只）	占比（%）	累计占比（%）	数量（只）	占比（%）	累计占比（%）
强烈买入	63 105	33.84	33.84	43 274	20.13	20.13
买入	102 129	54.76	88.60	55 588	25.86	45.98
中性	20 472	10.98	99.58	95 307	44.33	90.31
卖出	265	0.14	99.72	14 800	6.88	97.2
强烈卖出	521	0.28	100	6 028	2.80	100
合计	186 492	100	100	214 997	100	100

资料来源：根据CSMAR、WRDS数据库资料整理。

3.2.3.3　监管机制尚未健全

建立一套有效的监管机制，对于约束和监督分析师行为，保障分析师行业的健康发展意义重大。而现阶段，我国分析师行业的监管机制尚未健全，监管效果并不理想。

首先，纵观我国现有的法律法规，对分析师行业的监管缺乏针对性。我国自资本市场建立初期就产生了分析师，但是直到1997年《证券、期货投资咨询管理暂行办法》及其《实施细则》的颁布，才开启了这一行业监管的先河。1998年我国首部《证券法》的出台，首次在法律形式上对证券投资咨询机构和咨询人员的行为规范提出了要求，但内容比较简略。随后，一系列法规的颁布，也在不断加强对我国分析师行业的监管。纵观现有的法律法规体系发现，我国始终未建立起独立的证券分析师制度；对分析师行业的监管缺乏针对性；对分析师民事、行政以及刑事责任的规定，还散见于其他法律中。在民事责任方面，分析师可能存在虚假陈述等严重问题，但相关法律法规主要涉及中介机构，而没有专门针对分析师的民事责任进行规定。在行政和刑事责任方面，也存在类似的问题。《证券法》中，虽然对社会中介组织及其工作人员的刑事责任做出了规定，但缺乏针对分析师的法律规定，从而可能导致在针对分析师的刑事诉讼中出现法律依据不足的问题。

其次，现阶段我国分析师行业自律机构发挥的作用还不够理想。2000年，中国证券业协会颁布了《中国证券分析师职业道德守则》，并设立了证券分析师专业委员会，标志着我国分析师行业步入了自律的轨道。然而，就现阶段而言，我国证券分析师委员会的监管效果还并不理想。在国外成熟的资本市场中，证券分析师协会积极与会员互动，为会员彼此之间以及与上市公司之间搭建了交流平台，从而提升了分析师的影响力。在我国，证券分析师协会尚未搭建起分析师与会员之间以及与上市公司之间的交流平台，也没有建立起专门针对分析师的资格考试体系，并且缺乏对分析师培训以及再教育等活动的开展，对分析师的监管流于形式，没有发挥好行业自律的作用。

最后，针对我国分析师行业利益冲突的问题，监管机制还有待完善。无论在国外还是国内市场中，分析师面对的复杂利益关系都时刻影响着他们的独立性。因此，通过制度设计缓解分析师的利益冲突，是分析师行业监管的核心内容。针对这一问题，我国现有的监管制度还十分有限。从目前现有的监管机制来看，仅有中国证券业协会发布并多次修订的《证券公司信息隔离墙制度指引》（以下简称《指引》），对于缓解分析师利益冲突问题具有一定的针对性。例如，《指引》中提到的“证券公司应当对尚未公开发布的研究报告采取保密措施”“对研究部门及其研究人员的绩效考评和激励措施不应与保密侧业务部门的业绩挂钩”等规定的有效执行，有利于减弱证券公司业务部门之间的利益冲突对分析师独立性的影响。但在实际中证券公司是否会按照这些规定严格执行，监管部门就难以掌握和控制了。借鉴其他证券市场的成功经验，采取利益冲突信息的强制性披露制度对于解决这一问题也有帮助。例如，美国证券商协会要求证券公司在今后所发布的每一条研究报告中，都要披露上一年度出具的所有股票评级类别的统计信息，从而有利于揭露分析师利益冲突的问题。在这方面，现阶段我国还缺少类似的制度设计。

3.3 本章小结

本章概述了国内外融资融券和证券分析师行业的制度背景，通过对比分析，归纳出我国融资融券的发展特征和现状，以及现阶段我国分析师行业面临的主要问题。一方面，我国证券市场经历了融资融券从无到有的过程，两融的启动和多次扩容给证券市场带来了深远的影响，也改变了证券公司的收入结构；另一方面，我国分析师行业发展时间较短，面临着从业人员经验不足、利益冲突严重以及监管机制尚未健全等多方面问题，亟须改善这一现状的机制，提高分析师行业的服务质量。本章为基础章节，为后续章节的研究奠定了制度背景基础。

第4章
理论基础与概念模型

在回顾了相关研究文献的发展以及分析了我国当前制度背景后，本章旨在构建融资融券、分析师行为与股价暴跌风险三者之间的概念模型，从而为系统回答本书的研究问题奠定理论基础。本章第一部分介绍相关理论及其与本研究的关系；第二部分阐述本书各个研究要素的内涵，界定研究要素的概念；第三部分在前两部分基础上，基于相关理论观点，梳理各研究要素之间的逻辑关系，进而构建本书的概念模型。

4.1 理论基础

4.1.1 信息不对称理论

4.1.1.1 理论概述

信息不对称（Information Asymmetry）这一概念最早出现在 Stigler（1961）[204]发表的《信息经济学》一文中，这篇文章也是信息经济学领域的开篇之作。作者认为，生活中的许多经济现象大都可以从信息不对称这一客观存在出发进行解释，信息不对称是普遍存在且不能被完全消除的。后来，美国三位经济学家 George Akerlof、Michael Spence 和 Joseph E. Stiglitz 对信息不对称理论进行了深入研究，并凭借相关研究成果于 2001 年获得了诺贝尔经济学奖。所谓信息不对称，是指市场中各类参与主体对信息的获取和掌握能力存在差距，既有掌握信息多或好的信息优势方，也有掌握信息少或差的信息劣势方。在产品市场上，信息不对称可能引发两类问题，一类是逆向选择，另一类是道德风险。逆向选择通常出现在交易发生之前，表现为信息优势方对信息的隐藏，而信息劣势方被迫做出反向选择；道德风险则发生于交易之后，表现为信息优势方做出不利于信息劣势方利益的行为。与产品市场类似，信息不对称也广泛存在于资本市场中。资本市场中的信息不对称主要表现为两种形式：一种是投资者与管理层之间的信息不对称；另一种是管理层与股东之间的信息不对称。

4.1.1.2 信息不对称与信息中介

投资者对上市公司内部治理以及经营业绩等情况的了解，主要源自管理层对外公布的信息。管理层是公司内部经营者，具有绝对的信息优势，而其为了达到树立公司良好形象的目的，通常对所披露的信息进行选择、加工或粉饰，导致投资者能够获得的信息有限且质量不能保证。在这种情况下，市场需要一个独立的第三方进行信息的搜集与传递，从而来缓解投资者与管理层之间的信息不对称。证券分析师的存在满足了上述需求。一方面，相比一般投资者，分析师在信息的获取上具有明显的规模优势；另一方面，在信息的加工和处理过程中，他们的专业能力也远胜于一般投资者。由此可见，分析师行业是市场信息不对称条件下的必然产物，而这一行业存在的最大价值就在于降低市场信息不对称，提高资本的配置效率。

4.1.1.3 信息不对称与委托代理问题

股东与管理层之间的信息不对称和利益冲突，导致了彼此之间委托代理问题的产生。在一个企业中，股东是企业的所有者，但他们将企业的实际运营委托于管理层，从而与管理层之间形成了委托代理关系。然而，由于彼此之间的利益不一致，当委托人没有办法完全掌控代理人行为时，代理人就可能采取对自身有利但不利于委托人的行为，从而产生了委托代理冲突。狭义的委托代理问题主要指管理层与股东之间的代理冲突；广义的委托代理问题涉及范围更广，可用来指代一切因委托人和代理人利益不一致而导致的代理问题。在委托代理理论不断发展的过程中，其核心任务始终是研究如何设计最优契约以协调彼此之间的利益关系。

分析师与投资者之间也存在着委托代理问题。为了获得更多上市公司信息，投资者将部分信息需求寄托于分析师身上，从而与分析师之间形成了委托代理关系。这种委托代理关系是自发形成的，并未建立在契约关系基础上，也就难以通过契约手段实现彼此之间利益协调的目的。因此，一旦分析师与投资者之间存在利益的不一致或严重的利益冲突时，由此产生的委托代理问题就更为棘手。在现实生活中，投资者的个人利益是基于高质量信息作出投资决策、赚取投资收益。相比之下，分析师的个人利益牵扯较多、相对复杂，不能仅仅以提供高质量信息服务为标准。分析师往往会出于促进交易量、讨好管理层等目的，发布过于乐观的信息来误导投资者，从而损害了投资者的利益，这就是两者之间委托代理问题的真实写照。

4.1.2　有效市场假说

4.1.2.1　理论概述

有效市场假说（Efficient Market Hypothesis）是现代金融学理论体系中最重要的基础理论之一。这一假说认为，在一个有效的市场中，投资者是完全理性的，且能够对信息作出全面且迅速的反应，从而资产价格能够充分反映所有可获得的信息，任何试图通过信息分析而获得超额报酬的行为都是徒劳。美国经济学家 Fama 对有效市场理论的发展做出了重大贡献，Fama (1970)[205]根据市场信息效率的程度将市场划分为三种类型，从低到高依次为弱式有效、半强式有效和强式有效。弱式有效市场是市场信息效率程度最低的市场，在弱式有效市场条件下，资产价格只能反映所有历史信息，因此投资者无法通过搜寻历史信息来赚取超额收益。半强式有效市场是中等程度的有效市场，在这种市场条件下，资产价格不仅能够反映过去的所有信息，也能够作出当前已公开信息，因此无论是对历史信息的搜寻还是对已公开信息的分析，都不能为投资者创造超额收益。强式有效市场是最高程度的有效市场，如果市场达到了强式有效，则表明资产价格能够充分反映所有信息，包括历史信息、已公开信息以及尚未公开的内幕信息，因此在这种市场条件下，投资者对任何信息的挖掘和分析都不能为其带来超额回报。

4.1.2.2　市场信息效率与股价暴跌风险

根据 Fama 对市场类型的划分可知，如果市场达到了强式有效，那么股票价格能够充分反映所有信息，意味着在这种市场中，股票价格通过对信息做出迅速调整，能够及时准确地向其内在价值靠拢，从而避免了价格与价值偏离造成的股价暴跌风险。然而现实情况是，市场并不是完全有效的，市场中总是充斥着诸多的信息摩擦。在多数国家或地区，市场定价效率尚未达到半强式有效程度，强式有效就更难实现了。在当前阶段，我国证券市场也仅达到了弱式有效，股票价格只能够反映所有历史信息。因此，投资者很难对股票价值作出正确判断，从而往往在企业管理者有意发布的乐观性虚假信息误导下，过高估计了股票的内在价值，进而导致股票市场价格与真实价值的偏离。而当企业真实情况被揭示时，股票价格就会迅速下跌，向其真实价值靠拢，从而引发了股价暴跌风险。可见，市场信息效率不高是股价暴跌风险形成的原因之一。

4.1.2.3 分析师行为与市场信息效率

由于现行资本市场并不是完全有效的，且往往是弱式有效的，导致市场中股票价格对信息的反映能力较弱，很多重要的信息往往都难以被价格所发现。在这样的市场环境下，分析师的存在意义重大。他们能够通过更多的渠道获取信息，并凭借自身的专业能力对信息进行加工和处理，合理预测公司未来的盈利能力以及股票价格的变化趋势，从而为投资者提供决策建议，进而有利于促进股票价格对信息的吸收，提升市场信息效率。但另一方面，由于分析师是市场中最为重要的信息中介之一，能够对投资者决策产生重大影响，因此当分析师的独立性受到严重威胁时，其出于自利动机发布扭曲信息的行为就可能引发严重的负面后果，妨碍市场的正常运行。可见，只有保障了分析师的独立性，才能够确保其在推进资本市场运行效率中发挥的积极作用，否则分析师的存在不仅无益于此，还可能进一步加剧资产价格与价值的偏离，造成市场信息效率的损失。

4.1.3 行为金融理论

4.1.3.1 理论概述

20 世纪 80 年代以来，以有效市场假说为基础的现代金融理论（Modern Finance Theory）不断受到质疑和挑战。一方面，人们发现，有效市场假说中对理性人的限定条件往往是不成立的，投资者在很多情况下并非完全理性的，有时甚至是非理性的。另一方面，金融市场中越来越多的金融异象也都无法用有效市场假说来进行解释。正是在这种质疑下，一些学者开始尝试以心理实验的方式来研究经济行为问题，将心理学、行为科学等理论融入到传统金融学的研究中，进而逐渐形成了行为金融理论（Behavioral Finance Theory）。Fuller（1998）[206]对行为金融学给出了这样的定义，他认为，行为金融学是传统经济学、金融学、心理学以及决策科学的综合体；是用来试图解释那些已被发现的、而现代金融理论无法解释的金融异象的学科；是研究投资者在决策过程中如何出错的学科。

与现代金融理论的一个关键不同是，在行为金融理论的框架下，市场中的参与者并非完全理性，而常常是有限理性甚至非理性的。他们在决策过程中很可能会受到过度自信、规避风险、追随大众等心理特征的影响而产生认知偏差。认知偏差是行为金融学研究中的一个重要概念，是指人们对信息的加工和处理能力有限，常常会凭借一些表面现象或虚假信息对事物做出判断，从而出现判断本身与判断对象真实情况不符，抑或由此导致判断失误。证券市场中的各类参与主体都难以摆脱认知偏差的影响，证券分析师也不例外。

4.1.3.2　分析师与认知偏差

在证券市场中，分析师的主要工作是搜集信息，并对所搜集的信息进行加工处理，最终形成研究报告。这一过程，实质上也是对信息的认知过程，而在认知的过程中，分析师难免会产生认知偏差。首先，行为金融学的研究学者指出，人们在决策过程中较多地表现出过度自信，过分相信自己的能力。分析师是专业的信息供给者，他们通常有独特的信息获取途径。过度自信的心理特征会使分析师过分信赖所获得的私有信息，而忽视了公有信息。然而，分析师的私有信息通常是从上市公司管理层处获取，管理层出于树立公司良好形象等目的，会习惯性采用积极乐观的语气描绘公司状况。当分析师获得这类信息时，难免不被管理层情绪所感染。同时分析师又过分信赖这些信息，而忽视了外界的质疑声音，从而对公司的未来发展形成乐观的初始看法。认知理论认为，当人们面对不确定时，常常会采用锚定式思维，即对某一事物的判断先赋予一个初始值，然后结合其他信息在初始值基础上进行适当调整而得出。心理学研究发现，人们会积极寻找各种证据来支持自己的初始信念，而忽视那些与自己信念相违背的证据，从而便产生了证实偏差。可想而知，当分析师带着乐观的初始态度去进一步搜索信息时，也更可能被那些与自己初始想法相一致的信息所吸引，而忽视那些与自己观点相悖的信息，从而使认知偏差进一步加剧。

4.1.4 市场微观结构理论

4.1.4.1 理论概述

Demsetz（1968）[207]发表的一篇名为《交易成本》的论文，奠定了市场微观结构理论（Market Microstructure Theory）的基础。该文首次将市场交易机制引入证券价格的形成过程中，突破了传统金融理论对完美且无摩擦市场的限定。可见，市场微观结构理论与传统金融理论的最大区别是，在市场微观结构理论的框架下，交易机制能够对证券价格的形成产生影响。进入20世纪80年代，世界范围内金融衍生产品的不断创新以及电子通信等信息技术的迅速发展，激发了学者们对交易机制研究的兴趣。而1987年纽约股市的崩盘更是引发了人们对交易机制的重视。一些学者发现，不同的交易机制在证券价格形成过程中所起到的作用是不同的，从而对交易者行为乃至证券市场质量的影响都存在着差异。市场微观结构理论致力于研究市场中交易行为的产生、交易价格的形成以及交易机制在上述过程中的作用。其中，研究交易机制的目的就在于通过如何设计交易机制以提高市场运行效率。随着相关研究的兴起，这一理论已逐渐发展成为金融学领域的一个重要分支。

市场微观结构，也被称为市场交易机制，具体包括市场结构、交易规则以及交易制度等内容。市场微观结构的概念有狭义和广义之分。从狭义上看，市场微观结构是指交易价格的发现过程及其运行机制。而广义的市场微观结构涉及内容较多，可以看作是各种交易制度的总称，包含价格发现机制以及信息传播机制等内容。

4.1.4.2 融资融券的价格发现功能

融资融券交易机制作为市场微观结构的重要组成部分，其能够对证券市场产生怎样的影响一直以来是这一领域研究的重点问题。Fama（1970）[205]指出，在一个有效的价格发现过程中，股价能够充分反映所有现在和过去的信息，并对新信息立即做出调整。Miller（1977）[103]的股票价格高估假说认为，在限制卖空以及投资者异质信念共存的市场中，由于悲观者的负面信息不能及时有效地传递到股价中，导致股价往往只能反映乐观者态度，从而造成股价估值过高。可见，限制卖空阻碍了股价对负面信息的调整，不利于市场价格发现功能的发挥。自股票价格高估假说提出后，随后更多的研究支持了这一观点，发现限制卖空导致股票估值过高，而放松卖空则有利于提高股票定价效率，肯定了卖空交易的价格发现功能。相比融券交易，融资交易的实现并没有对市场微观结构产生根本性改变，但其能够发挥杠杆效应加速信息的流动，从而对于提高股票定价效率具有一定的积极作用。当市场中出现新的信息时，投资者会做出反应，表现为股票的常规性买卖活动或借助融资融券交易手段。这些活动会引起股票需求和供给的变化，并进一步影响股票价格。与此同时，股票价格的变化也会对供需关系产生影响，并促使投资者去不断挖掘新的信息，从而形成了动态调整的过程，这就是股票的价格发现过程。在上述过程中，融资融券的实现加速了信息的流动，并能够激发投资者对负面信息的挖掘热情，从而对提高股票定价效率有益。图4－1中对股票价格的发现过程进行了简单的描绘。

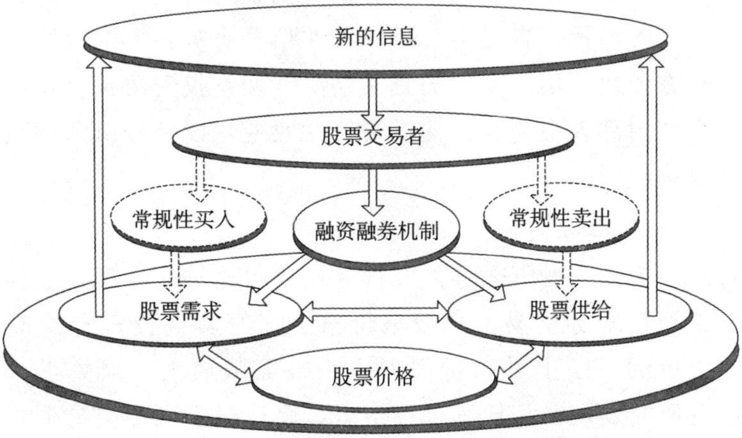

图4－1 融资融券交易机制的价格发现功能

资料来源：张宗新（2005）[208]，图中箭头代表信息流动方向。

4.1.5 信号传递理论

4.1.5.1 理论概述

Spence（1973）[209]开创性地研究了在劳动力市场中，雇主如何根据雇员传递的信号来判断其生产能力，实现劳动力资源的优化配置。文中指出，由于雇主与雇员之间存在信息不对称，处于信息劣势的雇主可以通过标志（指性别、种族等不可改变的因素）与信号（指教育水平等可以改变的因素）来判断雇员的能力。而具有信息优势的雇员则可以通过释放信号来传递信息，避免信息不对称引发的逆向选择问题。该文中对信号传递思想的系统阐述奠定了信号传递理论（Signaling Theory）的研究基础与方向。自信号传递理论提出后，便引起了许多学者的深入探讨与研究，很快成为信息经济学领域的研究热点，也推动着信号传递理论应用性研究的展开。目前，信号传递理论在资本市场上得到了广泛应用，对于缓解由信息不对称引发的逆向选择问题具有重要意义。在资本市场中，上市公司与外部投资者之间存在信息不对称，投资者难以识别不同公司的质量差异。因此，高质量公司有动机向市场传递积极信号来增加投资者信心，以赢得更合理的股票支付价格以及更多的融资机会。信号传递理论在研究公司现金股利政策、自愿性信息披露、会计师事务所选择以及债务结构选择等方面得到了广泛应用。此外，信号传递理论也常常用于解释投资者行为，研究处在信息劣势一方的投资者如何根据管理层或第三方传递的信号来推测真实情况，调整投资决策。例如，基于信号传递理论研究内部人交易、机构投资者持股变化以及分析师评级修正等行为对投资者决策的影响。

4.1.5.2 融资融券的信号传递功能

相比常规性交易，融资融券的杠杆效应使得这种交易形式伴随着极高的投资风险。特别是融券交易，当股票价格上涨时卖空投资者将遭受投资损失，且随着股价的不断上升这种损失也将被无限放大，损失不可估计。因此，一些学者研究发现，相比其他投资者，采取融资融券交易形式的投资者通常都具有信息优势，他们或精通于基本面分析并更努力地搜集和挖掘信息（Drake，Rees 和 Swanson，2011[210]），或本身就是内幕信息的拥有者（Chakrabarty 和 Shkilko，2013[211]）。由此可以预测，当某个公司的股票被大量卖空时，就向市场传递了有关公司价值的负面信号，也可能因此引发其他投资者的关注并对公司价值作出新的判断。这一过程意味着融资融券发挥了信号传递的作用，大量研究为此观点提供了证据。Cassell、Drake 和 Rasmussen（2011）[212]研究发现，公司支付的审计费用与其股票前期的卖空交易状况显著正相关，表明卖空交易传递了有关公司审计风险的负面信号。Kecskes，Mansi 和 Zhang（2013）[213]研究发现，被大量卖空的公司更可能出现债券信用评级的下调，并指出债务人可以依据公司前期的卖空交易情况来评估公司的债务违约风险。此外，还有学者发现，卖空交易者关注公司盈余信息，卖空交易量异常的公司未来发生财务重述的可能性越大、退市风险越高（Desai，Krishnamurthy 和 Venkataraman，2006[129]）。以上研究成果表明，具有信息优势的投资者在凭借融资融券手段赚取投资收益的同时，也向市场中的其他投资者传递了有关公司价值的信号。融资融券的信号传递功能为处于信息劣势一方的投资者提供了对公司价值判断的新方式。

4.2 模型要素

4.2.1 融资融券

融资融券（Margin Trading and Short Selling），是市场中证券交易形式的一种，俗称买空卖空。根据我国《证券公司监督管理条例》（2014 年修订），所谓融资融券业务，是指在证券交易所或国务院批准的其他证券交易场所进行的证券交易中，证券公司向投资者出借资金供其买入证券（融资业务）或出借证券供其卖出（融券业务），并由交易者提供相应担保物的经营活动。可见，融资融券具体可分为融资交易（也称买空）和融券交易（也称卖空）两种形式。其中，在融资交易模式下，当投资者预测某只或某些股票价格将要上涨时，可以通过向证券公司提供担保物的形式借入资金，从而实现杠杆交易的目的；凭借融券交易手段，当投资者预测股票价格将下跌时，可以通过向证券公司提供担保物的形式借入股票以供卖出，从而实现反向操作的交易目的。

早些年，由于我国证券市场开展信用交易的条件还不成熟，融资融券一直处于明令禁止的状态。2010 年 3 月，我国正式启动了融资融券交易，并采用逐批扩容的方式不断扩大融资融券标的股票的范围。这一政策的冲击以及分批式启动的特点，使不同公司之间形成了明显的对比，为我国学者开展融资融券相关研究创造了难得的机会。目前，基于这一机制，学者们已研究了我国引入融资融券交易机制对股票市场有效性（方立兵和刘烨，2014[117]；等）、流动性（于潇和毛雅萍，2014[83]；等）、稳定性（卢骏和杨季超，2015[87]；等）的影响，以及对市场中上市公司管理层行为的影响（陈晖丽和刘峰，2014a[91]；等）。在相关研究中，对融资融券这一研究要素的界定普遍采用一种形式，即依托融资融券历次扩容事件，将上市公司纳入融资融券标的后的样本观测定义为可融资融券样本，其余样本即为不可融资融券样本，来检验融资融券对市场以及市场参与者行为的影响。本研究中也采用上述定义。

4.2.2 分析师行为

分析师是证券市场中最为重要的信息中介之一，他们通过追踪目标公司，搜集公司公有信息以及挖掘私有信息，并在此基础上进行信息加工和处理，最终生成研究报告，披露给投资者，从而搭建了上市公司与投资者之间的信息桥梁。由于分析师在证券市场中的重要作用，有关分析师行为的研究一直以来都是国内外研究的热点问题，研究范围也十分广泛。本书将从分析师行为选择和行为特征两个维度来研究融资融券对分析师行为的影响，相关概念的界定如下。

4.2.2.1 分析师行为选择——跟进决策

分析师行为选择，也就是跟进决策（following decision），是指分析师选择哪个、哪些或具有哪类特征的公司进行研究，这是分析师行为开展的第一步。如图4-2所示，分析师在日常工作中，只有选定了目标公司后，才可能开展下一步活动，对目标公司信息进行搜集和加工处理，并在此基础上形成研究报告。由于分析师的跟进决策会受到自身内部因素以及外部因素的共同影响，是一个相对复杂且不可观测的过程。因此在相关研究中大多以结果为导向，即利用上市公司中分析师的跟进程度，来解释分析师的决策过程。以行业特征对分析师跟进决策的影响为例，Bhushan（1990）[20]认为，由于同一行业的公司之间具有某些相似性，分析师对某一公司技术知识的掌握也很可能适用于行业内其他公司，因此如果分析师在选择跟进目标的过程中考虑了这一因素，那么越是在公司数量多、容易产生这种规模效益的行业内，分析师个体的跟进意愿就会越强烈，从而在整体上表现为这一行业内跟进的分析师数量越多。现有研究大多采用这样一种方式来判断分析师的跟踪决策，也形成了较为丰富的研究成果。通过对现有研究成果的归纳和整理不难发现，影响分析师跟进决策的因素涉及公司特征、行业特征以及法律制度三个层面。

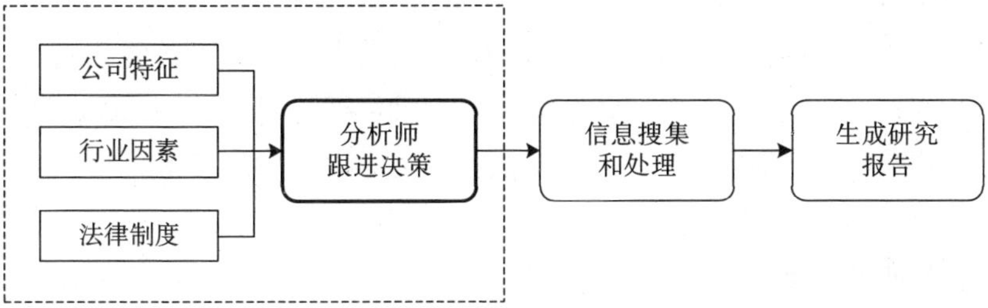

图 4－2　分析师工作流程简图

与现有研究一致，本书在研究融资融券对分析师跟进决策的影响中，也采用结果导向的方式，即如果融资融券标的公司中分析师跟进程度越高，则反映了分析师对这类公司的跟进愿意越强，从而说明分析师在跟进决策的过程中考虑了融资融券业务是否开展这一因素。具体地，对分析师跟进程度的测量采用跟进人数和研究报告数量两种指标，详细计算方法将在第五章中介绍。

4.2.2.2　分析师行为特征——乐观倾向

Fried 和 Givoly（1982）[37]发现，虽然分析师发布的盈余预测要比时间序列等模型更为准确，但依然存在明显偏差，且这种偏差并非随机分布的，而更多地表现为正偏，即盈余预测值高于真实盈余值。Mola 和 Guidolin（2009）[40]指出，分析师发布的股票评级类别也并非均匀分布的，分析师给出的“强买”“买入”等正面评级数量要远远超出“强卖”“卖出”等负面评级数量。上述现象被学术界视为分析师乐观倾向的表现，也由此产生了分析师乐观倾向（Optimisitc Tendency）或乐观性（Optimism）的概念，一些学者也称其为分析师的乐观偏差（Optimistic Error）。本书认为，相比乐观倾向或乐观性的概念，乐观偏差更强调于对结果的测量，即具体指代分析师给出的预测值高于真实值的程度。由于在分析师发布的股票评级中，难以对评级的偏差程度进行测量。因此就整体而言，相比乐观偏差一词，乐观倾向或乐观性具有更好的适用性。基于上述考虑，本书通篇采用乐观倾向或乐观性的说法，且在概念内涵上二者之间不存在差异。对于这一概念的具体定义，本书将在厘清分析师乐观倾向成因的基础上给出。

目前，无论是从学术研究成果来看，还是基于现实生活的观察，乐观倾向是分析师行为表现的显著特征，广泛存在于各国的证券市场中。分析师乐观倾向的形成是一个从动机到认知，最终导致行为偏颇的过程。基于现有文献的研究成果，分析师工作关系中的利益冲突（Dugar 和 Nathan，1995[43]；等）以及自身存在的认知偏差（Klein，1990[51]；等）是造成分析师乐观倾向的两大原因。所谓利益冲突（Conflicts of Interest），是指分析师从券商处获得的个人实际收入往往与其所提供的研究报告质量相关性不高，而更多地取决于其能否促进券商各项业务的开展，从而在一定程度上损害了分析师的独立性，与其发布客观真实报告的初衷相违背，形成了利益冲突。分析师作为理性人，其行为决策所追求的唯一目标就是满足自身经济利益的最大化。因此，在利益冲突的影响下，分析师的逐利动机会驱使他们选择发布乐观的报告而尽可能避免发布负面信息，从而最终呈现出乐观倾向。分析师的认知偏差（cognitive bias）是指，分析师在过度自信、从众等心理特征的影响下，由于自身能力或素质等方面的限制，无法对公司价值作出正确判断，抑或受到管理层误导、投资者情绪等因素的干扰，最终无意识地发布了偏颇的报告。当分析师受到工作环境中利益冲突的影响，抑或自身存在认知偏差时，最终都可能呈现出乐观倾向；而当两者同时存在时，分析师的乐观倾向就会进一步加剧。图 4 - 3 对分析师乐观倾向的形成机理进行了简单的描述。

本书基于前人的研究，在明晰了分析师乐观倾向成因的基础上，将这一概念定义为：受利益冲突或认知偏差的影响，分析师在对目标公司未来价值的判断中所呈现出的乐观态度。具体的，本书对乐观倾向的测量采用分析师发布的股票一致性评级指标，并利用分析师个体层面的评级修正行为来识别乐观倾向程度变化的具体实现方式，详细内容将在第 6 章中介绍。

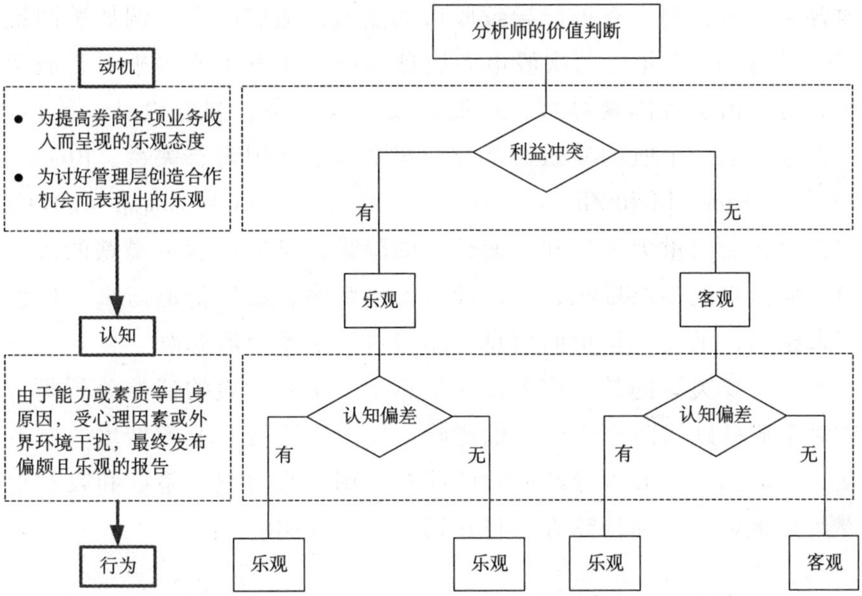

图 4－3　分析师乐观倾向的形成机理

注：参考公言磊（2010）[214]且结合本书的研究。

4.2.3　股价暴跌风险

尽管国内外学术界已有不少有关股价暴跌风险的研究，但对这一概念并未给出统一且明确的定义。不过基于现有研究的观点，可以归纳出，股价暴跌主要是指在没有任何预兆的情况下，由于某些原因引起的股票被投资者大量抛售，从而导致股票价格急剧下跌且下跌程度不可预料的现象。上述现象发生的可能性就被称作股价暴跌风险（stock price crash risk），国内也有学者称其为股价崩盘风险。虽然从字面上看，股价暴跌与股价崩盘似乎在程度上存在差异，但在实际研究中，学者们对两种风险的测量通常采用相同的指标。可见，相关研究并未对以上两者作出区分，股价暴跌风险与股价崩盘风险指代相同。本书较多地采用股价暴跌风险一词。

从发生范围上看，若股价暴跌现象表现在个别股票上，即为个股暴跌。例如 2001 年“银广厦”虚构财务报表事件的曝光，导致公司股价连续 15 个交易日跌停，最终市值缩水近 90%，股价才停止下跌。若这种现象在市场范围内普遍发生，则极有可能导致股市的崩盘，酿成股灾。例如美国证券市场上 1929 年和 1987 年的两次股市大崩盘事件。从发生原因来看，股票市场的崩盘通常是由宏观因素导致，可能涉及宏观经济、制度设计、政治因素、自然灾害等方面。个股的暴跌通常与公司个体层面因素有关系。Bleck 和 Liu（2007）[193]、Kim，Li 和 Zhang（2011a）[194]、Kim，Li 和 Zhang（2011b）[195]等研究指出，公司重大风险和负面信息的隐瞒，是造成股价暴跌的源头。随着公司负面信息的不断堆积，公司股票价格膨胀，市场价值与真实价值偏离程度越来越高，最终一旦负面信息暴露则可能引发个股暴跌。

本研究主要关注的是，作为市场信息中介重要代表的证券分析师，其行为能够对个股暴跌风险产生怎样的影响，以及融资融券业务推出后二者关系的变化。具体地，对股价暴跌风险的测量采用负收益偏态系数和收益上下波动比率两种指标，详细计算方法将在第 7 章中介绍。

4.3 概念模型

本部分内容在明晰了各个研究要素内涵的基础上，基于相关理论观点，构建融资融券、分析师行为与股价暴跌风险之间的概念模型。

根据信息不对称理论，市场中各类参与者对相关信息的了解和掌握程度是存在差异的。以证券市场为例，持有上市公司股票的外部投资者对公司经营状况和内部治理情况的了解十分有限。虽然财务报告等信息的定期披露一定程度上满足了投资者对信息的需求，但由于披露的滞后性以及可操纵性，导致投资者往往难以及时或真实的掌握相关信息。这种现状的存在给予了证券分析师行业生存的空间。分析师出于自身声誉或利益的考虑，会选择性跟进投资者信息需求强烈的公司，并通过跟踪调查或解读复杂财务报告等手段，以提供盈余预测、投资建议等形式，为投资者传递有关公司价值的信息。同时，投资者也会基于分析师所提供的信息进行决策，从而形成了分析师在证券市场中的影响力。可见，由信息不对称引起的投资者对信息的需求程度是决定分析师行业存在价值以及影响分析师跟进决策的重要因素。

委托代理理论认为，由于委托人和代理人之间的目标存在差异，代理人可凭借信息优势采取有利于自身利益的行为，最终损害了委托人的利益，形成矛盾冲突（Jensen和Meckling，1976[215]）。证券分析师与信息使用者之间也是一种委托代理关系。投资者需要基于高质量的信息进行决策，而受自身能力与精力等方面的限制，他们将这种需求寄托在作为信息中介的分析师身上。对于分析师而言，虽然他们的工作形式是为市场提供和传递信息，但由于工作收入的高低并不仅仅以所提供服务的质量为标准，有时甚至与此相违背，从而与投资者之间形成了矛盾冲突。与此同时，分析师与投资者之间的委托代理关系属自发形成，不存在外部契约关系的约束，导致分析师机会主义行为发生的可能性更高。由于分析师的工作环境中存在着各种复杂的利益关系，需要他们提供乐观性的投资建议去支撑证券公司开展各项业务，以及迎合外部管理层创造合作机会。这些利益冲突的存在损害了分析师作为信息中介的独立性。在利益的诱惑和驱使下，分析师往往会采取机会主义行为，发布乐观且偏颇的报告误导投资者，损害了投资者的利益。可见，在委托代理关系下，分析师工作中的利益冲突导致了其乐观倾向的形成。

根据行为金融理论，金融市场中的参与者并不是完全理性的，而常常是有限理性甚至是非理性的。投资者在决策过程中很可能会受到自身情绪、性格、固有观念以及各种心理因素的影响形成认知偏差。分析师在信息处理的各个阶段都可能产生认知偏差。如前所述，在利益冲突的影响下，分析师存在乐观倾向的动机。这一特征很可能导致他们在信息搜集的过程中被利好信息吸引，而忽视了市场中的负面信息。在信息加工过程中，分析师的乐观情绪又可能造成他们对正面信息的反应过度，而对负面信息反应不足。不仅如此，分析师通常会过度信任他们从管理层处获取的私有信息，而管理层为了维护公司形象，树立投资者投资信心，往往都采用尽可能积极乐观的语气去描绘公司状况（Chen和Jiang，2006[53]），或刻意地向分析师传递更加乐观的公司经营信息（Sedor，2002[52]）。加之现阶段我国分析师行业发展时间较短，分析师本身就存在着经验不足的问题，因此更容易受外界干扰产生认知偏差，随之乐观倾向也会进一步加剧。

Fama的有效市场假说认为，在有效市场条件下，资产价格能够充分反映所有可获得的信息，因此对任何信息的搜集和分析都不能为投资者创造超额回报。通常情况下，分析师凭借自身的专业知识和能力，通过对股票进行基本面分析而为市场提供信息。在有效市场中，分析师提供的这种信息并不具有增量价值，进而也不会对股票价格产生任何实质性影响。然而在现实中，一方面市场并不是完全有效的，总是充斥着诸多的信息摩擦和信息不对称；另一方面，分析师不仅能够获取部分私有信息，其对公有信息的掌握程度和处理能力也都强于一般投资者，从而能够引导投资者决策，影响股票价格。Merton（1987）[216]提出的投资者认知假说认为，在不完全信息条件下的资本市场，投资者由于认知的局限性导致无法洞悉全部的股票，从而只会投资于自己了解的股票。根据这一假说，在其他条件相等的情况下，由于分析师对某个公司的关注能够为投资者提供增量的信息，提高投资者对这一公司股票的认知程度，从而在分析师影响下投资者也更可能会投资这个股票。与此同时，由于分析师存在着乐观倾向，而认知能力有限的投资者很难充分认识到这种乐观，导致他们基于分析师所提供的信息难免会过高地估计了股票的内在价值，造成股票市场价值与真实价值的偏离。而随着分析师乐观程度的上升，这种偏离也会越大，资产价格泡沫的不断膨胀，最终产生了价格暴跌的可能。可见，分析师的乐观倾向会进一步作用于投资者，从而传递到股价中，带来股价暴跌风险的上升。

分析师乐观倾向的存在不仅损害了其作为信息中介的积极作用，甚至给证券市场带来了负面影响。因此，需要寻找有效的治理机制来改善这种现象。如前所述，委托代理关系下，分析师与投资者之间的利益不一致是分析师乐观倾向产生的根源。因此，想要减弱由乐观倾向带来的负面影响，首先要缓解分析师与投资者之间的利益冲突，或增加分析师乐观倾向的成本。根据公司治理理论，公司治理存在内部治理和外部治理两种形式。其中，内部的公司治理主要是指通过契约安排以缓解股东与管理层之间的利益冲突、解决代理问题。例如，契约各方通过设定一些规则和条款以规范和明确委托人与代理人之间的关系，从而对管理层行为产生约束和治理作用。但是，与管理层和股东之间的委托代理关系存在差异，由于分析师和投资者之间并不存在直接的雇佣关系，导致无法通过契约手段来约束分析师的行为。而与分析师存在契约关系的证券公司，又往往是分析师乐观倾向形成的源头。可见，对分析师乐观倾向的改善，单纯凭借证券公司的内部治理难以实现，需要寻求有效的外部治理机制。

所谓外部治理，是指依靠社会规范、法律制度以及市场中介等公司外部因素的发展和完善对代理问题进行治理，这一理论思想主要源自于“法与金融”学派观点。该学派观点认为，在解决代理问题中，法律制度是治理作用产生的根本，其余的治理机制都内生于法律制度。法律制度的变迁会影响公司行为，也会对市场中其他参与者的行为起到引导作用。因此，借鉴该思想，想要约束分析师的自利行为，引导分析师行为向有利于投资者利益的方向调整，离不开市场中法律制度的安排。

Demsetz（1968）[207]首次提出的市场微观结构理论认为，不同的交易制度在证券价格形成过程中所起到的作用是不同的，从而对交易者行为乃至证券市场质量的影响都存在着差异。融资融券交易制度的实施是近年来我国证券市场上的一次重大金融创新，打破了市场20多年的单边交易模式，开启了双向交易时代。融资融券使得股票交易者能够利用正负两方面信息进行杠杆交易，有效地促进了标的股票价格向内在价值的回归，提高了市场定价效率。不仅如此，这种交易方式的实现改变了市场微观结构，打破了原有的信息需求与供给的平衡。融资融券交易制度实施后，证券市场中的上市公司被分为两类，一类是投资者可以进行融资融券的标的公司，另一类则是只能进行常规性买卖的非标的公司。相比非标的公司，融资融券的杠杆效应能够为投资者创造更大的获利空间，但同时也伴随着更高的投资风险。投资者在逐利动机下，自然对与标的公司价值相关的信息产生更强烈的需求。这种信息需求的改变将会进一步影响信息中介的行为选择。分析师愿意为投资者信息需求强烈的公司提供服务，这种做法不仅有利于提升自身在市场中的影响力，也更可能促进市场交易的产生，从而为提高证券公司的交易费用收入提供帮助。因此，融资融券交易制度实施有利于激发分析师对标的公司信息供给的意愿，提高分析师跟进的积极性。

根据信号传递理论，在信息不对称的情况下，处于信息劣势的一方会通过信息优势方传递的信号来推测真实情况，做出相应的决策调整。融资融券就具有这种信号功能，能够向市场传递有关公司价值的信息。由于融资融券交易伴随着高收益与高风险，因此相比其他投资者，采取这种交易方式的投资者通常具有一定的信息优势。他们或精通于基本面分析并更努力地搜集和挖掘信息（Drake，Rees 和 Swanson，2011[210]），或本身就是内幕信息的拥有者（Chakrabarty 和 Shkilko，2013[211]）。由此可以预测，这类交易行为能够向市场释放信号，引起更多投资者的关注以及对公司价值做出新的判断。特别是卖空交易的形式，传递了有关公司价值的负面信号，进而对分析师一向乐观的报告策略提出了挑战。在卖空交易者活跃的市场中，分析师出于自利动机而选择发布过度乐观建议的行为将容易暴露在投资者面前，乐观倾向的成本大大增加。因此，从这个角度来看，融资融券交易制度实施能够降低分析师乐观倾向，对分析师行为起到外部治理作用。另一方面，融资融券的价格发现功能对于修正分析师形成的认知偏差也具有积极作用。分析师具有学习能力，能够从股价的变动中捕捉到没有被其掌握的信息。卖空交易的实现挤压出了股价中的泡沫，提高了市场定价效率，从而能够帮助分析师修正原有的预测或评级，降低其因认知偏差而形成的乐观。由此可见，融资融券交易制度的实施有利于降低分析师的乐观倾向，而伴随着这种现象的改善，由分析师行为带来的负面后果也会相应减弱。

本部分根据信息不对称理论阐述了证券市场中分析师的存在价值及其选择性跟进行为；运用委托代理理论和行为金融理论解释了分析师乐观倾向的形成机理；基于有效市场假说和投资者认知假说阐明了分析师行为对股价暴跌风险的影响；依托市场微观结构理论、信号传递理论分析了融资融券价格发现功能和外部治理效应的形成机理，及其对分析师行为选择、特征以及后果的影响，进而将融资融券、分析师行为与股价暴跌风险这三部分纳入到统一的理论框架中，构建了本书的概念模型见图 4－4。

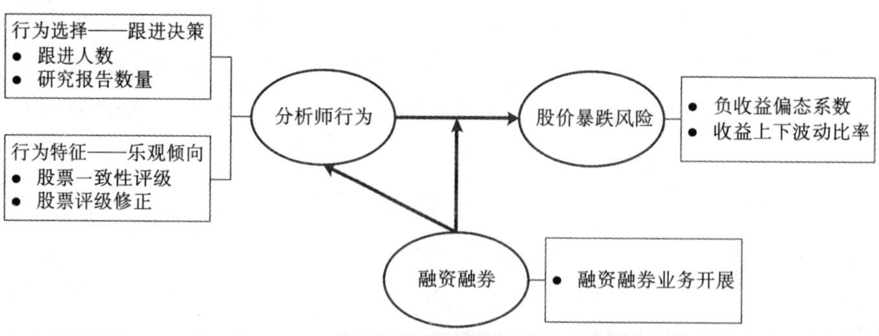

图 4－4 概念模型

注：图中圈内为模型要素，方框内为要素测量指标

4.4　本章小结

本章首先介绍了研究涉及的主要基础理论，并结合研究内容对相关理论进行分析；随后，阐述了本书各个研究要素的概念与内涵；最后，在前两部分基础上，运用相关理论观点，梳理了研究要素之间的逻辑关系，进而构建了本书的概念模型。本章是后续章节的基础，余下章节的研究将基于本章提出的概念模型逐步展开、一一剖析，分别探讨融资融券业务推出对分析师行为选择、跟进决策、行为特征、乐观倾向以及行为后果、股价暴跌风险的影响机理和作用效果。

第5章 融资融券对分析师跟进决策的影响

分析师跟进决策是分析师行为开展的第一步，因此系统研究融资融券对分析师行为的影响，首要任务是厘清融资融券对分析师跟进决策的影响。本章是本书实证章节的第一篇，是对本书第一个研究问题的回答——融资融券业务的推出是否影响了分析师对目标公司的选择。本章将在理论分析基础上提出融资融券与分析师跟进行为关系的研究假设，并基于我国上市公司数据对研究假设进行实证检验，提供融资融券影响分析师行为选择的证据。

5.1 理论分析与假设提出

目前，关于分析师跟进决策的实证研究成果虽然丰厚，但始终没有形成统一的理论框架。Bhushan（1989）[15]认为需求和供给共同决定了分析师的跟进数量，并首次将均衡理论的分析方法应用于探讨分析师跟进决策的研究中来。这一理论框架被后续学者广泛采用。本书也将基于 Bhushan 的理论框架，从需求和供给两个方面共同讨论融资融券交易制度实施对分析师跟进行为的影响。根据市场微观结构理论，不同的交易制度在证券价格形成过程中所起到的作用是不同的，从而对交易者行为的影响也存在着差异。融资融券这种交易方式的实现改变了市场微观结构，打破了原有的信息需求与供给的平衡。

5.1.1　从需求角度来看，融资融券会增加投资者对标的公司信息的需求

一方面，融资交易具有杠杆效应，意味着在自有资金维持不变的情况下，投资者可以基于融资交易方式对标的公司实现更大的交易量。这样一来，当投资者掌握标的公司的利好信息时，融资交易能够帮助投资者赚取更高的收益。当然，杠杆效应的存在也会使交易风险上升。如果投资者对公司的发展状态作出了错误判断，融资交易将给投资者带来更严重的损失。

另一方面，融券交易的实现打破了以往的市场单边交易模式，为投资者提供了一条新的获利途径。在限制卖空的市场中，只有持有公司股票的投资者才能在获取负面信息时采取卖出决策，其他投资者并不能对利空信息做出反应。允许卖空改变了这种限制。在新的交易规则下，投资者不仅可以基于利好信息买入公司股票，还能够凭借融券手段卖空那些预期前景不好的公司。这种交易模式为掌握了负面信息的投资者提供了获利的可能，调动了投资者对标的公司负面信息的关注和需求。当然，与融资交易的杠杆效应相类似，融券交易也伴随着极高风险。由于卖空交易是看跌公司股价，因此当股票价格上涨时，卖空投资者将遭受严重损失，且随着股票价格的上升这种损失将被无限放大。可见，卖空交易的风险极高，理性的投资者只有掌握了相对可靠的负面信息时，才可能采取这种交易形式。

综合以上两点来看，融资和融券交易对投资者而言，既是一种诱惑同时也是一种挑战。在这样一种影响下，投资者对标的公司的信息需求将更加强烈，也更加需要信息中介能够为他们的投资决策提供信息和判断依据。分析师作为证券市场中最为重要的信息中介之一，相比投资者而言，他们无论在信息获取途径上，抑或在信息解读的专业能力上都更为出色，从而带来了投资者对分析师服务需求的相应提高。由此可以预测，在供给曲线不发生改变的前提下，融资融券交易的开展将导致需求曲线向右平移，进而达到新的均衡点，致使分析师均衡数量上升，具体如图 5 - 1 所示。

图 5 - 1 中，横轴表示分析师服务供给的数量，纵轴为证券市场为分析师服务所支付的价格；D 为需求曲线，是价格（P）的减函数，表示随着单位价格的上升，市场对分析师服务的需求下降；S 为供给曲线，是价格（P）的增函数，表示随着单位价格的上升，分析师供给数量上升；E 为需求和供

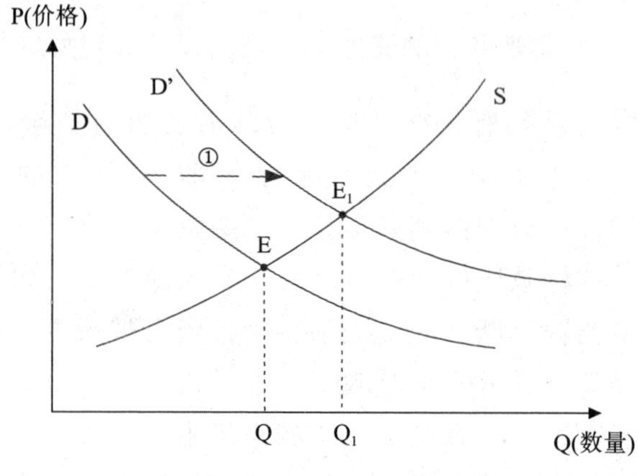

图 5－1 融资融券对需求曲线的影响

给达到平衡时的均衡点，对应 Q 为均衡时的分析师数量。在上文的分析中，由于融资和融券交易的开展为投资者提供了新的套利模式，刺激了投资者对标的公司信息的需求，从而需求曲线 D 向右平移至 D'（如图 5－1 中①所示），与供给曲线 S 相交达到新的平衡点 E_1，对应均衡数量为 Q_1。由此可见，在上述作用下，分析师的均衡数量将由 Q 增加至 Q_1。

5.1.2 从供给角度来看，融资融券会促进分析师对标的公司信息供给意愿的提升

分析师为市场提供信息服务的最主要目的之一，就是为了促进股票交易的产生。Bhushan（1989）[15]在分析公司特征对分析师行为影响时指出，分析师偏好跟进那些机构持股数量和持股比例较高的公司。不仅如此，大规模公司也受到了更多分析师的青睐。而造成上述现象的原因在于这类公司更容易产生股票的大量交易。Obrien 和 Bhushan（1990）[20]认为，交易量是决定分析师跟进与否以及提供研究报告数量的关键性因素。交易量的增加能够使证券公司获得更多的交易费用，进而直接影响着分析师的个人薪酬。Brennan 和 Hughes（1991）[7]也指出，任职于证券公司的信息中介之所以为市场提供盈余预测，是因为他们的努力能够使其从证券公司的交易费用中获得回报，而这种利益关系的存在依赖于股票交易的发生。因此，他们发现，管理层通过股票分拆的方式能够降低股票价格，提高股票流动性进而吸引更多分

析师的跟进。由此可见，帮助证券公司促进股票交易，赚取交易费用，是分析师提高个人薪酬的重要途径，也是市场对分析师服务的回报形式。因此，分析师也会更勤于为那些股票流动性好、投资者关注度高以及市场交易更活跃的公司提供服务。

融资交易的杠杆效应为投资者更大交易量的产生提供了便利，融券交易也创造了反向交易发生的可能，这些都有利于促进股票的流动和交易的产生。于潇和毛雅萍（2014）[83]、李志生，陈晨和林秉旋（2015）[78]等研究发现，我国融资融券交易制度实施后，标的股票流动性得到了提高，市场交易变得更为活跃。由此可以预测，相比那些只能进行常规性交易的股票，针对融资融券标的公司提供的投资建议可能促进更多交易的产生，从而分析师信息供给的意愿也会变得更加强烈。另一方面，中国证券业发展报告（2014）统计结果显示，融资融券业务利息收入已晋升为我国证券公司的第三大收入来源。可见，分析师对标的公司的积极跟进，在增加证券公司交易佣金收入的同时，也有利于促进融资融券业务的开展，从而对拓宽券商营业收入来源、提高总体业务收入具有积极作用。

除促进券商经纪业务动机外，信息的获取成本也是影响分析师跟进决策中不可忽视的因素。现有文献研究发现，我国融资融券实施后标的公司的盈余管理水平下降了（陈晖丽和刘峰，2014a[91]）、会计稳健性提高了（陈晖丽和刘峰，2014b[92]），从而有利于降低分析师对公有信息的处理成本。但也有学者指出这种影响只是瞬时效应，并未起到持续作用（肖浩和孔爱国，2014[77]）。对于分析师而言，公有信息只构成了其信息集的一部分，他们还肯花费时间和精力以及动用人脉关系去争取得到某些私有信息，从而提升自己在市场中的竞争力。如此一来，融资融券启动是否会降低分析师的信息供给成本证据并不充足，但总体上看也不会导致成本的上升。同时，综合考虑增加业务收入的动机，可以预测，这一交易制度的实施有利于促进分析师供给数量的增加，从而供给曲线向右平移（见图5-2）。

图5-2中，②表示在融资融券的影响下，供给曲线S向右平移至S’，从而与向右平移后的需求曲线D’形成新的交点E’，对应的均衡数量为Q’。由此可见，继需求曲线向右移动使均衡数量由Q增加至Q_1后，融资融券作用下的供给曲线右移进一步增加了分析师的均衡数量。

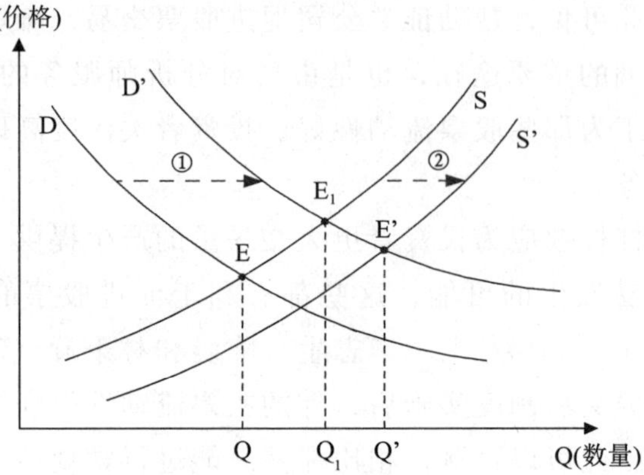

图 5 - 2　融资融券对供给曲线的影响

综合以上两方面的共同影响，可以预测，融资融券交易制度实施后，标的公司将吸引更多的分析师跟进，同时分析师对这类公司提供的研究报告数量也将有所增加，据此提出如下假设：

假设 1：开展融资融券业务使上市公司吸引了更多的分析师跟进。

假设 2：开展融资融券业务促进了研究报告数量的增加。

5.2　研究设计

5.2.1　样本选取

2010 年 3 月 31 日，我国正式启动涵盖 90 只股票的融资融券交易试点，随后经历了多次扩容与调整。2014 年 9 月 22 日，在第四次大规模扩容后，我国融资融券股票数量达到了历史最高峰，包含了来自深交所的 400 只股票和上交所的 500 只股票，两所合计 900 只，占上市公司总量的近三分之一。此后，融资融券标的股票数量基本稳定，未再出现大幅度调整，只存在个别公司曾被剔除或再次调入标的名单[①]。截至 2014 年末，我国融资融券标的涵盖 899 家上市公司股票，其中深交所 399 家，上交所 500 家。表 5 – 1 列示了上述期间标的数量的详细变动情况。

表 5 – 1　　融资融券标的股票数量统计表

日期	深交所			上交所			融资融券标的总量
	调入	调出	总量	调入	调出	总量	
2010 年 3 月 31 日	40	—	40	50	—	50	90
2010 年 7 月 1 日	1	1	40	4	4	50	90
2010 年 7 月 29 日	—	—	40	1	1	50	90
2011 年 12 月 5 日	60	2	98	130	—	180	278
2013 年 1 月 31 日	113	11	200	163	43	300	500
2013 年 3 月 6 日	—	—	200	—	1	299	499
2013 年 3 月 7 日	—	1	199	—	—	299	498
2013 年 3 月 29 日	—	1	198	—	1	298	496
2013 年 5 月 2 日	—	—	198	—	1	297	495
2013 年 5 月 3 日	—	—	198	—	1	296	494
2013 年 9 月 16 日	102	—	300	104	—	400	700
2014 年 3 月 28 日	—	—	300	—	1	399	699
2014 年 4 月 1 日	—	—	300	—	1	398	698
2014 年 4 月 29 日	—	1	299	—	—	398	697
2014 年 5 月 5 日	—	—	299	—	2	396	695
2014 年 9 月 22 日	114	13	400	104	—	500	900
2014 年 12 月 4 日	—	1	399	—	—	500	899
总计	430	31	399	556	56	500	899

为了使融资融券启动前后样本均有观测，且不受新会计准则变更的影响，同时考虑到 2015 年我国股市经历了大涨大跌，且在这一年内融资融券相关政策不断调整，与以前年度不具可比性，故本书选取 2007 ~ 2014 年作为样本研究区间[②]，以这一期间入选的融资融券标的公司作为实验组，以沪

① 2016 年 12 月 12 日，我国融资融券标的迎来了第五次大规模扩容，这次扩容没有在本书的研究区间内。

② 考虑到 2015 年我国股市经历了大涨大跌，且在这一年内融资融券相关政策不断调整，与以前年度不具可比性，故将样本研究区间截止到 2014 年末。

深两市上市公司中未进入名单的公司作为控制组，探究我国融资融券交易制度实施对分析师跟进决策的影响。此外，本章对上述样本还进行了如下筛选：（1）由于A、B股上市公司的市场背景有所不同，剔除了B股公司；（2）考虑到金融行业与其他行业不具有可比性，同时这一行业中不乏很多证券公司，是分析师的主要任职单位，分析师对这类公司的跟踪动机与其他公司存在较大差异，因此剔除金融行业公司；（3）由于ST公司连年亏损，对分析师跟进决策干扰较大，从而剔除ST公司；（4）剔除相关财务数据或股票数据存在缺失的样本。经上述筛选后，最终得到符合条件的公司年度观测共计11 405个。表5－2列示了样本的筛选过程以及最终入选样本的年分布情况。

表5－2 上市公司样本筛选

年份	初始样本	B股公司	金融公司	ST公司	数据缺失	最终样本	各年占比（%）
2007	1 658	(109)	(50)	(167)	(428)	904	7.93
2008	1 712	(109)	(54)	(154)	(387)	1 008	8.84
2009	1 860	(108)	(65)	(150)	(541)	996	8.73
2010	2 215	(108)	(92)	(166)	(626)	1 223	10.72
2011	2 449	(108)	(114)	(149)	(528)	1 550	13.59
2012	2 577	(107)	(119)	(106)	(375)	1 870	16.40
2013	2 621	(106)	(118)	(57)	(339)	2 001	17.54
2014	2 736	(104)	(128)	(46)	(605)	1 853	16.25
合计	17 828	(859)	(740)	(995)	(3 829)	11 405	100

注：括号内数字表示剔除的样本量。

本书用到的融资融券标的信息来源于沪深交易所网站公示，并经手动搜集和整理所得。此外，分析师相关数据、公司财务数据以及股票交易数据均来源于国泰安（CSMAR）数据库。

5.2.2 变量定义

5.2.2.1 因变量的度量

（1）分析师跟进人数（Analyst）。参照现有研究的普遍做法，以一个自然年度内分析师跟进的总人数衡量该指标，并经过相应调整。具体地，对应每一家样本公司，该变量反映了在一个自然年度内有多少分析师针对该上市公司发布了研究报告。此外，由于分析师人数这一指标是取值大于或等于零的序数变量，为了使研究变量分布能够趋于正态分布，满足最小二乘法的前提假设，本章对该指标进行了对数处理，最终计算为自然年度内 1 与分析师跟进总人数之和的自然对数。在分析师人数上加 1 是为了确保没有分析师跟进的公司中该变量测量值不会缺失。表 5 - 3 列示了样本公司在研究区间内分析师跟进人数的年度分布情况。

表 5 - 3　　分析师跟进的年度分布

年份	样本量	均值	标准差	最小值	中位数	最大值
2007	904	3.817	4.902	0.000	2.000	34.000
2008	1 008	8.741	10.418	0.000	4.500	57.000
2009	996	10.072	10.259	0.000	7.000	58.000
2010	1 223	10.666	11.672	0.000	7.000	72.000
2011	1 550	9.994	10.411	0.000	6.000	58.000
2012	1 870	9.507	11.086	0.000	5.000	64.000
2013	2 001	8.253	10.259	0.000	4.000	56.000
2014	1 853	7.700	8.887	0.000	4.000	57.000
总体	11 405	8.715	10.219	0.000	5.000	72.000

由表 5 - 3 可以看出，分析师跟进人数在不同年度存在差异。其中，以 2007 年的均值最低，上市公司平均跟进的分析师人数不足 4 人。2010 年这一指标达到历史最高值，平均跟进人数超过 10 人。分析师人数并未呈现逐年递增的趋势，这与早些年前我国学者的研究发现不一致。造成这种差异的主要原因在于，2010 年以前我国分析师行业还处于大规模发展阶段，而近年来已逐渐趋于稳定。但即便如此，分析师跟进人数在不同年度也存在着明显变化，可以推测不同年度市场环境等因素的变化可能会对分析师的跟进行为产生影响。因此本书在后续的多元回归分析中，对年份固定效应进行了控制。从总体的描述性结果可以看出，样本研究期间，平均上看，每家上市公司有 8 ~ 9 名分析师跟进。中位数为正表明一半以上的公司都存在分析师的跟进，可见分析师跟进的普遍性。然而，较大的标准差，以及最小值和最大

值的分布，反映了分析师在不同公司之间的活跃程度存在明显差异，表现为2007年至2014年期间，始终存在没有分析师跟进的公司，也存在大量分析师集中跟进的公司。单个公司中分析师跟踪人数最多达到了72人。

表5-4列示了分析师跟进人数在不同行业间的分布情况。其中，行业分类采用中国证监会标准。具体地，参照中国证监会2012年颁布实施的《上市公司行业分类指引（2012年修订）》，本书将上市公司分为19个门类。在剔除金融门类后，最终得到18个行业的分析师跟进分布情况。如表所示，制造业是样本公司中占比最高的行业，一半以上的样本公司均来源于制造业。平均每一个制造业公司约有8名分析师跟进，与样本总体均值十分接近。信息传输、软件和信息技术服务业样本均值最高，达到了26人。教育行业的分析师平均跟踪人数最低，仅为2人。在所有行业中，样本中位数值均高于0，表明每一个行业里有分析师跟踪的公司数量都超过了50%。

表5-4　　分析师跟进的行业分布

行业	样本量	均值	标准差	最小值	中位数	最大值
农、林、牧、渔业	200	8.215	9.453	0.000	4.000	43.000
采矿业	332	14.009	10.911	0.000	12.000	55.000
制造业	7 315	8.213	9.551	0.000	5.000	64.000
电力、热力、燃气及水生产和供应业	422	5.716	6.597	0.000	3.000	34.000
建筑业	279	8.695	9.147	0.000	6.000	43.000
批发和零售业	755	8.001	9.681	0.000	4.000	48.000
交通运输、仓储和邮政业	481	9.649	9.683	0.000	6.000	41.000
住宿和餐饮业	54	10.722	10.029	0.000	9.000	33.000
信息传输、软件和信息技术服务业	249	26.618	14.533	0.000	26.000	72.000
房地产业	701	6.401	10.112	0.000	2.000	58.000
租赁和商务服务业	121	14.446	12.794	0.000	11.000	42.000
科技服务业	39	10.128	7.935	0.000	8.000	33.000
水利、环境和公共设施管理业	103	13.282	12.933	0.000	9.000	47.000
居民服务、修理和其他服务业	27	2.556	4.282	0.000	1.000	20.000
教育	2	2.000	2.828	0.000	2.000	4.000
卫生和社会工作	12	19.750	6.757	10.000	18.500	33.000
文体和娱乐业	94	14.585	13.104	0.000	11.500	47.000
综合	219	2.804	4.569	0.000	1.000	27.000
总体	11 405	8.713	10.219	0.000	5.000	72.000

（2）分析师发布的研究报告数量（Report）。以一个自然年度内分析师发布的研究报告总量衡量该指标，并经过相应的调整。具体地，对应每一家样本公司，该变量反映了在一个自然年度内针对该上市公司分析师共发布了多少份研究报告。同时，为了使该变量分布能够更好地趋于正态分布，从而对该变量进行了对数处理，即在原值基础上加1后取自然对数。

5.2.2.2 自变量的度量

本章的自变量为融资融券标识变量（Trading）。借鉴现有研究的普遍做法，将融资融券标识变量定义为取值0或1的类别变量，用于识别上市公司股票是否处于允许融资融券的交易状态。具体地，若样本公司股票在当前年度可以进行融资融券交易，则变量对应的样本-年度观测取值为1，否则为0。

5.2.2.3 控制变量的选取与度量

本书借鉴相关研究，选取影响分析师跟进的常用指标予以控制，指标的选择依据以及详细说明如下。

（1）公司规模（Size）。公司规模是影响分析师选择的关键性因素。从信息需求的角度来看，由于大规模公司受到投资者的关注度高，导致市场对此类公司信息需求强烈，促进了分析师跟进的积极性。从信息供给的角度来看，分析师为较大规模的公司提供的预测或评级，能够刺激更多的交易产生，从而帮助证券公司赚取佣金收入（Bhushan，1989[15]；Obrien和Bhushan，1990[20]）。以上两方面表明公司规模正向影响分析师跟进数量。本章选取公司总资产的自然对数来控制分析师行为选择中公司规模的影响。

（2）机构持股比例（IO）。机构投资者是分析师服务的重要对象。相比于一般投资者，机构投资者具有持股的规模效应，也能产生更大的交易量。因此机构投资者高度关注的股票，通常也是分析师青睐的对象。国内外现有研究普遍发现，随着上市公司中机构投资者持股比例的增加，分析师的跟进人数也相应提升（Bhushan，1989[15]；姚禄仕，何方和王丽娜等，2014[144]）。基于此，本书在模型中控制机构持股比例这一指标，具体计算为机构投资者持股数量占公司总股本的百分比。

（3）盈利能力（ROA）。McNichols和O'Brien（1997）[16]指出，为了与管理层保持良好关系，分析师会选择放弃跟进有负面消息的公司，而偏好为经营业绩好且发展前景乐观的公司提供预测或评级。这种自选择的存在导致公司盈利能力与分析师跟进人数正相关。本书以总资产收益率作为盈利能力的衡量指标，控制盈利能力对分析师跟进决策的影响。

（4）成长性（MB）。Moyer，Chatfield 和 Sisneros（1989）[3]指出，由于管理者与投资者之间存在着代理冲突，分析师的跟进能够为投资者提供信息，从而对管理层起到监督作用，降低代理成本。因此，越是成长性高的公司投资者对分析师的监管需求越大，分析师跟进的动机也就越强烈。此外，就分析师自身而言，他们也更加偏好成长能力较好的公司（崔玉英，李长青和郑燕等，2014[99]）。本书以市值账面比（MB）作为公司成长性的代理变量，具体计算为公司权益的市场价值与账面价值之比。市值账面比越高反映了公司成长性越高。

（5）股票表现。上市公司的股票表现是分析师选股的重要依据。股票收益率越高，市场关注度越高，分析师跟进的动机越强；股票交易量越大，意味着证券公司赚取的经纪业务收入越高，激发了分析师的工作热情（Alford 和 Berger，1999[8]）。股票波动性对分析师跟进的影响可能存在两方面作用：一方面，Bhushan（1989）[15]、Obrien 和 Bhushan（1990）[20]认为股票波动性高代表不确定性高，投资者对分析师的需求增加；另一方面，不确定性导致分析师信息供给的成本上升，供给意愿下降。综上，本书预测分析师跟进人数与股票收益率（Return）、股票交易量（Volume）成正比，与股票波动率（Volatility）相关性不确定。其中，股票收益率计算为股票月回报率的平均值；股票交易量为一年内累积交易量的自然对数；以股票日收益率的标准差作为股票波动率的衡量指标。

（6）股权结构（Ownership）。Lang，Lins 和 Miller（2004）[4]认为在股权相对集中的公司中，由于信息主要在内部进行流通，因此对分析师的需求减弱，分析师跟进人数也相应减少。也有学者认为，股权集中导致控股股东利用控制权获取私人收益的动机增加，加剧了控股股东和中小股东之间的代理冲突，进而增加了中小股东对分析师所提供信息的需求，从而导致股权集中度与分析师跟进人数正相关（欧阳励励，2011[6]）。基于以上原因，本书在研究模型中加入第一大股东持股比例来控制股权结构对分析师跟进的影响。指标具体计算为第一大股东持股数量占公司总股本的百分比。

表 5－5 列示了本章所涉及各变量的符号表达形式以及变量说明。

表 5－5　　　　　　　　　　　　变量定义

变量符号	变量名称	变量说明
Analyst	分析师跟进人数	跟进公司的分析师总人数与 1 之和的自然对数
Report	研究报告数量	分析师对公司发布的研究报告总数量与 1 之和的自然对数
Trading	融资融券标识变量	公司股票处于可融资融券交易状态下变量取值 1，否则为 0
Size	公司规模	公司总资产的自然对数
IO	机构持股比例	机构投资者持股数量占公司总股本的百分比
ROA	盈利能力	公司净利润与总资产之比
MB	市值账面比	权益的市场价值与账面价值之比
Return	股票收益率	股票月回报率的平均值
Volume	股票交易量	股票年交易量的自然对数
Volatility	股票波动率	股票日收益率的标准差
Ownership	股权集中度	第一大股东持股占公司总股本的百分比

5.2.3　模型设定

现有文献中研究某一政策的实施效果，多采用双重差分模型。所谓双重差分，即实验组样本在政策实施前后的变化相比于同一时段控制组样本变化的差异。由于控制组没有受到政策的影响，因此控制组样本在事件发生前后的差异衡量了除政策外其他因素的干扰。若实验组样本的变化差异显著异于控制组，则说明政策的实施发挥了作用。然而，传统双重差分模型具有一定的局限性。当存在多个事件日时，我们难以定义非实验组样本的事件日，除非采用配对方式为每一批实验组样本分别匹配未受事件影响的控制样本。然而，由于配对样本的可操控性太强，配对方法层出不穷，很难保证研究结论的可靠性。为了解决这一难题，Bertrand 和 Mullainathan（2003）[217]在传统双重差分模型基础上，发展出了多时点双重差分模型，并被广泛借鉴。近些年，我国融资融券试点分批启动后，引起了国内学者对这一领域研究问题的广泛关注。在相关研究中也普遍采用了多时点双重差分模型（靳庆鲁、侯青川和李刚等，2015[94]；李志生，陈晨和林秉旋，2015[78]；李志生，杜爽和林秉旋，2015[126]；张璇，周鹏和李春涛，2016[93]）。因此，本书也借鉴该方法，探究融资融券交易制度的实施对分析师行为的影响。具体研究模型设定如下：

$$Analyst_{i,t} = \alpha_0 + \alpha_1 Trading_{i,t} + \alpha_2 Size_{i,t-1} + \alpha_3 IO_{i,t-1} + \alpha_4 ROA_{i,t-1} + \alpha_5 MB_{i,t-1} + \alpha_6 Return_{i,t-1} + \alpha_7 Volume_{i,t-1} + \alpha_8 Volatility_{i,t-1} + \alpha_9 Ownership_{i,t-1} + \sum Firm + \sum Year + \varepsilon_{i,t} \quad (5-1)$$

$$Report_{i,t} = \alpha_0 + \alpha_1 Trading_{i,t} + \alpha_2 Size_{i,t-1} + \alpha_3 IO_{i,t-1} + \alpha_4 ROA_{i,t-1} + \alpha_5 MB_{i,t-1} + \alpha_6 Return_{i,t-1} + \alpha_7 Volume_{i,t-1} + \alpha_8 Volatility_{i,t-1} + \alpha_9 Ownership_{i,t-1} + \sum Firm + \sum Year + \varepsilon_{i,t} \quad (5-2)$$

参照 Bertrand 和 Mullainathan（2003）[217]的方法，在上述模型中，除加入了影响分析师跟进的控制变量外，还加入了公司固定效应（$\sum Firm$）用来控制不随时间变化的公司特质因素的影响，从而对融资融券标的和非标的两类公司的系统性差异进行了有效控制；同时加入时间固定效应（$\sum Year$）用来控制分析师跟进行为在不同年份之间的表现差异；对所有控制变量采用上一期观测值。此外，为避免异常值对回归结果的干扰，在1%水平上对所有连续变量进行了缩尾处理；为控制样本公司在时间序列上可能存在的自相关问题，本书在公司层面上进行了 cluster 处理。

模型（5－1）中，$Analyst_{i,t}$衡量了公司 i 在第 t 年跟进的分析师数量；$Trading_{i,t}$是融资融券交易标识变量，若公司股票在当年允许进行融资融券交易则变量为1，否则为0，该变量系数反映了融资融券交易启动对分析师跟进人数的影响。若回归结果中系数 α_1 的符号显著为正，则表明公司开展融资融券业务吸引了更多分析师跟进，从而假设1得以验证。模型（5－2）用来检验融资融券启动对分析师研究报告数量的影响，类似地，若回归结果中系数 α_1 的符号显著为正，则表明公司开展融资融券业务提高了分析师对公司发布的研究报告数量，则假设2得以验证。

5.3　实证结果分析

5.3.1　描述性统计

5.3.1.1　总体样本的描述性统计结果

表 5－6 报告了本章涉及变量的总体描述性统计结果。

表 5－6　　　　　　　　　　　　描述性统计

变量	样本量	均值	标准差	最小值	中位数	最大值
Analyst*	11 405	8. 715	10. 219	0. 000	5. 000	72. 000
Analyst	11 405	1. 681	1. 160	0. 000	1. 792	4. 290
Report*	11 405	44. 895	58. 101	0. 000	20. 000	255. 000
Report	11 405	2. 746	1. 744	0. 000	3. 045	5. 545
Trading	11 405	0. 178	0. 382	0. 000	0. 000	1. 000
Size	11 405	22. 005	1. 359	18. 711	21. 780	26. 708
IO	11 405	7. 802	10. 574	0. 141	4. 430	59. 220
ROA	11 405	0. 047	0. 050	－0. 275	0. 041	0. 238
MB	11 405	3. 528	2. 899	－4. 355	2. 696	23. 528
Return	11 405	0. 002	0. 005	－0. 005	0. 001	0. 035
Volume	11 405	23. 306	0. 988	20. 672	23. 268	25. 764
Volatility	11 405	0. 034	0. 023	0. 015	0. 029	0. 208
Ownership	11 405	37. 342	15. 530	8. 703	35. 881	75. 004

如表 5－6 所示，变量 Analyst*①的均值为 8. 715，表示平均上看样本公司在一年内跟进的分析师数量接近 9 人；中位数为 5 表示一半以上的样本公司平均跟进的分析师数量达到或超过了 5 人；最大值 72 和最小值 0 分别代表样本公司中存在一年内有 72 个分析师共同跟进的公司，同时也存在没有

① 为了更好地了解分析师人数和研究报告数量的总体分布情况，在描述性结果中同时列示了相应变量未取对数前的原值（用 Analyst* 和 Report* 表示）。

分析师跟进的公司。分析师在一年内对样本公司发布的研究报告数量（Report）均值接近45，为分析师跟进人数均值的5至6倍，说明平均来看，一年内每名分析师针对目标公司会发布5~6次研究报告。研究报告数量的最大值达到了255，反映了在个别公司中分析师发布的报告数量十分庞大。解释变量Trading的均值为0.178，表示在11 405个样本观测中，存在约2 030（11 405×17.8%）个公司年度样本处于允许融资融券交易的状态下。可见，由于我国融资融券启动较晚且采取分批式逐渐扩容，导致在2007~2014年样本研究期间可以进行融资融券交易的股票占比并不算高。对于控制变量的描述性统计结果不做详细说明。

5.3.1.2 分样本描述性统计结果及其差异检验

在总体样本描述性统计基础上，为了初步识别分析师对可融资融券公司和不可融资融券公司跟进选择的差异，同时对比两类公司在各项财务指标等方面存在的差异，本部分进一步针对分样本进行描述性统计，并对两类样本的描述性统计结果进行差异检验。表5-7列示了分样本的描述性统计结果及其差异检验结果。

如表5-7所示，在可融资融券公司中分析师跟进人数（Analyst）的均值为2.332，中位数为2.565，都显著高于不可融资融券的公司（均值为1.540，中位数为1.609）；均值差异检验的T值为28.879，中位数差异检验的Z值为27.928，均在1%统计水平上显著，意味着两类公司中分析师跟进人数存在显著差异，分析师更愿意跟进可融资融券的公司，与研究假设1的预期相符。类似地，无论是从均值来看，还是从中位数来看，可融资融券公司中分析师发布的研究报告数量（Report）均显著高于非融资融券公司，与假设2的预期一致。

表5-7 分样本描述性统计结果及其差异检验

变量	可融资融券公司		不可融资融券公司		均值差异检验	中位数差异检验
	均值	中位数	均值	中位数	t值	z值
Analyst	2.332	2.565	1.540	1.609	28.879***	27.928***
Report	3.716	4.190	2.336	2.773	28.605***	29.255***
Size	23.397	23.204	21.704	21.583	57.814***	45.954***

续表

变量	可融资融券公司		不可融资融券公司		均值差异检验	中位数差异检验
	均值	中位数	均值	中位数	t 值	z 值
IO	9.031	5.415	7.536	4.140	5.781***	9.281***
ROA	0.053	0.041	0.045	0.041	6.739***	3.265***
MB	3.118	2.310	3.616	2.776	-7.036***	-10.484***
Return	0.001	0.000	0.002	0.001	-10.488***	-9.834***
Volume	24.153	24.111	23.123	23.106	46.385***	41.229***
Volatility	0.026	0.025	0.036	0.030	-17.094***	-29.383***
Ownership	39.029	38.566	36.977	35.662	5.402***	4.588***

注：***、**、*分别表示在 1%、5%、10% 统计水平上显著（双尾检验）。

控制变量的描述性结果显示，可融资融券公司的规模（Size）显著高于非融资融券公司，这意味着规模越大的公司越可能入选融资融券标的，这与靳庆鲁、侯青川和李刚等（2015）[94]的发现一致。此外，相比非融资融券公司，融资融券公司普遍具有更高的机构持股比例（IO）、更好的盈利能力（ROA）、更高的股票交易量（Volume）、更低的股票波动性（Volatility）以及更集中的股权结构（Ownership）。而在成长性（MB）和股票收益率（Return）方面表现不如非融资融券公司。这些结果说明，两类公司在各项财务指标、股票表现以及股权结构上都存在显著差异，而这些差异也很可能是导致分析师选择性跟进的原因。

基于以上分析可知，即使可融资融券公司的分析师跟进人数和研究报告数量都显著高于非融资融券公司，但由于两类公司在规模、机构持股等其他影响分析师选择的指标上亦存在显著差异，因此在未控制这些因素的影响下，难以断定融资融券对分析师跟进的作用，还需要进行后续的多元回归分析。

5.3.2　相关性分析

表 5-8 报告了各变量间的 Pearson 相关性分析检验结果。可以看出，融资融券标识变量（Trading）与分析师跟进人数（Analyst）、分析师发布的研究报告数量（Report）之间的相关系数分别为 0.260 和 0.259，且均在 1% 水

平上显著，说明更多的分析师选择跟进融资融券公司，且对此类公司更频繁地出具研究报告。公司规模（Size）、机构持股比例（IO）、盈利能力（ROA）、成长性（MB）、股票收益率（Return）以及股票交易量（Volume）与分析师跟进人数（Analyst）之间的相关系数分别为 0.410、0.233、0.397、0.067、0.023 以及 0.373，除股票收益率（Return）与分析师跟进人数（Analyst）的相关系数在 5% 水平上显著外，其他均在 1% 水平上显著。同时，这些指标与研究报告数量（Report）之间的相关系数也都显著为正。以上结果说明公司规模越大、机构持股比例越高、盈利能力越好、成长性越高、股票回报率越高以及股票交易量越大的公司吸引了越多的分析师关注，分析师对这类公司发布的调研报告也越丰富。此外，股票波动性（Volatility）与分析师人数（Analyst）之间的相关系数为负但在统计上不显著，而与分析师研究报告数量（Report）之间显著负相关。综合结果表明股票波动性越大，分析师提供的报告数量越少。第一大股东持股比例（Ownership）与分析师人数（Analyst）、分析师研究报告数量（Report）之间均呈现显著正相关关系，反映了分析师更加偏好股权相对集中的公司。

此外，值得说明的是，变量 Analyst 与变量 Report 之间的相关系数为 0.981，表明二者高度相关，但是上述变量不会同时出现在一个回归模型中，从而不会导致多重共线性问题。而其他变量之间的相关系数的绝对值大多不超过 0.400，因此在回归分析中不必担心存在严重的多重共线性问题。

5.3.3 多元回归分析

描述性统计和相关性分析结果均显示分析师更加偏好融资融券公司，然而在上述分析中并未控制其他因素的影响，同时也没有考虑到时间固定效应和公司固定效应的作用。因此，本节基于多时点双重差分模型（5-1）和模型（5-2），采用普通最小二乘回归分析法检验融资融券对分析师跟进决策的影响。

表 5-9 报告了融资融券与分析师跟进的多元回归结果，其中列（1）和列（2）中的因变量为分析师跟进人数（Analyst），列（3）和列（4）中以分析师报告数量（Report）作为被解释变量。如列（1）结果所示，在控制了时间固定效应和公司固定效应的影响下，融资融券标识变量（Trading）

表 5－8 **Pearson 相关系数表**

	Analyst	Report	Trading	Size	IO	ROA	MB	Return	Volume	Volatility	Ownership
Analyst	1										
Report	0.981***	1									
Trading	0.260***	0.259***	1								
Size	0.410***	0.387***	0.476***	1							
IO	0.233***	0.223***	0.054***	0.124***	1						
ROA	0.397***	0.391***	0.063***	−0.060***	0.090***	1					
MB	0.067***	0.054***	−0.066***	−0.295***	0.059***	0.227***	1				
Return	0.023**	0.021**	−0.098***	−0.120***	0.018*	0.121***	0.353***	1			
Volume	0.373***	0.344***	0.398***	0.554***	0.101***	0.105***	0.146***	−0.017*	1		
Volatility	−0.014	−0.021**	−0.158***	−0.165***	−0.025***	0.066***	0.207***	0.230***	−0.063***	1	
Ownership	0.133***	0.134***	0.051***	0.220***	0.001	0.110***	−0.048***	0.020**	−0.006	0.032***	1

注：***、**、* 分别表示在 1%、5%、10% 统计水平上显著（双尾检验）。

表 5 -9　　融资融券与分析师跟进的回归结果

	(1)	(2)	(3)	(4)
	Analyst	Analyst	Report	Report
Trading	0. 126***	0. 078***	0. 204***	0. 134***
	(3. 872)	(2. 594)	(4. 049)	(2. 826)
Size		0. 249***		0. 401***
		(8. 075)		(8. 112)
IO		0. 019***		0. 027***
		(9. 115)		(8. 523)
ROA		3. 280***		4. 732***
		(12. 577)		(11. 093)
MB		0. 022***		0. 036***
		(4. 625)		(4. 700)
Return		24. 954***		37. 403***
		(6. 269)		(5. 947)
Volume		0. 067***		0. 084***
		(4. 226)		(3. 344)
Volatility		-4. 003***		-5. 876***
		(-5. 628)		(-5. 275)
Ownership		0. 003		0. 006*
		(1. 521)		(1. 817)
Constant	1. 186***	-6. 069***	1. 965***	-9. 178***
	(45. 113)	(-9. 203)	(46. 625)	(-8. 726)
Firm Effect	Yes	Yes	Yes	Yes
Year Effect	Yes	Yes	Yes	Yes
Observations	11 405	11 405	11 405	11 405
Adj - R^2	0. 737	0. 770	0. 711	0. 742

注：***、**、*分别表示在 1%、5%、10%统计水平上显著（双尾检验），括号内为 t 值。

的回归系数为0. 126，*t* 值为 3. 872，在 1% 水平上显著为正，表明上市公司成为融资融券标的后，跟进的分析师人数增多了。随后，在回归中进一步加入其他变量。列（2）结果显示，即使在控制了公司规模、机构持股、盈利能力以及股票表现等公司特征的影响后，融资融券标识变量（Trading）的回归系数依然在1%水平上显著为正。由此可见，基于多时点双重差分模型的检验结果表明，对比非融资融券公司，上市公司在成为融资融券标的后分析师跟进数量显著提升，假设 1 得以验证。此外，根据列（2）中变量 Trading 的回归系数 0.078 可知，Trading 从 0 变为 1，即公司从不可融资融券变为可融资融券，对应 Analyst 的值增加了 0.078。对比表 5－5 中该变量的均值 1.681 和标准差 1.160 可知，这种变动约占均值的 4.64%（0.078/1.681），达到了标准差的 6.72%（0.078/1.160）。可见，从经济意义上看，这种效果也是较为理想的。

表 5－9 列（3）和列（4）的结果显示，以分析师报告数量作为因变量时，无论是否加入控制变量，融资融券标识变量（Trading）的回归系数分别为 0.204 和 0.134，均在 1% 统计水平上显著，表明推出融资融券业务后分析师对标的公司发布的研究报告数量显著增加，假设 2 得以验证。从经济意义上看，以列（4）中回归系数 0.134 为例，Trading 从 0 变为 1，对应 Report 的值增加了 0.134，对比该变量的均值 2.746 和标准差 1.744 可知，这种变动约占均值的 4.88%（0.134/2.746），达到了标准差的 7.68%（0.134/1.744），也是较为理想的。

对于控制变量，表 5－9 回归结果显示，无论是以分析师跟踪人数（Analyst）还是以分析师发布的研究报告数量（Report）作为因变量，公司规模（Size）、机构持股比例（IO）以及盈利能力（ROA）的系数符号始终为正，且在统计意义上显著，表明分析师更加偏好规模较大、机构持股比例较高以及盈利能力较好的公司，同时为这些公司提供的研究报告数量也更多，这与 Bhushan（1989）[15]、Obrien 和 Bhushan（1990）[20] 等的研究发现一致。此外，市值账面比（MB）的回归系数显著为正，意味着成长性越高的公司吸引的分析师人数越多，分析师发布的报告数量越高，与 Moyer，Chatfield 和 Sisneros（1989）[3]、崔玉英，李长青和郑燕等（2014）[99] 等研究结论相符。关于公司股票特征对分析师跟进决策的影响，结果显示，对于收益率（Return）越高、交易量（Volume）越大的股票，分析师跟踪积极性越高，符合交易量动机假说（Obrien 和 Bhushan，1990[20]）；而收益率波动（Volatility）的回归系数显著为负，这与 Bhushan（1989）[15]、Obrien 和 Bhushan（1990）[20] 基于美国证券市场的检验结果相反，意味着在我国证券市场中，随着预测难度的增加，分析师跟踪热情降低。第一大股东持股比例对分析师跟进数量的影响不显著，对报告数量的影响在10%水平上显著为正，表明相比其他因素，股权集中度对我国分析师行为决策的影响并不十分明显。相比股权较为分散的公司，分析师对股权相对集中的公司出具的报告数量更多，与我国学者欧阳励励（2011）[6]的研究发现一致。

5.3.4 稳健性检验

为了提高研究结果的可靠性，本部分开展了一系列稳健性检验，包括基于PSM配对样本的检验、因变量和自变量度量指标的调整以及样本筛选条件的改变等。

5.3.4.1 基于PSM配对样本的检验

表5-10 稳健性检验——基于PSM配对样本的检验

	按倾向得分最接近1:1配对		按倾向得分最接近且相差小于5%配对	
	Analyst	Report	Analyst	Report
List * Post	0.162 **	0.242 **	0.180 ***	0.264 **
	(1.968)	(2.025)	(2.604)	(2.510)
List	0.249 ***	0.366 ***	0.247 ***	0.363 ***
	(4.750)	(4.692)	(4.564)	(4.529)
Post	-0.076	-0.172 **	-0.092 *	-0.186 ***
	(-1.418)	(-2.496)	(-1.911)	(-2.769)
Size	0.317 ***	0.471 ***	0.311 ***	0.461 ***
	(10.043)	(9.637)	(9.302)	(9.051)
IO	0.011 ***	0.016 ***	0.011 ***	0.017 ***
	(3.500)	(3.661)	(3.664)	(3.829)
ROA	6.839 ***	10.139 ***	7.117 ***	10.593 ***
	(13.443)	(13.337)	(14.707)	(14.699)
MB	0.063 ***	0.087 ***	0.062 ***	0.085 ***
	(5.928)	(5.682)	(5.704)	(5.363)
Return	107.138 ***	171.753 ***	111.647 ***	178.333 ***
	(12.380)	(13.210)	(12.692)	(13.490)

续表

	按倾向得分最接近 1:1 配对		按倾向得分最接近且相差小于 5% 配对	
	Analyst	Report	Analyst	Report
Volume	0.193***	0.250***	0.190***	0.251***
	(4.806)	(4.199)	(4.633)	(4.095)
Volatility	-30.740***	-42.710***	-29.965***	-41.524***
	(-5.610)	(-5.380)	(-5.805)	(-5.445)
Ownership	0.001	0.002	0.001	0.002
	(0.386)	(0.709)	(0.549)	(0.902)
Constant	-10.285***	-14.447***	-10.144***	-14.314***
	(-18.842)	(-17.832)	(-17.353)	(-16.579)
Industry Effect	Yes	Yes	Yes	Yes
Year Effect	Yes	Yes	Yes	Yes
Observations	7 812	7 812	7 466	7 466
Adj - R^2	0.496	0.475	0.484	0.466

注：表中 List 为样本标识变量，如果样本公司在 2007 ~ 2014 年期间入选了融资融券标的则为 1，否则为 0；Post 为时间变量，实验组公司入选标的后变量取值为 1，否则为 0，控制组公司以配对的实验组公司对应融资融券启动年份为基准进行赋值；其他变量定义详见表 5 - 5；***、**、* 分别表示在 1%、5%、10% 统计水平上显著（双尾检验），括号内为 t 值。

考虑到样本选择性偏误对研究结论可能造成的干扰①，本部分采用倾向得分匹配法（Propensity Score Matching Method，简称 PSM 法）进行稳健性分析。以往研究发现，倾向得分匹配法不仅可以控制样本选择性偏差，还可以在一定程度上控制内生性问题。具体地，本章首先以 2007 ~ 2014 年所有非金融行业、非 ST 的 A 股上市公司为样本，基于模型（5 - 3）通过 Logit 回归方法预测上市公司入选融资融券标的的概率。

$$List_{i,t} = \alpha_0 + \alpha_1 Size_{i,t-1} + \alpha_2 Turnover_{i,t-1} + \alpha_3 Volatility_{i,t-1} + \sum Block + \sum Industry + \sum Year + \varepsilon_{i,t} \tag{5-3}$$

其中，List 为样本标识变量，如果在上述期间内样本公司入选融资融券

① 本章提到的样本选择性偏误是指，由于入选标的范围公司的某些共同特征（如更大的公司规模、更低的股票波动性等），导致在标的公司中分析师跟进积极性更高，从而本章的研究发现可能并非融资融券的作用效果，而是标的公司特征所带来的结果。

标的则为 1，否则为 0。借鉴靳庆鲁，侯青川和李刚等（2015）[94]的研究，选取公司规模（Size - 总资产自然对数）、股票换手率（Turnover - 股票年交易量比流通股股数）、股票波动率（Volatility - 股票日收益率的标准差）、上市公司所在版块（∑Block 包括主板、中小板、创业板）、所属行业（∑Industry - 行业虚拟变量）以及年份虚拟变量（∑Year）来评估公司入选融资融券标的的倾向得分。

其次，根据倾向得分，以融资融券公司入选标的前一年为时间点，为每一个融资融券公司匹配与之入选概率最为接近（或同时满足概率相差小于 5%）的非融资融券公司，从而得到实验组（标的公司）和控制组（非标的公司）两组样本。随后为成功配对的公司合并各年度观测数据，最终得到 7 812（7 416）个混合横截面样本。

最后，利用配对样本，采用传统双重差分模型对本章研究结论重新进行检验。在传统双重差分模型中，利用 List 变量区分实验组和控制组两组样本在因变量上呈现的系统性差异；基于 Post 变量控制入选前后因变量在时间上的自然变化；通过交互项 List × Post 来识别两组公司在 Post 前后因变量的变化差异，即融资融券业务推出的净效应，回归结果见表 5 - 10。如表所示，各回归结果中，交互项 List × Post 的回归系数始终为正，且在 5% 或 1% 水平上显著，表明相比控制组公司，标的公司在融资融券启动后的分析师跟进人数以及分析师发布的研究报告数量都得到了显著提升。可见，基于 PSM 配对样本的回归结果显示，本章的研究结论并非由于样本选择性偏误造成，研究假设 1 和假设 2 再次得到了验证。

5.3.4.2 以是否开展了转融通业务重新定义融资融券标识变量

许红伟和陈欣（2012）[116]指出，我国融资融券交易启动初期，市场中缺乏转融通机制，使得投资者只能从券商处融入少量资金或股票，远远不能满足需要。转融通机制的缺乏导致这一时期市场中融资融券交易并不活跃，从而其能够发挥的作用也十分有限。2013 年 2 月 28 日，我国正式启动转融通业务试点，首批转融通标的股票共计 90 只，2013 年 9 月 18 日，转融通标的股票扩容至 287 只，2014 年 6 月 23 日，转融通标的进一步扩容至几乎覆盖全部的融资融券标的股票。此后，转融通标的与融资融券标的基本保持一致。在实践背景中，从图 1 - 5 展示的融资融券标的股票历史成交量走势可以看出，自 2013 年起，市场中的融资融券交易才开始变得活跃，这离不开转融通机制的支撑和保障。

基于上述分析，本书认为，转融通业务推出后，我国才基本形成了集中授信的融资融券交易模式，真正意义上开始了融资融券交易。因此，本部分以标的股票是否允许进行转融通重新定义融资融券标识变量，并对研究结果重新进行检验。具体地，若样本公司在当前年度可进行融资融券交易并已纳入转融通标的，则变量 Trading 对应的样本 - 年度观测取值为 1，否则为 0。表 5 - 11 列示了重新估计的结果。如表所示，重新定义 Trading 后，该变量回归系数依然显著为正，同时对比表 5 - 9 发现，Trading 系数值有所增加，表明转融通推出后，融资融券对分析师跟进的促进效果变得更加理想，进一步支持了本章的研究结论。

表 5 - 11 稳健性检验——以是否开展了转融通业务重新定义融资融券标识变量

	(1)	(2)	(3)	(4)
	Analyst	Analyst	Report	Report
Trading	0. 141 ***	0. 085 ***	0. 259 ***	0. 177 ***
	(4. 037)	(2. 732)	(4. 709)	(3. 582)
Size		0. 253 ***		0. 405 ***
		(8. 305)		(8. 323)
IO		0. 019 ***		0. 026 ***
		(9. 087)		(8. 491)
ROA		3. 278 ***		4. 722 ***
		(12. 575)		(11. 084)
MB		0. 022 ***		0. 036 ***
		(4. 571)		(4. 649)
Return		25. 061 ***		37. 745 ***
		(6. 288)		(5. 999)
Volume		0. 068 ***		0. 085 ***
		(4. 328)		(3. 402)
Volatility		-4. 014 ***		-5. 936 ***
		(-5. 630)		(-5. 318)

续表

	(1) Analyst	(2) Analyst	(3) Report	(4) Report
Ownership		0.003		0.005 *
		(1.440)		(1.745)
Constant	1.182 ***	-6.172 ***	1.960 ***	-9.284 ***
	(45.100)	(-9.581)	(46.784)	(-9.067)
Firm Effect	Yes	Yes	Yes	Yes
Year Effect	Yes	Yes	Yes	Yes
Observations	11 405	11 405	11 405	11 405
Adj - R^2	0.737	0.770	0.711	0.742

注：表中根据标的股票当年是否可以进行转融通重新定义 Trading；其他变量定义详见表 5-5；***、**、* 分别表示在 1%、5%、10% 统计水平上显著（双尾检验），括号内为 t 值。

5.3.4.3 分析师跟进人数以及报告数量采用原值

前文中，对分析师跟进人数以及研究报告数量进行了对数处理，本部分采用原值重新进行回归，检验研究结果的稳健性。如表 5-12 所示，基于原值的检验结果中，融资融券标识变量（Trading）依然显著为正，且在 1% 统计水平上显著。可见，本章的研究结论不受因变量这种衡量方式变化的影响。同时，从表 5-12 中的回归结果可以更直观地得出，Trading 从 0 到 1，分析师跟进人数的增加超过了 1 人，研究报告数量增加了 12 到 14 份，相比上市公司中平均跟进的分析师人数 8~9 人以及平均报告数量 45 份（见表 5-6），融资融券交易制度实施对分析师跟进积极性的促进作用，在经济意义上也是较为理想的。

表 5-12 稳健性检验结果——因变量采用原值

	(1) Analyst *	(2) Analyst *	(3) Report *	(4) Report *
Trading	1.584 ***	1.219 ***	14.433 ***	12.133 ***
	(4.969)	(4.053)	(6.524)	(5.912)
Size		2.154 ***		15.251 ***
		(8.129)		(7.419)

续表

	(1) Analyst*	(2) Analyst*	(3) Report*	(4) Report*
IO		0.136***		0.728***
		(7.952)		(6.792)
ROA		25.052***		138.238***
		(12.027)		(10.303)
MB		0.252***		1.605***
		(5.243)		(4.883)
Return		190.470***		1 177.695***
		(5.256)		(5.119)
Volume		0.420***		1.608*
		(2.958)		(1.821)
Volatility		-36.488***		-222.222***
		(-5.798)		(-5.536)
Ownership		-0.004		-0.004
		(-0.253)		(-0.037)
Constant	4.041***	-53.678***	16.411***	-359.161***
	(17.432)	(-9.100)	(10.779)	(-7.874)
Firm Effect	Yes	Yes	Yes	Yes
Year Effect	Yes	Yes	Yes	Yes
Observations	11 405	11 405	11 405	11 405
Adj - R^2	0.744	0.770	0.709	0.732

注：表中因变量 Analyst* 和 Report* 分别表示样本公司中跟进的分析师数量和研究报告数量原值，未经对数处理；其他变量定义详见表 5-5；***、**、* 分别表示在 1%、5%、10% 统计水平上显著（双尾检验），括号内为 t 值。

5.3.4.4　剔除没有分析师跟进的样本

通过本章的描述性统计结果可知，样本中存在没有任何分析师跟进的公司，前文将这些公司中的分析师跟踪人数赋值为 0，并加入研究样本进行回归。为了确保研究结果不受这类样本的影响，本部分剔除没有分析师跟进的样本后重新进行回归估计，回归结果见表 5-13。如表所示，剔除没有分析师跟进的样本后，样本量从 11 405 下降至 9 150。虽然样本量发生了变化，但解释变量 Trading 的回归系数依然显著为正（显著性水平略有下降）。可见，总体上看这类样本对回归结果的影响不大，本章的研究结论依然成立。

表 5-13　　稳健性检验结果——剔除没有分析师跟进的样本

	(1)	(2)	(3)	(4)
	Analyst	Analyst	Report	Report
Trading	0.087***	0.060**	0.099**	0.073*
	(2.797)	(2.066)	(2.264)	(1.766)
Size		0.173***		0.239***
		(5.482)		(5.430)
IO		0.015***		0.020***
		(7.840)		(7.390)
ROA		2.813***		3.470***
		(10.331)		(8.637)
MB		0.021***		0.035***
		(4.164)		(4.709)
Return		21.803***		29.596***
		(5.673)		(5.499)
Volume		0.069***		0.067***
		(4.199)		(2.903)
Volatility		-3.989***		-5.476***
		(-5.731)		(-5.624)
Ownership		0.002		0.004
		(1.060)		(1.412)
Constant	1.578***	-4.063***	2.640***	-4.566***
	(59.689)	(-6.060)	(69.857)	(-4.861)
Firm Effect	Yes	Yes	Yes	Yes
Year Effect	Yes	Yes	Yes	Yes
Observations	9 150	9 150	9 150	9 150
$Adj-R^2$	0.687	0.723	0.663	0.696

注：***、**、* 分别表示在1%、5%、10%统计水平上显著（双尾检验），括号内为 t 值。

5.3.4.5　进一步控制行业层面的影响因素

根据现有文献，行业层面的因素也会影响分析师对目标公司的选择（Obrien 和 Bhushan，1990[20]；潘亮，2015[21]）。本书在前文的回归模型中，虽然加入了公司层面固定效应，从而也能够实现对行业固定效应的控制。但为了尽可能避免行业层面的其他遗漏变量对本章研究结论的干扰，本部分在原有模型基础上进一步加入了行业内公司平均跟进的分析师人数（IndAnalyst）（或平均发布的研究报告数量，IndReport）、行业内公司总数量（IndN）以及行业内公司的平均资产（IndSize）指标，重新对假设 1 和假设 2 进行检验。控制上述因素影响下的回归结果与前文基本保持一致，研究结论不受影响，回归结果见表 5－14。

5.4　结果讨论与本章小结

本章的实证检验结果表明，上市公司在成为融资融券标的后，分析师跟进数量显著增加，同时分析师对标的公司发布的研究报告数量也显著增加。检验结果不仅在统计意义上显著，在经济意义上也是较为理想的。研究结果意味着，融资融券业务的推出有利于调动分析师的积极性，增加分析师对标的公司的跟进热情，从而对促进标的公司信息流动、降低信息不对称具有重要意义。可见，不仅微观层面的公司特征左右着分析师对目标公司的选择（徐媛媛，洪剑峭和曹新伟，2015[19]），宏观层面市场交易制度的改变也显著影响了信息中介的行为。分析师勤于跟进融资融券标的公司，因此可以通过调整融资融券标的范围，实现从整体上调控和引导分析师在不同类别公司间分布的目的。然而，值得注意的是，我国融资融券制度的实施采取“先试点，后推广”的策略，而依据沪深交易所发布的《融资融券交易试点实施细则》中相关规定，通常股票流通市值越大、涨跌幅度越小、收益率越稳定的公司越可能入选为标的。通常情况下，具有这些特点的公司本身就受到分析师的青睐。融资融券业务推出使这些公司成为了分析师更为理想的选择对象，从而可能导致分析师跟进在不同公司间的分布情况变得更加不均

表 5-14　　稳健性检验结果——控制行业层面影响因素

	(1)	(2)	(3)	(4)	(5)	(6)	(7)	(8)
	Analyst	Analyst	Analyst	Analyst	Report	Report	Report	Report
Trading	0.078 ***	0.079 ***	0.079 ***	0.081 ***	0.134 ***	0.134 ***	0.135 ***	0.139 ***
	(2.599)	(2.606)	(2.614)	(2.688)	(2.835)	(2.836)	(2.845)	(2.922)
IndAnalyst	0.214 ***			0.270 ***				
	(4.777)			(4.940)				
IndReport					0.262 ***			0.332 ***
					(4.959)			(5.090)
IndN		-0.005		-0.038 *		-0.006		-0.057 *
		(-0.253)		(-1.871)		(-0.200)		(-1.827)
IndSize			0.059 *	-0.031			0.088 *	-0.054
			(1.758)	(-0.781)			(1.650)	(-0.835)
Size	0.246 ***	0.249 ***	0.246 ***	0.246 ***	0.393 ***	0.401 ***	0.397 ***	0.392 ***
	(8.034)	(8.081)	(8.040)	(8.050)	(7.981)	(8.119)	(8.064)	(7.978)
IO	0.019 ***	0.019 ***	0.019 ***	0.019 ***	0.027 ***	0.027 ***	0.027 ***	0.027 ***
	(9.203)	(9.106)	(9.183)	(9.165)	(8.596)	(8.514)	(8.591)	(8.552)
ROA	3.255 ***	3.279 ***	3.256 ***	3.250 ***	4.696 ***	4.731 ***	4.697 ***	4.692 ***
	(12.508)	(12.570)	(12.490)	(12.507)	(11.029)	(11.084)	(11.017)	(11.031)
MB	0.022 ***	0.023 ***	0.023 ***	0.022 ***	0.035 ***	0.036 ***	0.037 ***	0.035 ***
	(4.537)	(4.637)	(4.686)	(4.559)	(4.589)	(4.709)	(4.751)	(4.602)

续表

	(1)	(2)	(3)	(4)	(5)	(6)	(7)	(8)
	Analyst	Analyst	Analyst	Analyst	Report	Report	Report	Report
Return	24.549***	24.946***	24.882***	24.417***	37.196***	37.393***	37.296***	37.112***
	(6.210)	(6.268)	(6.265)	(6.194)	(5.961)	(5.946)	(5.944)	(5.963)
Volume	0.063***	0.067***	0.067***	0.061***	0.081***	0.084***	0.085***	0.078***
	(4.030)	(4.222)	(4.273)	(3.878)	(3.247)	(3.341)	(3.386)	(3.123)
Volatility	-3.995***	-4.002***	-4.013***	-3.983***	-5.932***	-5.875***	-5.891***	-5.932***
	(-5.657)	(-5.627)	(-5.655)	(-5.647)	(-5.369)	(-5.274)	(-5.304)	(-5.376)
Ownership	0.003	0.003	0.003	0.003	0.006*	0.006*	0.005*	0.006*
	(1.537)	(1.510)	(1.436)	(1.497)	(1.843)	(1.808)	(1.739)	(1.811)
Constant	-6.232***	-6.034***	-7.345***	-5.344***	-9.612***	-9.134***	-11.077***	-8.154***
	(-9.492)	(-9.105)	(-7.418)	(-4.943)	(-9.156)	(-8.651)	(-7.118)	(-4.708)
Firm Effect	Yes	Yes	Yes	Yes	Yes	Yes	Yes	Yes
Year Effect	Yes	Yes	Yes	Yes	Yes	Yes	Yes	Yes
Observations	11 405	11 405	11 405	11 405	11 405	11 405	11 405	11 405
Adj - R^2	0.771	0.770	0.770	0.771	0.743	0.742	0.742	0.743

注：表中，变量 IndAnalyst 为样本公司所属行业内分析师跟进数量均值与 1 之和的自然对数；IndReport 为样本公司所属行业内分析师研究报告数量均值与 1 之和的自然对数；IndN 为样本公司所属行业内上市公司总量的自然对数；IndSize 表示行业规模，具体计算为样本公司所属行业内上市公司总资产均值的自然对数；其他变量定义详见表 5 - 5；***、**、* 分别表示在 1%、5%、10% 统计水平上显著（双尾检验），括号内为 t 值。

衡。从宏观层面来看，由于分析师扮演着市场中信息中介的重要角色，因此那些规模较小且股票表现较差，进而不受投资者欢迎的公司更加需要分析师的关注，从而为市场了解这些公司、降低信息不对称，避免逆向选择问题的发生提供帮助。可见，就这一点而言，融资融券交易制度的实施对于改善上述现状并不十分理想，标的证券范围亟待进一步扩大，特别是针对那些规模不大、信息不对称程度略为严重的公司。当然，与此同时，也要注意防范在这类公司中推广融资融券业务可能引发的投资者盲目看跌、恶意卖空等行为。

本章重点考察了融资融券对分析师行为选择——跟进决策的影响。基于2007~2014年我国A股上市公司样本，采用多时点双重差分模型的检验发现，上市公司在成为融资融券标的后，分析师跟进人数和分析师发布的研究报告数量均显著增加，从而证实了开展融资融券业务对调动分析师跟踪热情的积极作用，进而本书的假设1和假设2得到了实证的支持。在经过了PSM配对样本检验、样本筛选条件的改变以及因变量、自变量测量方式的调整等一系列稳健性检验后，上述结论依然成立。本章研究假设检验结果汇总情况见表5-15。

表5-15　本章研究假设检验结果汇总表

研究假设	检验结果
融资融券对分析师跟进决策的影响	
假设1：公司开展融资融券业务吸引了更多的分析师跟进	通过
假设2：公司开展融资融券业务促进了研究报告数量的增加	通过

第6章 融资融券对分析师乐观倾向的影响

本书在上一章检验了融资融券对分析师行为选择的影响，并证实了公司开展融资融券业务吸引了更多分析师的跟进。在此基础上，本章继续检验融资融券对分析师行为特征的影响，从而来回答本书的第二个研究问题。乐观倾向是分析师行为表现的显著特征，也是现阶段我国分析师行业存在的严重问题。通过第二章的文献梳理可知，来自于证券公司的业务收入压力以及分析师自身存在的认知偏差是造成这种现象的两大原因。那么，作为我国证券公司收入重要来源的融资融券业务，其推出与快速发展能够对分析师行为表现产生怎样的影响？是进一步加大了分析师的利益冲突，还是会发挥外部治理效应，降低分析师的乐观程度？本章将系统分析融资融券业务开展对分析师乐观倾向的影响机理，在此基础上提出研究假设，并进行实证检验。

此外，值得说明的是，盈余预测和股票评级是分析师发布的研究报告中最为关键的两个指标，也是现有研究中用于判断分析师乐观倾向的重要依据。本书出于以下两点考虑，最终选取分析师股票评级作为研究对象：第一，相比于盈余预测，股票评级更为标准化，按照乐观程度高低依次分为“强买”“买入”“中性”“卖出”“强卖”五类评级，有利于不同公司以及不同时间的对比；第二，近年来，许多学者研究发现，随着年报披露日的临近，分析师盈余预测呈现出先乐观后悲观的趋势，这主要是因为越来越多的上市公司把达到或超过分析师一致预测作为目标，分析师为了配合管理层从而选择在年报披露日前调低预测（Ke和Yu，2006[175]；Libby，Hunton和Tan等，2008[176]；冯旭南，2012[169]），这种动机的出现导致以盈余预测指标来衡量分析师乐观倾向的合理性下降。

基于以上原因，本书最终选取分析师股票评级作为研究对象，系统分析融资融券交易制度实施对分析师评级乐观性的整体影响；随后，在上述影响中，进一步区分融资交易和融券交易的作用差异；最后，分析个股融资、融券交易状况与分析师评级修正行为的关系，借以判断融资融券对分析师评级乐观性整体影响的实现路径。

6.1 理论分析与假设提出

6.1.1 融资融券交易制度的实施对分析师评级乐观倾向的影响

根据前人的研究成果，分析师乐观倾向产生的根本原因在于追求自身经济利益的最大化。由于分析师所处的工作环境复杂且存在各种利益冲突，分析师只有发布乐观性的研究报告才能够帮助其所在证券公司赚取更高利润，进而提高自身收益。因此，作为理性人的分析师，会出于自利动机而战略性地发布乐观报告，这种行为最终损害了投资者利益（Michaely 和 Womack，1999[101]；O'Brien，Mcnichols 和 Lin，2005[44]）。另一方面，根据行为金融理论的观点，经济活动中的参与者并不总是完全理性的，他们在决策过程中很可能会受到过度自信、规避风险、追随大众等心理特征的影响而产生认知偏差。分析师受自身能力限制以及外界信息环境的干扰，在信息处理的各个阶段都可能产生认知偏差，从而导致非战略性扭曲（Chen 和 Jiang，2006[53]；周冬华和赵玉洁，2016[54]）。多年以来，我国市场严格限制卖空，导致股价泡沫膨胀。加之现阶段我国分析师行业发展时间较短，分析师本身就存在着经验不足的问题，由此更容易受到外界信息环境的干扰，形成认知偏差，从而进一步加剧其乐观倾向。融资融券业务推出后，一方面证券公司以往的收入结构发生了变化，进而改变了分析师的收益 - 成本函数，而分析师为了追求个人利益的最大化，也不得不相应调整自身行为；另一方面，融资融券带来的市场信息环境的变化，也将对分析师形成的认知偏差产生一定的修正作用。具体地，本书将从以下三个方面来分析融资融券业务的推出对分析师乐观倾向的影响机理。

第一，融资融券交易提升了分析师负面信息的供给价值，有利于缓解分析师出于促进证券公司经纪业务收入动机而产生的乐观倾向。Darlin (1983)[218]指出，限制卖空导致“卖出”评级只能为那些已持有公司股票的投资者服务；而“买入”评级则适用于市场中所有投资者，能够促进更多交易的产生，进而帮助证券公司赚取更多的交易佣金。Laderman (1990)[172]认为，负面信息供给不仅无益于证券公司经纪业务的产生，还可能使分析师陷于得罪管理层的风险之中。可见，面对这种不对称性，分析师更愿意提供利好信息，即使当他们掌握了某些利空信息时，也往往会选择沉默，更不肯花费时间和精力去主动搜寻这类信息。融资融券交易制度的实施在一定程度上有利于缓解这种不对称性。当市场放开卖空后，投资者不再只关注利好信息。当得知利空信息时同样可以凭借融券方式进行交易，从而使得分析师负面评级的投资价值上升，进而缩小了乐观与悲观两类评级在促进交易量上的差距。另外，由于我国证券市场长期以来严格禁止卖空行为，造成股票价格膨胀严重（古志辉、郝项超和张永杰，2011[115]）。在这种现实背景下，市场放开卖空会带来负面信息投资价值的急剧上升，市场对负面信息的强烈需求进一步刺激了分析师对此类信息的供给意愿，从而有利于减弱分析师的乐观倾向。

第二，融资融券的信号功能向市场传递了有关公司价值的信息，从而对分析师的信息中介角色提出了挑战，增加了分析师只选择发布乐观报告的机会主义行为成本。根据信号传递理论，在信息不对称情况下，处于信息劣势的一方会通过信息优势方传递的信号来推测真实情况，做出相应的决策调整。融资融券就具有这种信号功能，能够为投资者传递更多的信息。根据以往文献，由于融资融券伴有极高的投资风险，因此采用这种交易形式的投资者通常精通于基本面分析并更努力地搜集和挖掘信息（Drake，Rees 和 Swanson，2011[210]），或本身就是内幕信息的拥有者（Chakrabarty 和 Shkilko，2013[211]）。因此，当他们通过这种交易手段为自身创造投资收益的同时，也向市场传递了有关公司价值的信号，从而能够引起市场中更多投资者的关注并对公司价值做出新的判断。现有研究发现，市场中的参与者可以依据前期卖空交易状况，来预测公司未来的审计风险（Cassell，Drake 和 Rasmussen，2011[212]）、债务违约风险（Kecskes，Mansi 和 Zhang，2013[213]）以及财务重述等情况发生的概率（Desai，Krishnamurthy 和 Venkataraman，2006[129]）。融资融券的信号功能对分析师一味乐观的报告策略提出了威胁与挑战。在卖空交易者活跃的市场中，分析师出于自利动机而选择性发布过度乐观的投资建议等行为，将容易暴露在投资者面前，乐观倾向的成本显著增加。因此，从这个角度来看，融资融券交易制度的实施增加了分析师机会主义行为的成本，从而有利于降低分析师的乐观倾向，起到外部约束和治理的作用。

第三，融资融券的价格发现功能有利于改善市场信息环境，减小分析师因认知偏差而形成的乐观倾向。认知偏差观点认为，由于分析师处在一个复杂且嘈杂的市场环境下，他们在撰写研究报告的过程中会受到自身能力和素质等方面的限制，往往无法准确判断信息的真伪，导致最终出具了偏颇的意见或建议。而股价中的信息含量以及信息类型将直接影响分析师的表现。Lys 和 Sohn（1990）[177]、Abarbanell（1991）[178]等研究发现，分析师预测以及预测修正中蕴含了股价中的信息；Block（1999）[219]调查结果显示，分析师会基于股价中所包含的历史信息出具评级建议。市场微观结构理论认为，不同的交易机制在证券价格形成过程中所起到的作用是不同的，从而对市场信息效率的影响存在差异。Miller（1977）[103]指出，在限制卖空以及投资者异质信念共存的市场中，由于悲观者的负面信息不能及时有效地传递到股价中，导致股价往往只能反映乐观者态度，造成股价估值过高。我国市场长期以来对卖空交易的限制，造成负面信息无法及时反映到股价中，市场中充斥着更多的利好信息，估值泡沫和投机泡沫并存（古志辉，郝项超和张永杰，2011[115]）。加之我国分析师行业发展时间较短，分析师普遍存在经验不足的问题，导致他们很难对外界环境做出准确判断。受利好信息的充斥以及股票价格膨胀的影响，分析师给出的评级建议也很可能是乐观的，而融资融券业务的推出则有利于改善这种现状。卖空交易者的出现使股价对负面信息的反应更加敏感，有利于矫正过高的股价，挤压出股票价格中的泡沫（李科，徐龙炳和朱伟骅，2014[76]；Chang，Luo 和 Ren，2014[85]）。可见，融资融券的价格发现功能有利于修正分析师的认知偏差，从而减弱由此形成的乐观倾向。

综上可见，无论是受利益冲突驱使导致的战略性乐观，抑或受外界信息环境干扰所形成的认知偏差，开展融资融券业务一定程度上都有利于修正分析师的乐观。据此，本书提出研究假设 3。

假设 3：公司开展融资融券业务有利于修正分析师股票评级中的乐观倾向。

6.1.2　融资、融券交易活跃度与分析师评级乐观倾向

李志生，陈晨和林秉旋（2015）[78]指出，允许卖空能够提高市场定价效率，且卖空交易量越大，股票对负面信息的吸收速度越快，股票定价效率越高。随着股票定价效率的提升，分析师从股价变化中捕捉到的信息就会越及时、越充分，从而越有利于修正分析师的认知偏差。此外，卖空交易越活跃，反映了卖空交易者对负面信息搜索的积极性越高，则越有利于挖掘出隐藏在市场中的利空信息，同时向市场中其他参与者释放强烈的负面信号。因此，随着卖空交易量的提升，分析师有意发布乐观报告的机会主义行为风险越高，从而对分析师战略性乐观的约束效果就会更强。基于以上两方面可以预测，分析师受利益冲突驱使产生的战略性乐观以及由认知偏差导致的非战略性扭曲，都会随着卖空交易活跃的提升而降低。

然而，由于分析师本身存在乐观动机，他们往往对市场中的正面信息已充分反应，导致融资交易的实现难以为其提供增量的正面信息，更不会对分析师的信息中介角色构成威胁与挑战。无论市场是否允许融资交易，投资者始终对利好信息有强烈需求，市场交易者以及信息中介对正面信息的积极搜寻和挖掘，以及管理层出于树立公司良好形象自愿性披露利好信息等行为，使得融资交易的实现乃至高度活跃都很难为市场提供增量的正面信息，从而也不会改变分析师原有的乐观程度。由此可见，融资融券交易制度的实施对分析师乐观倾向的修正，主要源自卖空机制的作用。然而，由于我国市场同时放开两类交易，导致仅凭借交易制度是否实施这一方式难以对两类交易产生的作用效果加以区别。因此，本书在假设 3 的基础上，进一步提出假设 4 和假设 5，通过引入交易活跃度指标来区分融资交易和融券交易的不同影响：

假设 4：融资融券业务开展对分析师股票评级乐观倾向的修正程度与融

资交易活跃度不相关。

假设5：融资融券业务开展对分析师股票评级乐观倾向的修正程度与融券交易活跃度正相关。

6.1.3 个股融资、融券交易状况与分析师评级修正行为

Pownall 和 Simko（2005）[220]认为，不仅是分析师，卖空交易者在市场中也扮演着重要的信息中介角色。Christophe，Ferri 和 Hsieh（2010）[221]研究发现，在分析师公开向下调整股票评级建议前，卖空交易者会提前采取行动，大量卖空这类公司。Drake，Rees 和 Swanson（2011）[210]通过构建投资组合的方式来对比卖空交易者和证券分析师挑选股票的能力。结果发现，相比分析师，卖空交易者的投资决策中蕴含了更多关于公司未来价值的信息。同时作者指出，其他交易者如果能够利用卖空信号调整投资策略将会赚取更高收益，并认为提高对卖空交易数据披露的频率有利于市场信息环境的改善①。Drake，Myers 和 Myers 等（2015）[112]研究发现，卖空交易数据中反映了增量的价值相关信息。进一步研究发现，在公司信息环境较差或分析师过于乐观的情况下，卖空交易者扮演了更加重要的信息中介角色。可见，相比分析师，卖空交易者对信息的掌握能力以及向市场传递信息的能力都毫不逊色，甚至超越了分析师。

卖空交易者的信息优势使其与分析师之间形成了竞争与互补的关系。从信息互补的角度来看，卖空交易向市场传递的关于公司价值的负面信号，对分析师而言也是一种信息供给。现有研究发现，分析师会基于股价信息积极调整评级（Block，1999[219]）。同样，分析师也可能基于卖空交易的历史数据去积极验证或主动挖掘负面信息，从而有利于修正其过于乐观的评级建议。从信息竞争的角度来看，即使分析师出于利益冲突等原因，不愿主动搜寻不利于上市公司的信息，但面对大量卖空交易向市场传递的强烈负面信号，分析师维持原有乐观评级的行为将受到市场质疑，从而出于维护自身声誉等方面考虑，也不得不向下调整评级。因此，综合以上两方面可以预测，

① 文中指出，依据美国证监会要求，从2007年9月起，市场对卖空交易数据的披露，从每月一次变更为每半个月一次，提高了披露的频率。

个股的卖空交易量越大，分析师向下修正股票评级的概率越高。

与融券交易不同，融资交易的实现并未从根本上改变证券市场，也很难为市场提供增量的正面信息。此外，Muslu 和 Xue（2013）[222]研究发现，分析师热衷于挖掘和积极传递利好信息，并表现得过度乐观，因此即使当个股收益率上升时，分析师通常也不会向上修正股票评级。同样，当市场融资交易活跃时，足够乐观的分析师也很难从中获取增量的利好信息以向上调整评级，从而表现出个股融资交易状况与分析师评级修正行为不相关。基于以上分析，本书提出假设 6 和假设 7，检验个股融资、融券交易状况与分析师股票评级修正之间的关系：

假设 6：分析师股票评级的向上修正与修正前融资交易量不相关。

假设 7：分析师股票评级的向下修正与修正前融券交易量正相关。

6.2　研究设计

6.2.1　样本选取

本章以被分析师出具了股票评级的公司作为研究对象，因此在上一章样本筛选条件基础上①，进一步剔除没有分析师发布评级的公司样本，最终得到有效公司年度观测共计 8 423 个，其中可融资融券样本数量 1 751 个，约占样本总量的五分之一。样本分布情况见图 6 - 1。

如图 6 - 1 所示，2007 ~ 2011 年间，样本数量呈现递增趋势，这与我国分析师行业的发展历程相符，分析师队伍在这些年处于快速增长阶段，因此分析师股票评级覆盖的公司范围也越来越广；2011 年以后，由于我国分析师行业的发展逐渐进入稳定阶段，从而样本公司数量未再呈现大幅变动。2010 年以前，我国市场严格禁止融资融券交易，因此可融资融券公司数量为 0；自 2010 年起，随着融资融券业务试点启动以及逐步扩容，标的公司数

---

① 剔除 B 股公司、金融行业公司、ST 公司以及财务指标等数据存在缺失的样本。

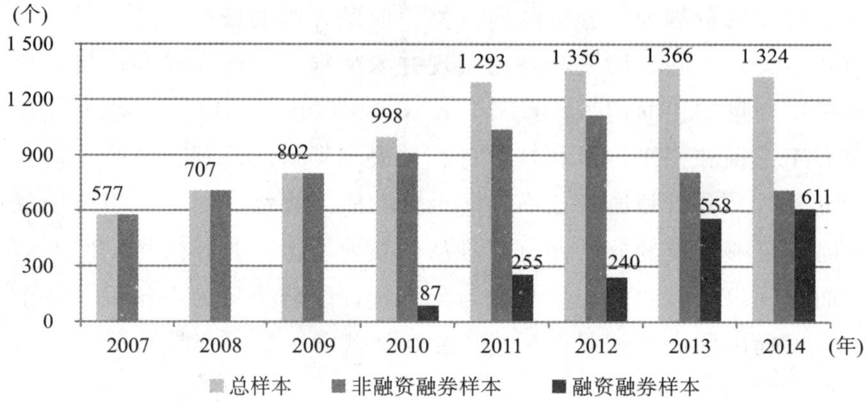

图 6－1 样本年度分布情况

量逐年递增；截至 2014 年末，满足本章样本筛选条件的融资融券公司共计 611 个，占当年样本总量的近二分之一。

本章首先基于满足上述条件的 8 423 个样本，在公司层面上检验融资融券对分析师股票评级乐观倾向的影响。随后，基于分析师对可融资融券公司发布的个股评级数据，在个体层面上检验融资融券交易状况对分析师评级修正行为的影响；具体地，针对 1 751 个融资融券样本，匹配同一年内所有分析师对其发布的股票评级数据，并进行如下筛选：（1）为了判断评级修正的调整方向，剔除分析师首次发布的评级数据；（2）剔除标的公司融资融券业务首次启动半年内的观测，从而保证融资融券交易的活跃度以及数据的可获得性；（3）剔除评级修正日期前存在长期停盘的公司，以保证股票收益率数据的获取，最终得到符合上述条件的分析师评级修正样本共计 23 435 个。

本书所用到的融资融券标的信息来源于沪深交易所网站公示；明星分析师数据来自《新财富》杂志最佳分析师评选结果，并经手动搜集和整理所得；其他分析师相关数据、公司财务数据以及股票交易数据等均来自国泰安（CSMAR）数据库。

6.2.2 变量定义

6.2.2.1 因变量的度量

（1）分析师乐观倾向。参照现有研究的普遍做法，以分析师一致评级作为公司层面分析师乐观倾向的衡量指标，具体计算过程为：首先，将分析师评级类别进行标准化处理，并根据乐观程度高低对每一类评级进行赋值；其次，在每一类评级赋值基础上，计算公司在一个会计年度内所有评级意见的均值，将该均值作为分析师一致评级，其取值大小则反映了分析师整体的乐观程度。根据国泰安（CSMAR）数据库资料，我国分析师评级按照乐观程度高低依次分为“强买”“买入”“中性”“卖出”和“强卖”五类标准化评级。表 6－1 的统计结果显示，2007～2014 年间，我国市场中证券分析师出具的“卖出”和“强卖”评级意见占评级总量比例不足 1%；“中性”评级占比约为 10%；“买入”和“强买”评级占比分别为 54.17% 和 35.54%，两类评级累积占比约占评级总量的 90%。考虑到“卖出”和“强卖”的评级建议十分罕见，Gu，Li 和 Yang（2013）[42]等现有研究中通常将“卖出”和“强卖”评级视为一类。因此，本书参照 Gu，Li 和 Yang（2013）[42]等的做法，对各类评级分别赋值，将“强买”赋值为 4、“买入”赋值为 3、“中性”赋值为 2、“卖出”和“强卖”赋值为 1，并依此计算分析师一致评级作为乐观倾向的衡量指标（Rec1）。此外，考虑到在实务中，由于分析师存在着系统性乐观，因此当分析师给出“中性”评级时，往往被投资者认为是一种负面信号，作为“卖出”评级看待。因此，本书也采用另一种赋值方式，在上述赋值基础上进行调整，将“强买”赋值 3、“买入”赋值 2、“中性”及以下赋值为 1，并计算对应的一致评级作为乐观倾向的另一种衡量指标（Rec2）。

表 6－1　评级类别分布

年份	强买		买入		中性		卖出		强卖	
	数量（只）	占比（%）	数量（只）	占比（%）	数量（只）	占比（%）	数量（只）	占比（%）	数量（只）	占比（%）
2007	2 142	33.41	3 458	53.94	758	11.82	31	0.48	22	0.34
2008	4 786	25.27	10 167	53.67	3 753	19.81	136	0.72	101	0.53
2009	5 249	23.28	12 843	56.95	4 261	18.90	41	0.18	156	0.69
2010	9 655	34.04	15 401	54.30	3 220	11.35	4	0.01	82	0.29
2011	12 876	37.08	18 822	54.21	2 981	8.59	6	0.02	37	0.11
2012	13 709	36.21	20 793	54.92	3 270	8.64	29	0.08	61	0.16

续表

年份	强买		买入		中性		卖出		强卖	
	数量（只）	占比（%）	数量（只）	占比（%）	数量（只）	占比（%）	数量（只）	占比（%）	数量（只）	占比（%）
2013	14 688	39.02	20 645	54.85	2 229	5.92	18	0.05	62	0.16
2014	15 948	44.35	18 381	51.11	1 558	4.33	18	0.05	56	0.16
合计	79 053	35.54	120 510	54.17	22 030	9.90	283	0.13	577	0.26

资料来源：根据国泰安数据库披露数据整理。

（2）分析师评级修正。本章在分析师个人层面上研究分析师评级修正行为，因此以分析师对某公司当前发布的评级相对于上一次评级的变化情况定义评级修正类别。具体地，评级意见按照乐观程度高低依次分为“强买”“买入”“中性”“卖出”和“强卖”，若分析师对某公司当前出具的评级与其对该公司上一次出具的评级相比乐观程度更高，则定义为向上修正评级（Upgrade），变量取值为1，否则为0；若分析师对某公司当前出具的评级与其对该公司上一次出具的评级相比乐观程度更低，则定义为向下修正评级（Downgrade），变量取值为1，否则为0。

6.2.2.2 自变量的度量

对于自变量的度量，本章首先采用和上章中相同的方法定义融资融券标识变量（Trading）。具体地，若样本公司股票在当前年度可以进行融资融券交易，则变量对应的样本年度观测取值为1，否则为0。在此变量基础上，进一步针对可融资融券公司定义融资（融券）交易活跃度，具体地，以一个自然年度内上市公司融资（融券）交易总股数与公司流通股股数之比作为衡量融资（融券）交易活跃度的指标，变量符号记为Margin（Short），变量取值越大，表明公司相对的（融资）融券交易量越高，即（融资）融券交易越活跃。

Womack（1996）[39]研究发现，分析师会基于先前1～6个月的股票历史收益率数据修正评级。考虑到随着窗口期的延长，干扰因素过多且难以控制，同时借鉴Blau和Wade（2012）[223]等研究中的算法，本书以分析师评级修正前30个交易日内①目标公司的累积融资交易股数与公司流通股股数之比，作为修正前融资交易状况的衡量指标（CSV）；同理，以分析师评级修正前30个交易日内目标公司的累积融券交易股数与公司流通股股数之比，作为修正前融券交易状况的衡量指标（CSV）。

6.2.2.3 控制变量的选取与度量

依照Firth，Lin和Liu等（2013）[164]、Gu，Li和Yang（2013）[42]等研究，本章在公司层面检验融资融券对分析师乐观倾向的影响时，控制能够导致分析师乐观的公司特征因素，具体包括公司规模（Size）、机构持股比例（IO）、盈利能力（ROA）、公司成长性（MB）、股票收益率（Return）、所有权性质（SOE）、样本公司是否为交叉上市（Cross）以及样本公司中分析师跟踪总人数（Analyst）。其中，公司规模越大，信息不对称程度越低，分析师乐观倾向的成本越高，因此，预测公司规模与分析师乐观程度之间呈负向关系。Mola和Guidolin（2009）[40]等研究发现，分析师为了获得机构投资者的交易订单，选择发布乐观评级去支持机构重仓股，由此预测机构持股比例越高，分析师越乐观。分析师通常更加看好盈利能力好、成长性高或股票收益率高的公司，从而预测在这类公司中分析师更乐观。Firth，Lin和Liu等（2013）[164]指出，由于在中国市场中，许多上市公司和证券公司都处于国家控股管制下，因而分析师出于政治压力等原因通常对国有公司的预测更乐观。由于交叉上市公司受到多个市场的管制，从而公司信息环境更好，分析师评级相对更为客观，乐观程度下降。分析师跟踪人数越多的公司，彼此之间的竞争越激烈，市场对分析师客观性要求越高，分析师乐观倾向越低；但另一方面，由于分析师存在自选择问题，偏好表现好的公司，大量分析师选择跟进的公司，通常得到较高的分析师一致评级，因此难以判断分析师跟踪人数与其乐观倾向之间的关系。

除上述因素外，在研究融资融券交易状况对分析师评级修正的影响中，还控制了个股收益率指标以及券商和分析师个体层面的影响因素，具体包括评级修正前个股累积异常收益率（CAR）、券商规模（Broker Size）、承销商分析师（UW）、明星分析师（Star）、分析师经验（Experience）以及忙碌程

① 本章在稳健性检验中，对窗口期进行了调整。

度（Busy）。Block（1999）[219]指出，分析师会基于历史股价信息调整评级，因此预测评级修正前个股累积异常收益率与分析师评级修正方向相关，表现为累积异常收益率越高，分析师向上修正概率越高，向下修正概率越低。任职于大规模证券公司的分析师可以凭借资源优势获得更多的信息，从而评级修正更频繁；但另一方面，规模较大的证券公司与上市公司之间通常存在较复杂的利益关系，从而可能导致分析师始终维持乐观评级而不愿向下调整，因此难以预测券商规模对分析师评级修正行为的影响。O'Brien，Mcnichols和 Lin（2005）[44]研究发现，存在利益冲突的分析师为了不得罪客户，从而不愿向下调整评级，由此预测处于承销业务压力下的分析师会更少地向下修正评级。相比于其他分析师，明星分析师受到更多投资者的关注，可能会积极修正评级以传递信息；但另一方面，由于明星分析师评选的主体是机构投资者，因此他们不愿调低评级以避免影响机构重仓股的市场表现。此外，经验越丰富的分析师对信息的挖掘和分析能力越好，也更可能通过修正评级为投资者提供有价值的信息。而越忙碌的分析师受精力限制，难以给出有价值的评级调整，通常维持原有评级类别不变。表 6 - 2 列示了本章所涉及各变量的符号表达形式及详细说明。

表 6 - 2　　变量定义

变量符号	变量名称	变量说明
Rec1	一致评级指标 1	"强买"赋值 4、"买入"赋值 3、"中性"赋值 2、"卖出"和"强卖"赋值 1，并依此计算公司当年被出具的所有评级的均值，指标取值越高反映分析师越乐观
Rec2	一致评级指标 2	"强买"赋值 3、"买入"赋值 2、"中性"及以下赋值 1，并依此计算公司当年被出具的所有评级的均值，指标取值越高反映分析师越乐观
Upgrade	向上修正评级	若分析师对某公司的当前评级比其对该公司上一次的评级乐观程度更高时，变量取值为 1，否则为 0
Downgrade	向下修正评级	若分析师对某公司的当前评级比其对该公司上一次的评级乐观程度更低时，变量取值为 1，否则为 0
Trading	融资融券标识变量	公司股票处于可融资融券交易状态下变量取值 1，否则为 0
Margin	融资交易活跃度	标的公司一年内融资交易总股数除以公司流通股股数

续表

变量符号	变量名称	变量说明
Short	融券交易活跃度	标的公司一年内融券交易总股数除以公司流通股股数
CMV	累积融资交易量	评级修正前 30 个交易日内累积融资交易股数与流通股股数之比
CSV	累积融券交易量	评级修正前 30 个交易日内累积融券交易股数与流通股股数之比
CAR	累积异常收益率	评级修正前 30 个交易日内经市场调整的个股收益率累积之和
Size	公司规模	公司总资产的自然对数
IO	机构持股比例	机构投资者持股数量占公司总股本的百分比
ROA	盈利能力	公司净利润与总资产之比
MB	市值账面比	权益的市场价值与账面价值之比
Return	股票收益率	股票月回报率的平均值
SOE	所有权性质	公司实际控制人为国有性质时，变量取值为 1，否则为 0
Cross	交叉上市	若公司同时发行 A、B 股或 A、H 股，则变量取值为 1，否则为 0
Analyst	分析师跟进人数	年度内跟进的分析师总人数的自然对数
Analyst_ q	季度分析师人数	评级修正前一个季度内跟进的分析师总人数的自然对数
BrokerSize	证券公司规模	当年证券公司中活跃的分析师人数取自然对数
UW	承销商分析师	若分析师所隶属证券公司在上年、当年或下年负责目标公司股票的承销工作，变量取值为 1，否则为 0
Star	明星分析师	若分析师在上一年度被《新财富》杂志评为最佳分析师，则变量取值为 1，否则为 0
Experience	分析师经验	分析师首次发布评级至当年的总年数取自然对数
Busy	分析师忙碌度	当年分析师跟进的公司总数量取自然对数

6.2.3　模型设定

6.2.3.1　融资融券与评级乐观倾向关系的检验模型

与上章采用相同的研究方法，本章基于多时点双重差分模型检验融资融券对分析师乐观倾向的影响，模型构建如下：

$$Rec_{i,t} = \alpha_0 + \alpha_1 Trading_{i,t} + \alpha_2 Size_{i,t-1} + \alpha_3 IO_{i,t-1} + \alpha_4 ROA_{i,t-1} + \alpha_5 MB_{i,t-1} + \alpha_6 Return_{i,t-1} + \alpha_7 SOE_{i,t} + \alpha_8 Cross_{i,t} + \alpha_9 Analyst_{i,t} + \sum Firm + \sum Year + \varepsilon_{i,t} \quad (6-1)$$

在上述模型中，除加入了影响分析师评级乐观倾向的控制变量外，还加入了公司固定效应（$\sum$Firm）用来控制不随时间变化的公司特质因素的影响，从而也对融资融券标的和非标的两类公司的系统性差异进行了控制；同时加入时间固定效应（$\sum$Year）用来控制分析师评级乐观倾向在不同年份之间的表现差异；控制变量中除所有权性质（SOE）、交叉上市（Cross）以及分析师跟进人数（Analyst）采用当期值外，其他控制变量均采用上一期数据。

模型（6－1）中，$Rec_{i,t}$为公司 i 在第 t 年分析师一致评级水平，采用Rec1 和 Rec2 两个指标衡量；$Trading_{i,t}$是融资融券交易标识变量，若公司在当年允许开展融资融券交易则为 1，否则为 0，该变量系数反映了融资融券业务推出对分析师乐观倾向的影响，若回归结果中α_1系数符号显著为负，表明公司开展融资融券业务降低了分析师一致评级水平，即分析师乐观程度下降，则假设 3 得以验证。

6.2.3.2 融资、融券活跃度与评级乐观倾向关系的检验模型

在模型（6－1）基础上分别加入融资交易（Margin）和融券交易活跃度指标（Short），用以检验融资交易和融券交易对分析师乐观倾向的不同影响。由于只有标的公司才有融资融券交易量数据，因此采用融资融券标识变量（Trading）与活跃度变量交互项的形式来识别交易活跃度的影响，构建的回归模型如下：

$$Rec_{i,t} = \alpha_0 + \alpha_1 Trading_{i,t} + \alpha_2 Trading_{i,t} \times Margin_{i,t} + \alpha_3 Size_{i,t-1} + \alpha_4 IO_{i,t-1} + \alpha_5 ROA_{i,t-1} + \alpha_6 MB_{i,t-1} + \alpha_7 Return_{i,t-1} + \alpha_8 SOE_{i,t} + \alpha_9 Cross_{i,t} + \alpha_{10} Analyst_{i,t} + \sum Firm + \sum Year + \varepsilon_{i,t} \tag{6-2}$$

$$Rec_{i,t} = \alpha_0 + \alpha_1 Trading_{i,t} + \alpha_2 Trading_{i,t} \times Short_{i,t} + \alpha_3 Size_{i,t-1} + \alpha_4 IO_{i,t-1} + \alpha_5 ROA_{i,t-1} + \alpha_6 MB_{i,t-1} + \alpha_7 Return_{i,t-1} + \alpha_8 SOE_{i,t} + \alpha_9 Cross_{i,t} + \alpha_{10} Analyst_{i,t} + \sum Firm + \sum Year + \varepsilon_{i,t} \tag{6-3}$$

模型（6－2）和模型（6－3）中，$Margin_{i,t}$和$Short_{i,t}$分别为公司当年融资交易量和融券交易量与公司流通股股数之比，交互项$Trading_{i,t} \times Margin_{i,t}$和$Trading_{i,t} \times Short_{i,t}$的系数分别反映了随着融资交易和融券交易活跃度的提升，融资融券业务推出对分析师乐观倾向的修正程度的变化。若假设 4 成立，即融资融券业务开展对分析师股票评级乐观倾向的修正程度与融资交易

的活跃度不相关，那么模型（6－2）中交互项系数的回归结果应在统计意义上不显著；若模型（6－3）回归结果中交互项系数符号显著为负，则表明融券交易越活跃，融资融券业务推出对分析师乐观倾向的修正效果越好，假设5成立。

6.2.3.3 个股融资、融券交易状况与评级修正关系的检验模型

对分析师评级修正行为的检验，是基于分析师个人层面的分析，因此在上述模型基础上，加入券商和分析师特征变量；同时，由于此部分只针对融资融券标的公司进行检验，不再需要控制标的公司与非标的公司之间的系统性差异，从而将模型中的公司固定效应替换为行业固定效应，以控制行业效应的影响。基于上述调整，得到用来检验融资融券交易状况与分析师评级修正关系的研究模型如下：

$$Upgrade_{i,j,t} = \alpha_0 + \alpha_1 CMV_{i,t-31,t-2} + \alpha_2 CAR_{i,t-31,t-2} + \alpha_3 Size_{i,t-1} + \alpha_4 IO_{i,t-1} + \alpha_5 ROA_{i,t-1} + \alpha_6 MB_{i,t-1} + \alpha_7 SOE_{i,t} + \alpha_8 Cross_{i,t} + \alpha_9 Analyst\_q_{i,t} + \alpha_{10} BrokerSize_{j,t} + \alpha_{11} UW_{j,t} + \alpha_{12} Star_{j,t} + \alpha_{13} Experience_{j,t} + \alpha_{14} Busy_{j,t} + \sum Industry + \sum Year + \varepsilon_{i,j,t} \quad (6-4)$$

$$Downgrade_{i,j,t} = \alpha_0 + \alpha_1 CSV_{i,t-31,t-2} + \alpha_2 CAR_{i,t-31,t-2} + \alpha_3 Size_{i,t-1} + \alpha_4 IO_{i,t-1} + \alpha_5 ROA_{i,t-1} + \alpha_6 MB_{i,t-1} + \alpha_7 SOE_{i,t} + \alpha_8 Cross_{i,t} + \alpha_9 Analyst\_q_{i,t} + \alpha_{10} BrokerSize_{j,t} + \alpha_{11} UW_{j,t} + \alpha_{12} Star_{j,t} + \alpha_{13} Experience_{j,t} + \alpha_{14} Busy_{j,t} + \sum Industry + \sum Year + \varepsilon_{i,j,t} \quad (6-5)$$

模型（6－4）和模型（6－5）中，因变量 $\mathrm{Upgrade}_{i,j,t}$ 和 $\mathrm{Downgrade}_{i,j,t}$ 分别表示分析师 j 对公司 i 在 t 时发布的评级修正类别，若分析师向上修正评级，$\mathrm{Upgrade}_{i,j,t}$ 变量取值为1，否则为0；若分析师向下修正评级，$\mathrm{Downgrade}_{i,j,t}$ 变量取值为1，否则为0；$\mathrm{CMV}_{i,t-31,t-2}$（$\mathrm{CSV}_{i,t-31,t-2}$）为公司 i 在修正日 t 前30个交易日内的累积融资（融券）交易量并除以流通股股数①，该变量的回归系数反映了评级修正前的融资（融券）交易状况对分析师向上（向下）修正评级行为的影响；$\mathrm{CAR}_{i,t-31,t-2}$ 为公司 i 在修正日 t 前30个交易

---

① 为避免修正本身引起的市场变化对研究结果的干扰，参考 Blau 和 Wade（2012）[223]、Muslu 和 Xue（2013）[222] 等现有文献的普遍做法，将窗口期向前平移1天，即计算从修正前第31个交易日到修正前第2个交易日共计30个交易日内的累积交易量。

日内经市场收益率调整后的个股收益率累积之和，用来控制股价中蕴含的信息对分析师修正行为的影响。模型中，对公司各项财务指标的控制采用评级修正前最近一次的年报数据；所有权性质及交叉上市信息采用同期数据；分析师跟进人数为评级修正前1个季度内对应总人数的自然对数；分析师所隶属券商的规模、分析师个人特征数据均为同期指标，各变量的详细说明见表6-2。

若本书的假设6成立，即分析师股票评级的向上修正与修正前的融资交易量不相关，那么模型（6-4）中研究变量$CMV_{i,t-31,t-2}$的回归系数在统计意义上应不显著；若假设7成立，那么模型（6-5）中研究变量$CSV_{i,t-31,t-2}$的回归系数应显著为正，表明融券交易量越大，分析师向下修正评级的概率越高，即分析师股票评级的向下修正与修正前的融券交易量正相关。

此外，为避免异常值对回归结果的干扰，对上述模型（6-1）~（6-5）中的所有连续变量在1%水平上进行了缩尾处理；为控制样本公司在时间序列上可能存在的自相关问题，回归中在公司层面上进行了cluster处理。

6.3 实证结果分析

6.3.1 描述性统计

表6-3分别报告了评级乐观倾向样本和评级修正样本中各变量的描述性统计结果。Panel A结果显示，一致评级指标1（Rec1）的均值和中位数分别为3.105和3.154，由于对这一指标的测量，3代表“买入”、4代表“强买”，可见均值和中位数均大于3反映了分析师较多地给出“买入”或“强买”评级；Rec2的均值和中位数分别为2.111和2.159，也都大于该指标“买入”评级对应的取值。此外，较小的标准差表明在不同样本中一致评级指标取值变化不大。可见，上述结果反映了分析师存在着普遍性乐观问题。

Panel A 结果显示，解释变量 Trading 的均值为 0. 208，表示在 8 423 个样本观测中，存在约 1 752（8 423 × 20. 8%）个公司年度样本处于允许融资融券的交易状态下，样本量略高于上一章的可融资融券样本，主要是因为被剔除的不被任何分析师关注的公司中，非融资融券公司占比更高。随后，在可融资融券样本中，剔除缺失值后共得到 1 735 个样本的融资融券交易数据。融资交易活跃度（Margin）的均值为 0. 466，表明平均上看，标的公司一年内累积融资交易股数约占公司流通股股数的 46. 6%；最小值和最大值分别为 0. 000 和 3. 524，反映了各标的公司间融资交易开展的活跃程度存在较大差异，在融资高度活跃的公司中，一年内累积融资交易量已达到了公司流通股股数的 3. 5 倍，而存在个别标的公司中实际融资交易量为 0。相比之下，融券交易的活跃度（Short）要远低于融资交易，均值 0. 025 表示平均上看，标的公司年度累积融券交易股数约占公司流通股股数的 2. 5%；最大值为 0. 203 表明在融券交易最活跃的公司中，一年内累积融券交易量也仅占公司流通股股数的 14. 9%；最小值为 0. 000 反映了存在部分公司虽已纳入融资融券标的，但实际并未发生融券交易。

表 6 - 3　描述性统计

变量	样本量	均值	标准差	最小值	中位数	最大值
Panel A：评级乐观倾向样本描述性统计						
Rec1	8 423	3. 105	0. 468	1. 000	3. 154	4. 000
Rec2	8 423	2. 111	0. 455	1. 000	2. 159	3. 000
Trading	8 423	0. 208	0. 406	0. 000	0. 000	1. 000
Margin	1 735	0. 466	0. 610	0. 000	0. 246	3. 524
Short	1 735	0. 025	0. 037	0. 000	0. 010	0. 203
Size	8 423	22. 210	1. 407	19. 462	21. 947	27. 253
IO	8 423	8. 806	10. 972	0. 146	5. 610	61. 630
ROA	8 423	0. 051	0. 047	- 0. 116	0. 045	0. 209
MB	8 423	3. 496	2. 484	0. 660	2. 774	14. 989
Return	8 423	0. 002	0. 005	- 0. 005	0. 001	0. 036
SOE	8 423	0. 531	0. 499	0. 000	1. 000	1. 000
Cross	8 423	0. 088	0. 283	0. 000	0. 000	1. 000

续表

变量	样本量	均值	标准差	最小值	中位数	最大值
Analyst	8 423	1.976	1.063	0.000	2.079	3.784
Panel B：评级修正样本描述性统计						
Upgrade	23 435	0.040	0.196	0.000	0.000	1.000
Downgrade	23 435	0.043	0.203	0.000	0.000	1.000
CMV	23 435	0.039	0.050	0.000	0.021	0.307
CSV	23 435	0.005	0.005	0.000	0.003	0.025
CAR	23 435	0.005	0.094	-0.231	-0.000	0.346
Size	23 435	24.717	1.954	20.974	24.505	30.098
IO	23 435	10.225	13.394	0.250	6.380	68.800
ROA	23 435	0.072	0.062	-0.032	0.054	0.283
MB	23 435	2.891	2.247	0.545	2.117	11.665
SOE	23 435	0.709	0.454	0.000	1.000	1.000
Cross	2 3435	0.316	0.465	0.000	0.000	1.000
Analyst_ q	23 435	2.188	0.930	0.000	2.398	3.555
BrokerSize	23 435	3.747	0.536	2.197	3.850	4.585
UW	23 435	0.019	0.137	0.000	0.000	1.000
Star	23 435	0.091	0.288	0.000	0.000	1.000
Experience	23 435	1.113	0.721	0.000	1.099	2.398
Busy	23 435	2.628	0.739	0.693	2.639	4.898

Panel B 结果显示，向上修正评级（Upgrade）和向下修正评级（Downgrade）变量的均值分别为 0.040 和 0.043，表明在 23 435 个有效的评级修正样本中，两类评级修正样本各占样本总量的 4.0% 和 4.3% 左右，约为 937 个和 1 008 个；余下的样本均为无评级变动样本，即分析师针对某一公司前后两次出具的评级为同一类别评级，可见在大多数情况下，分析师并没有给出真正意义上的评级修正，而是维持原有评级不变。CMV 和 CSV 分别为评级修正前 30 个交易日内的累积融资交易量和累积融券交易量，与评级乐观倾向样本中的结果类似，融券交易量均值为 0.005，显著低于融资交易量均值 0.039；最小值均为 0 反映了样本中存在评级修正前 30 个交易日内实际未产生融资或融券交易量的公司。个股收益率 CAR 的均值为 0.005，表明在评

级修正前样本公司股票的累积异常收益率均值为正，反映了分析师评级修正行为常发生在股票表现较好的情况下。

控制变量的描述性结果显示，评级修正样本中公司规模（Size）、机构持股比例（IO）以及盈利能力（ROA）的均值分别为 24.717、10.225 和 0.072，均高于评级乐观倾向样本中各指标均值，这主要是因为规模较大、机构持股比例较高以及盈利较好的公司更可能成为融资融券标的，而评级修正样本均来源于标的样本。类似地，在评级修正样本中 SOE 和 Cross 的均值分别为 0.709 和 0.316，均高于评级乐观倾向样本中各变量对应的均值 0.531 和 0.088，表明在评级修正样本中，国有控股公司以及交叉股公司的比例更高。此外，在评级修正样本中，Analyst_ q 的均值为 2.188，指标转换后表明评级修正前一个季度内平均有 9 名分析师跟进目标公司。BrokerSize 的均值为 3.747，经换算后表示平均每家券商拥有的活跃的分析师人数约为 42 个。UW 和 Star 的均值分别为 0.019 和 0.091，反映了由承销商分析师和明星分析师发布的评级修正样本分别占总样本比例为 1.9% 和 9.1%。Experience 和 Busy 的均值分别为 1.113 和 2.628，表明分析师平均工作年限约为 3 年（$e^{1.113} \approx 3$），而每年分析师跟进的公司数量平均达到了 14 家（$e^{2.628} \approx 14$），可见我国分析师队伍整体表现出工作经验偏少且较为忙碌的状态。

6.3.2　相关性分析

表 6-4 分别报告了评级乐观倾向样本和评级修正样本中各变量间的 Pearson 相关性分析检验结果。由 Panel A 结果可见，融资融券标识变量（Trading）与分析师一致评级指标 1（Rec1）和指标 2（Rec2）的相关系数均为正，且在 1% 水平上显著，意味着融资融券公司中分析师一致评级更乐观，这与研究假设 3 的预期相反。融资交易活跃度（Margin）与一致评级指标之间呈正相关关系，但在统计意义上不显著，与假设 4 的预期相符。融券交易活跃度（Short）与评级乐观性指标 1（Rec1）之间呈负相关关系，符合假设 5 的预期，但在统计意义上并不显著，而指标 2 的结果与预期相反。在 Panel B 中，解释变量累积融资交易量（CMV）以及累积融券交易量（CSV）与评级修正变量之间的相关系数均为负，但在统计意义上也都不显著。可

见，以上相关性分析结果大多数未能支持本章的研究假设。然而，由于相关系数是在未控制其他因素的影响下得到的变量之间的相关性，因此会受到其他指标的干扰。由于标的公司通常为规模较大、机构持股比例较高且盈利能力较好的公司，而在这类公司中分析师习惯性地给出更乐观的评级建议，从而导致在没有控制公司规模等因素的影响下，融资融券标识变量与分析师一致评级指标之间呈现正相关关系。可见，在没有对公司规模等因素进行有效控制的基础上，单纯凭借相关系数难以断定融资融券对分析师乐观倾向的影响，仍需进一步检验。

此外，值得说明的是，Panel A 中变量 Rec1 与变量 Rec2 的相关系数为 0.995，表明二者高度相关，但是上述变量不会同时出现在一个回归模型中，从而不会造成多重共线性问题。而 Panel A 以及 Panel B 中其他变量之间的相关系数的绝对值大多不超过 0.400，因此在回归分析中不必担心存在严重的多重共线性问题。

6.3.3 多元回归分析

6.3.3.1 融资融券与分析师评级乐观倾向

表 6-5 为融资融券与分析师乐观倾向的 OLS 回归分析结果。其中列（1）和列（2）中的因变量为分析师一致评级指标 1（Rec1），列（3）和列（4）中以一致评级指标 2（Rec2）作为被解释变量。

如表 6-5 列（1）结果所示，在控制了时间固定效应和公司固定效应的影响下，融资融券标识变量（Trading）的回归系数为 -0.040，在 5% 水平上显著，表明当上市公司成为融资融券标的后，分析师一致评级指标下降了，即分析师乐观倾向程度降低了。随后，在回归中进一步控制其他变量，列（2）结果显示，Trading 的回归系数依然在统计水平上显著为负。基于乐观性指标 2 的检验结果也与上述结果一致。由此可见，基于多时点双重差分模型的检验结果表明，对比非融资融券公司，上市公司在成为融资融券标的后，分析师一致评级指标显著下降，意味着公司开展融资融券业务一定程度上有助于修正分析师的乐观倾向，从而假设 3 得以验证。

表 6-4 **Pearson 相关系数表**

Panel A：评级乐观倾向样本

	Rec1	Rec2	Trading	Margin	Short	Size	IO	ROA	MB	Return	SOE	Cross	Analyst
Rec1	1												
Rec2	0.995***	1											
Trading	0.114***	0.117***	1										
Margin	0.016	0.018	0.021	1									
Short	-0.000	0.006	0.117***	0.431***	1								
Size	0.013	0.018	0.469***	-0.319***	0.118***	1							
IO	0.038***	0.040***	0.025**	-0.044*	-0.002	0.082***	1						
ROA	0.273***	0.271***	0.005	-0.116***	-0.066***	-0.195***	0.067***	1					
MB	0.023**	0.024**	-0.086***	-0.045*	-0.082***	-0.293***	0.090***	0.329***	1				
Return	-0.034***	-0.030***	-0.113***	0.099***	-0.083***	-0.127***	0.009	0.117***	0.413***	1			
SOE	-0.170***	-0.169***	0.125***	-0.102***	0.104***	0.388***	0.135***	-0.121***	-0.092***	-0.031***	1		
Cross	-0.046***	-0.041***	0.137***	-0.238***	-0.081***	0.432***	0.031***	-0.038***	-0.089***	-0.018	0.215***	1	
Analyst	0.352***	0.356***	0.181***	-0.314***	0.034	0.316***	0.177***	0.372***	0.136***	0.018*	0.025**	0.161***	1

注：***、**、*分别表示在1%、5%、10%统计水平上显著（双尾检验）。

表 6-4 Pearson 相关系数表（续）

Panel B：评级修正样本

	Upgrade	Downgrade	CMV	CSV	CAR	Size	IO	ROA	MB	SOE	Cross	Analyst_ q	BrokerSize	UW	Star	Expe	Busy
Upgrade	1																
Downgrade	-0.043***	1															
CMV	-0.008	-0.009	1														
CSV	-0.008	-0.004	0.433***	1													
CAR	0.023***	-0.038***	0.123***	0.106***	1												
Size	0.003	-0.017***	-0.367***	-0.047***	0.038***	1											
IO	0.008	-0.015**	-0.046***	-0.072***	-0.005	0.088***	1										
ROA	-0.019***	0.010	-0.079***	-0.035***	-0.064***	-0.459***	-0.119***	1									
MB	-0.005	-0.015**	0.008	-0.057***	-0.118***	-0.528***	-0.047***	0.640***	1								
SOE	0.009	0.033***	-0.248***	-0.096***	0.056***	0.284***	-0.042***	-0.045***	-0.265***	1							
Cross	0.009	-0.005	-0.217***	-0.025***	-0.004	0.514***	-0.060***	-0.261***	-0.287***	0.231***	1						
Analyst_ q	-0.030***	-0.076***	-0.183***	0.053***	0.072***	0.152***	-0.015**	0.162***	0.110***	-0.018***	0.128***	1					
BrokerSize	-0.053***	-0.050***	0.072***	0.096***	0.020***	-0.029***	0.003	-0.017***	-0.042***	-0.033***	0.014**	-0.015**	1				
UW	-0.008	-0.022***	-0.020***	-0.035***	0.016**	0.120***	0.030***	-0.073***	-0.043***	0.008	0.020***	-0.009	0.065***	1			
Star	-0.002	-0.011*	-0.037***	-0.036***	-0.001	0.013**	-0.016**	-0.011*	-0.016**	0.054***	0.018***	-0.021***	0.090***	-0.010	1		
Experience	0.041***	0.050***	-0.138***	-0.060***	-0.003	0.084***	0.015**	-0.015**	-0.015**	0.076***	0.039***	-0.017**	-0.251***	-0.02***	0.234***	1	
Busy	0.006	0.001	-0.044***	-0.084***	-0.014**	-0.044***	-0.004	0.029***	0.045***	0.004	-0.072***	-0.066***	-0.147***	-0.020***	0.165***	0.202***	1

主：***、**、*分别表示在1%、5%、10%统计水平上显著（双尾检验）。

表6－5　融资融券与分析师评级乐观倾向回归结果

	(1)	(2)	(3)	(4)
	Rec1	Rec1	Rec2	Rec2
Trading	−0.040**	−0.035**	−0.037**	−0.033**
	(−2.557)	(−2.367)	(−2.401)	(−2.249)
Size		−0.080***		−0.073***
		(−4.432)		(−4.167)
IO		0.001		0.001
		(1.347)		(1.223)
ROA		1.338***		1.233***
		(7.586)		(7.200)
MB		0.006*		0.006*
		(1.805)		(1.925)
Return		−1.435		−1.069
		(−1.135)		(−0.887)
SOE		0.069		0.069
		(1.535)		(1.547)
Cross		−0.080		−0.069
		(−0.827)		(−0.718)
Analyst		0.166***		0.164***
		(17.746)		(17.902)
Constant	3.038***	4.290***	2.054***	3.179***
	(147.726)	(11.135)	(105.657)	(8.433)
Firm Effect	Yes	Yes	Yes	Yes
Year Effect	Yes	Yes	Yes	Yes
Observations	8 423	8 423	8 423	
Adj－R^2	0.408	0.480	0.406	0.478

注：***、**、*分别表示在1%、5%、10%统计水平上显著（双尾检验），括号内为t值。

此外，值得指出的是，由列（2）和列（4）中变量Trading的回归系数可知，Trading从0变为1，即公司从不可融资融券变为可融资融券，对应Rec1（Rec2）指标下降了0.035（0.033），对比表6－3中Rec1（Rec2）的均值3.105（2.111）和标准差0.468（0.455）可知，这种下降程度达到了标准差的7%（0.035/0.468或0.033/0.455），但仅占各指标均值的1.13%和1.56%（0.035/3.105和0.033/2.111）。上述结果说明，由于分析师在不同公司间都表现得十分乐观，导致标准差相对较小，从而乐观倾向的下降程度占标准差的比例相对较为理想，但相比平均乐观水平，融资融券业务推出带来的分析师乐观程度的下降尚未达到平均水平的2%，可见从经济意义上看这种修正效果并不十分理想。

表6-5中，控制变量公司规模（Size）的回归系数显著为负，表明公司规模越大，分析师一致评级越低，反映了大规模公司中由于信息不对称程度低，不确定性的减小带来了分析师乐观程度的下降。盈利能力（ROA）和成长性（MB）的回归系数均显著为正，反映了分析师更加看好盈利能力好或成长性高的公司，从而对这类公司的股票评级也更乐观。分析师跟踪人数（Analyst）的回归系数显著为正，反映了吸引大量分析师跟进的公司，通常也会得到分析师的一致好评。其他控制变量的回归系数在统计意义上不显著。

6.3.3.2 融资、融券交易活跃度与分析师评级乐观倾向

表6-6报告了融资、融券交易活跃度与分析师评级乐观倾向的多元回归结果，即在表6-5回归模型基础上引入融资交易（Margin）和融券交易（Short）活跃度指标，及其与融资融券标识变量的交互项 Trading × Margin 和 Trading × Short。

表6-6列（1）~（4）回归结果显示，交互项 Trading × Margin 的回归系数符号虽为负，但在统计意义上均不显著，表明融资融券业务推出对分析师股票评级乐观倾向的修正程度与融资交易活跃度不相关，这与假设4的预期相符。列（5）~（8）的结果显示，无论是以乐观倾向衡量指标1（Rec1）还是指标2（Rec2）作为因变量，以及是否在回归中加入控制变量，交互项 Trading × Short 的回归系数始终为负，且均在1%或5%统计水平上显著，反映了随着融券交易活跃度的提升，公司开展融资融券业务对分析师乐观倾向的改善效果变得更加理想，假设5得以验证。

此外，从经济效果上看，以列（7）为例，交互项 Trading × Short 的系数为 -0.609，反映了当样本处于允许融资融券的交易状态下，Short 每变动一个标准差0.037（见表6-3），Rec1 下降0.023（0.609 × 0.037），对比表6-3中 Rec1 的均值3.105和标准差0.468，这种变化达到了标准差的4.91%（0.023/0.468），但仅占均值的0.74%（0.023/3.105）。由此可见，虽然卖空交易对分析师乐观倾向的修正效果在统计意义上显著，但在经济意义上并不显著，而造成这种现象的原因一方面可归结于我国分析师行业存在严重的乐观倾向，另一方面也反映了当前阶段我国市场中的卖空交易活跃度不高，从而能够发挥的作用还十分有限。

表 6-6 融资、融券交易活跃度与分析师评级乐观倾向回归结果

	(1)	(2)	(3)	(4)	(5)	(6)	(7)	(8)
	Rec1	Rec2	Rec1	Rec2	Rec1	Rec2	Rec1	Rec2
Trading	-0.030*	-0.027*	-0.033**	-0.031*	-0.027*	-0.024	-0.026*	-0.024
	(-1.763)	(-1.654)	(-2.016)	(-1.947)	(-1.668)	(-1.552)	(-1.705)	(-1.615)
Trading × Margin	-0.025	-0.023	-0.006	-0.005				
	(-1.576)	(-1.487)	(-0.349)	(-0.271)				
Trading × Short					-0.835***	-0.776***	-0.609**	-0.568**
					(-3.009)	(-2.943)	(-2.330)	(-2.271)
Size			-0.079***	-0.073***			-0.077***	-0.071***
			(-4.414)	(-4.152)			(-4.288)	(-4.029)
IO			0.001	0.001			0.001	0.001
			(1.342)	(1.219)			(1.262)	(1.142)
ROA			1.338***	1.232***			1.328***	1.224***
			(7.581)	(7.195)			(7.545)	(7.158)
MB			0.006*	0.006*			0.006*	0.006*
			(1.817)	(1.932)			(1.818)	(1.937)
Return			-1.439	-1.072			-1.423	-1.058
			(-1.138)	(-0.889)			(-1.123)	(-0.876)
SOE			0.069	0.069			0.070	0.070
			(1.537)	(1.548)			(1.556)	(1.566)
Cross			-0.080	-0.069			-0.065	-0.055
			(-0.831)	(-0.720)			(-0.690)	(-0.587)
Analyst			0.166***	0.164***			0.166***	0.164***
			(17.745)	(17.906)			(17.749)	(17.905)
Constant	3.038***	2.055***	4.284***	3.174***	3.037***	2.053***	4.235***	3.128***
	(147.666)	(105.613)	(11.118)	(8.419)	(147.654)	(105.580)	(10.977)	(8.283)
Firm Effect	Yes	Yes	Yes	Yes	Yes	Yes	Yes	Yes
Year Effect	Yes	Yes	Yes	Yes	Yes	Yes	Yes	Yes
Observations	8 423	8 423	8 423	8 423	8 423	8 423	8 423	8 423
Adj-R^2	0.409	0.406	0.480	0.478	0.409	0.407	0.481	0.478

注：***、**、*分别表示在1%、5%、10%统计水平上显著（双尾检验），括号内为t值。

6.3.3.3 个股融资、融券交易状况与分析师评级修正

针对融资融券标的公司，进一步检验个股融资、融券交易状况对分析师评级修正行为的影响。由于因变量评级修正是取值为0和1的类别变量，因此本部分采用Logit回归分析法，回归结果见表6-7。

表6-7 个股融资、融券交易状况与分析师评级修正回归结果

	(1)	(2)	(3)	(4)	(5)	(6)
	Upgrade	Upgrade	Upgrade	Downgrade	Downgrade	Downgrade
CMV	0.383	-1.247	-1.164			
	(0.457)	(-1.390)	(-1.282)			
CSV				24.267**	28.179***	28.266***
				(2.149)	(2.806)	(2.830)
CAR	1.168***	1.382***	1.435***	-2.317***	-2.324***	-2.323***
	(2.798)	(3.374)	(3.460)	(-4.971)	(-4.916)	(-4.919)
Size		-0.096***	-0.108***		-0.097**	-0.109***
		(-2.592)	(-2.814)		(-2.381)	(-2.686)
IO		-0.001	-0.001		-0.006	-0.006
		(-0.468)	(-0.472)		(-1.519)	(-1.624)
ROA		-1.675*	-1.558		1.961	2.010
		(-1.720)	(-1.564)		(1.627)	(1.644)
MB		-0.004	-0.010		-0.096***	-0.101***
		(-0.175)	(-0.413)		(-3.127)	(-3.239)
SOE		0.050	0.054		0.206*	0.203*
		(0.537)	(0.566)		(1.737)	(1.720)
Cross		0.111	0.139		-0.007	0.005
		(1.118)	(1.390)		(-0.050)	(0.037)
Analyst_q		-0.163***	-0.159***		-0.326***	-0.332***
		(-4.226)	(-4.078)		(-7.858)	(-7.857)
BrokerSize			-0.413***			-0.282***
			(-6.535)			(-4.601)
UW			-0.275			-0.999**
			(-0.982)			(-2.388)

续表

	(1) Upgrade	(2) Upgrade	(3) Upgrade	(4) Downgrade	(5) Downgrade	(6) Downgrade
Star			-0.071			-0.395***
			(-0.496)			(-2.672)
Experience			0.244***			0.309***
			(4.909)			(6.512)
Busy			-0.069			-0.154***
			(-1.429)			(-3.671)
Constant	-2.261***	0.450	2.259**	-2.736***	0.679	2.199
	(-3.481)	(0.430)	(1.989)	(-2.884)	(0.486)	(1.532)
Industry Effect	Yes	Yes	Yes	Yes	Yes	Yes
Year Effect	Yes	Yes	Yes	Yes	Yes	Yes
Observations	23 435	23 435	23 435	23 435	23 435	23 435
Adj - R^2	0.010	0.015	0.025	0.036	0.053	0.065

注：***、**、*分别表示在1%、5%、10%统计水平上显著（双尾检验），括号内为t值。

表6-7的（1）~（3）列报告了个股融资交易状况（CMV）对分析师向上修正评级影响的回归结果，（4）~（6）列展示了融券交易状况（CSV）对分析师向下修正评级影响的回归结果。前3列结果显示，无论是否在模型中加入公司层面或分析师层面控制变量，累积融资交易量（CMV）的回归系数在统计意义上始终不显著，即分析师向上修正评级与修正前的融资交易量不相关，与假设6的预期相符。列（4）~（6）中，累积融券交易量（CSV）的回归系数分别为24.267、28.179和28.266，对应t值为2.149、2.806和2.830，分别在5%、1%以及1%统计水平上显著，表明目标公司融券交易量越大，分析师向下修正评级的概率越高，从而假设7通过了实证的检验。同时，从经济效果上看，列（6）中CSV的回归系数为28.266，反映了累积融券交易量（CSV）每增加一个标准差0.005（见表6-3），分析师向下修正评级的概率将提高14%（0.005×28.266）。可见，从个体层面来看，卖空交易对分析师评级修正行为的影响在经济意义上也是十分显著的。

以上结果表明，分析师并不会基于个股的融资交易状况向上调整股票评级，却会基于个股的融券交易状况向下修正评级，表明融资交易并没有为分析师提供增量的正面信息，而融券交易向市场传递的负面信号却能够促使分析师向下修正评级，且这种影响无论在统计意义上还是经济意义上都是十分显著的。由此可见，分析师个体层面的评级修正行为最终实现了整体乐观倾向水平的下降。

关于控制变量，表6-7中累积异常收益率（CAR）的回归系数在前三列中为正，后三列中为负，且均在1%统计水平上显著，表明当股票异常收益率越高时，分析师向上修正评级的概率越高，反之，当收益率越低时，向下修正评级的概率越高，可见在我国证券市场上，分析师会基于股票的历史表现来相应调整评级。公司规模（Size）与两类评级修正概率之间均为负向关系，意味着分析师对大规模公司给出的前后两次评级大多没有发生变动，而造成这种现象的原因可能是由于分析师更频繁地为大规模公司提供研究报告，从而导致有价值的评级修正比例下降。与公司规模的影响类似，目标公司中跟进的分析师人数（Analyst_ q）越多，分析师发布有方向的评级修正的概率越低，反映了分析师彼此之间的竞争导致其盲目追求信息供给的数量而忽略了质量，从而最终真正有价值的评级修正比例下降。分析师层面的控制变量券商规模（Broker Size）显著为负，表明分析师所任职的券商规模越大，其发布的评级修正更多的没有发生方向变动。相比其他分析师，承销商分析师（UW）向下修正评级的概率更低，支持了利益冲突是分析师乐观倾向成因的观点。明星分析师（Star）更少地向下修正评级，这可能是由于明星分析师的评选主体是机构投资者，导致他们通常更不愿调低评级以避免影响到机构重仓股的市场表现。如预期一致，经验（Experience）越丰富的分析师发布向上或向下修正评级的概率均更高，表明这类分析师向市场传递了更多有价值的信息。而越忙碌（Busy）的分析师受精力限制，则难以给出有价值的评级调整，从而回归系数为负。

6.3.4 稳健性检验

为了提高研究结果的可靠性，本部分开展了一系列稳健性检验，包括基于PSM配对样本的检验、因变量和自变量度量指标的调整以及评级修正窗口期的调整等。

6.3.4.1　基于 PSM 配对样本的检验

表 6-8　　稳健性检验——基于 PSM 配对样本的检验

	按倾向得分最接近 1:1 配对		按倾向得分最接近且相差小于 5% 配对	
	Rec1	Rec2	Rec1	Rec2
List × Post	-0.055***	-0.064***	-0.045**	-0.051**
	(-2.662)	(-3.168)	(-2.101)	(-2.430)
List	-0.012	-0.013	0.003	0.001
	(-1.044)	(-1.177)	(0.216)	(0.047)
Post	0.015	0.008	0.006	0.000
	(0.916)	(0.506)	(0.329)	(0.014)
Size	-0.030***	-0.024***	-0.022***	-0.016**
	(-4.423)	(-3.733)	(-3.129)	(-2.487)
IO	0.001*	0.001*	0.001	0.001
	(1.954)	(1.851)	(1.278)	(1.210)
ROA	1.682***	1.618***	1.574***	1.520***
	(12.324)	(12.232)	(11.384)	(11.345)
MB	0.001	0.003	0.003	0.005*
	(0.394)	(1.099)	(1.151)	(1.836)
Return	40.383***	38.499***	40.581***	38.794***
	(10.862)	(10.706)	(10.765)	(10.627)
SOE	-0.049***	-0.049***	-0.045***	-0.045***
	(-3.928)	(-4.049)	(-3.666)	(-3.758)
Cross	-0.204***	-0.186***	-0.172***	-0.156***
	(-11.197)	(-11.026)	(-8.916)	(-8.747)
Analyst	0.154***	0.151***	0.155***	0.151***
	(20.983)	(21.237)	(20.766)	(20.979)
Constant	3.266***	2.153***	3.094***	1.995***
	(21.282)	(14.704)	(19.544)	(13.223)
Industry Effect	Yes	Yes	Yes	Yes
Year Effect	Yes	Yes	Yes	Yes
Observations	6 558	6 558	6 166	6 166
Adj - R^2	0.303	0.301	0.287	0.287

注：表中，List 为样本标识变量，如果样本公司在 2007 ~ 2014 年期间入选了融资融券标的则为 1，否则为 0；Post 为时间变量，实验组公司入选标的后变量取值为 1，否则为 0，控制组公司以配对的实验组公司对应融资融券启动年份为基准进行赋值；其他变量定义详见表 6-2；***、**、* 分别表示在 1%、5%、10% 统计水平上显著（双尾检验），括号内为 t 值。

考虑到样本选择性偏误对研究结论可能造成的干扰，本部分采用倾向得分匹配法（Propensity Score Matching Method，简称 PSM 法）进行稳健性分析①。具体做法与第 5 章相同（详见 5.3.4），在此不再赘述。表 6－7 报告了基本 PSM 配对样本的检验结果。其中，List 变量控制了实验组和控制组公司在分析师一致评级指标上所呈现的系统性差异；Post 变量控制了分析师评级乐观程度在融资融券启动前后时间上的自然变化；交互项 List × Post 反映了两组公司在 Post 前后分析师乐观倾向的变化差异，即融资融券业务推出对分析师乐观倾向的作用效果。如表所示，基于不同的配对方法以及更换因变量测量指标，交互项回归系数始终显著为负，表明相比控制组公司，实验组公司在融资融券业务推出后，分析师一致评级指标显著下降，反映了基于 PSM 配对样本以及传统双重差分模型的检验结果依然支持了本章的研究假设 3，即公司开展融资融券业务有利于修正分析师的乐观倾向。

6.3.4.2 以是否开展了转融通业务重新定义融资融券标识变量

与第 5 章中的顾虑相同，本书认为，开展转融通业务才使得我国集中授信的融资融券交易模式得以真正确立②。因此，本章以标的股票是否允许进行转融通重新定义融资融券标识变量，并对研究结果重新进行检验。具体地，若样本公司在当前年度可进行融资融券交易并已纳入转融通标的，则变量 Trading 对应的样本年度观测取值为 1，否则为 0。表 6－9 列示了重新估计的回归结果，如表所示，重新定义 Trading 后，该变量回归系数依然显著为负，同时对比表 6－5 不难发现，显著性水平以及系数绝对值都有所增加，表明以是否开展转融通业务作为融资融券启动的标识后，其对分析师乐观倾向的改善效果变得更为理想，进一步支持了本章的研究假设 3。

6.3.4.3 调整分析师评级乐观倾向指标的度量方法

由于在分析师发布的各类评级中，“强卖”“卖出”“中性”评级占比过低，从而前文在测量分析师一致评级指标时，对各类评级的赋值进行了适当调整。为了确保研究结果不受这种调整的影响，本部分分别采用二分法和

① 本章提到的样本选择性偏误是指，由于入选标的范围公司的某些共同特征（如更大的公司规模、更低的股票波动性等），导致在标的公司中分析师乐观倾向更严重，从而本章的研究发现可能并非融资融券的作用效果，而是标的公司特征所带来的结果。

② 具体原因不再赘述，详见第 5 章稳健性检验。

表 6-9　稳健性检验——以是否开展了转融通业务重新定义融资融券标识变量

	(1)	(2)	(3)	(4)
	Rec1	Rec1	Rec2	Rec2
Trading	-0.070***	-0.070***	-0.069***	-0.069***
	(-3.769)	(-4.038)	(-3.783)	(-4.079)
Size		-0.080***		-0.073***
		(-4.496)		(-4.209)
IO		0.001		0.001
		(1.415)		(1.286)
ROA		1.341***		1.236***
		(7.610)		(7.224)
MB		0.006*		0.006*
		(1.840)		(1.958)
Return		-1.409		-1.042
		(-1.115)		(-0.864)
SOE		0.070		0.070
		(1.558)		(1.571)
Cross		-0.073		-0.062
		(-0.793)		(-0.670)
Analyst		0.166***		0.164***
		(17.726)		(17.883)
Constant	3.039***	4.296***	2.055***	3.179***
	(148.628)	(11.268)	(106.257)	(8.513)
Firm Effect	Yes	Yes	Yes	Yes
Year Effect	Yes	Yes	Yes	Yes
Observations	8 423	8 423	8 423	8 423
Adj-R^2	0.409	0.481	0.407	0.479

注：表中，根据标的股票当年是否可以进行转融通重新定义 Trading；其他变量定义详见表 6-2；***、**、* 分别表示在 1%、5%、10% 统计水平上显著（双尾检验），括号内为 t 值。

五分法对各类评级重新进行赋值，并依此计算分析师一致评级，检验研究结果的稳健性，回归结果见表 6-10。结果显示，无论采用哪一种度量方法，假设 3～假设 5 依然成立，研究结论都不受影响。

表 6-10　　稳健性检验——乐观倾向指标度量方法的调整

	(1)	(2)	(3)	(4)	(5)	(6)
	Rec3	Rec3	Rec3	Rec4	Rec4	Rec4
Trading	-0.025***	-0.029***	-0.018**	-0.037**	-0.034**	-0.027*
	(-2.868)	(-3.094)	(-1.993)	(-2.414)	(-2.039)	(-1.746)
Trading × Margin		0.010			-0.007	
		(0.964)			(-0.377)	
Trading × Short			-0.490***			-0.625**
			(-3.460)			(-2.289)
Size	-0.052***	-0.053***	-0.050***	-0.081***	-0.081***	-0.079***
	(-4.822)	(-4.851)	(-4.633)	(-4.441)	(-4.423)	(-4.298)
IO	0.001**	0.001**	0.001*	0.001	0.001	0.001
	(1.999)	(2.010)	(1.888)	(1.341)	(1.336)	(1.255)
ROA	0.867***	0.868***	0.859***	1.402***	1.401***	1.392***
	(8.055)	(8.062)	(8.010)	(7.739)	(7.735)	(7.703)
MB	0.002	0.002	0.002	0.005*	0.005*	0.005*
	(1.233)	(1.188)	(1.249)	(1.669)	(1.683)	(1.682)
Return	-1.169	-1.163	-1.160	-1.692	-1.697	-1.679
	(-1.443)	(-1.435)	(-1.427)	(-1.269)	(-1.272)	(-1.258)
SOE	0.040	0.039	0.040	0.068	0.068	0.069
	(1.370)	(1.365)	(1.396)	(1.490)	(1.492)	(1.512)
Cross	-0.066**	-0.066*	-0.055*	-0.089	-0.089	-0.074
	(-1.966)	(-1.939)	(-1.678)	(-0.912)	(-0.916)	(-0.773)
Analyst	0.086***	0.086***	0.086***	0.168***	0.168***	0.168***
	(14.683)	(14.699)	(14.699)	(17.538)	(17.533)	(17.541)
Constant	1.660***	1.670***	1.616***	5.319***	5.312***	5.262***
	(7.133)	(7.157)	(6.933)	(13.537)	(13.520)	(13.378)
Firm Effect	Yes	Yes	Yes	Yes	Yes	Yes
Year Effect	Yes	Yes	Yes	Yes	Yes	Yes
Observations	8 423	8 423	8 423	8 423	8 423	8 423
Adj-R^2	0.442	0.442	0.443	0.481	0.480	0.481

注：表中，因变量 Rec3 为分析师评级乐观倾向的第三种衡量指标，具体地，将“强买”和“买入”评级赋值为2、“中性”及以下赋值为1，并依此计算公司当年被出具的所有评级的均值；因变量 *Rec4* 为第四种衡量指标，按照评级乐观性由低到高（“强卖”“卖出”“中性”“买入”“强买”）依次赋值1、2、3、4、5，并依此计算公司当年被出具的所有评级的均值；上述指标取值越高反映分析师越乐观；其他变量定义详见表6-2；***、**、*分别表示在1%、5%、10%统计水平上显著（双尾检验），括号内为t值。

6.3.4.4　调整评级修正事件的窗口期

前文以分析师每一次评级修正前的 30 个交易日作为窗口期，检验窗口期内的累积融资、融券交易状况对分析师评级修正方向的影响。本部分对窗口期进行适当调整，分别缩短至 15 个交易日以及扩展至 45 个交易日，并对假设 6 和假设 7 重新进行检验，以确保研究结果的稳健。表 6－10 的回归结果显示，无论窗口期调整为评级修正前的 15 个交易日还是 45 个交易日，累积融券交易量（CSV）的回归系数始终显著为负，而累积融资交易量（CMV）的回归系数依然不显著，与前文回归结果保持一致，表明研究结论不受评级修正前窗口期变动的影响，具有一定的稳健性。

此外，考虑到其他途径的信息披露，例如公司定期报告和非定期报告的发布，能够同时引起分析师和卖空交易者的行为调整，从而导致二者之间存在相关关系。为了排除上述可能对本章研究结论的干扰，本部分采用掉转事件窗口期的方法重新进行检验。前文研究结果表明，分析师向下修正评级与修正前的累积融券交易量显著正相关，若二者之间的相关性只是由于其他途径的信息披露引起的，而不存在因果关系，则掉转窗口期后，回归结果不会发生明显变化；然而，若分析师会基于卖空交易传递的信息修正评级，那么掉转窗口期后，二者之间的相关性将会减弱甚至不再显著。表 6－11 中汇报了掉转窗口期后的检验结果。如表所示，在掉转窗口期后，累积融资交易量（CMV）的回归系数依然不显著，与前文发现一致；而累积融券交易量（CSV）的回归系数与之前发生了明显变化，仅在（1，15）窗口期内显著为负且显著水平明显下降，在（1，30）、（1，45）窗口期内 CSV 的回归系数均不再显著。上述回归结果反映了分析师向下修正评级与修正前融券交易状况的正向关系并非完全由于信息披露导致的，而是由于分析师基于卖空交易状况调整评级带来的结果，进一步支持了本书的假设 7。

6.3.4.5　其他敏感性测试

除上述稳健性检验外，本章还尝试从以下几个方面对回归结果进行敏感性测试：（1）考虑到在上市公司首次公开发行之后的 1 到 2 年内，分析师存在托市动机，从而可能表现出更严重的乐观倾向，因此剔除上市时间不满 2 年的样本；（2）在衡量融资交易活跃度（Margin）和融券交易活跃度（Short）指标时，将自然年度窗口调整为每年 5 月初到次年 4 月底，基于这

表 6-11　　稳健性检验——调整评级修正事件的窗口期

窗口期	(-45, -1)		(-15, -1)		(1, 15)		(1, 30)		(1, 45)	
	Upgrade	Downgrade	Upgrade	Downgrade	Upgrade	Downgrade	Upgrade	Downgrade	Upgrade	Downgrade
CMV	-0.998		-1.356		-0.859		-0.816		-0.458	
	(-1.487)		(-0.793)		(-0.739)		(-1.082)		(-0.874)	
CSV		23.608***		45.494**		24.581*		13.420		8.667
		(2.990)		(2.321)		(1.849)		(1.533)		(1.517)
CAR	1.481***	-2.472***	1.049*	-3.066***	2.345***	-1.309***	2.017***	-1.105***	1.457***	-1.071***
	(3.887)	(-5.962)	(1.816)	(-4.582)	(4.182)	(-2.625)	(4.591)	(-2.666)	(4.207)	(-3.222)
Size	-0.105***	-0.115***	-0.107***	-0.106**	-0.103***	-0.102**	-0.106***	-0.102**	-0.107***	-0.102**
	(-2.720)	(-2.845)	(-2.761)	(-2.568)	(-2.657)	(-2.475)	(-2.778)	(-2.470)	(-2.778)	(-2.464)
IO	-0.001	-0.006	-0.001	-0.006*	-0.001	-0.006*	-0.002	-0.006*	-0.002	-0.006*
	(-0.467)	(-1.645)	(-0.502)	(-1.662)	(-0.548)	(-1.682)	(-0.619)	(-1.695)	(-0.655)	(-1.672)
ROA	-1.575	1.991	-1.478	1.983	-1.626	1.951	-1.693*	1.948	-1.738*	1.992
	(-1.596)	(1.630)	(-1.473)	(1.604)	(-1.591)	(1.560)	(-1.645)	(1.563)	(-1.688)	(1.607)
MB	-0.008	-0.105***	-0.016	-0.094***	-0.011	-0.094***	-0.010	-0.095***	-0.010	-0.097***
	(-0.316)	(-3.397)	(-0.653)	(-2.924)	(-0.436)	(-2.896)	(-0.408)	(-2.936)	(-0.401)	(-3.044)
SOE	0.055	0.201*	0.070	0.186	0.065	0.178	0.062	0.181	0.067	0.182
	(0.579)	(1.723)	(0.717)	(1.569)	(0.660)	(1.476)	(0.630)	(1.496)	(0.678)	(1.506)
Cross	0.137	0.008	0.130	0.016	0.124	0.022	0.117	0.023	0.115	0.026
	(1.374)	(0.061)	(1.300)	(0.116)	(1.234)	(0.162)	(1.165)	(0.172)	(1.140)	(0.192)
Analyst_q	-0.164***	-0.325***	-0.149***	-0.340***	-0.140***	-0.350***	-0.142***	-0.348***	-0.142***	-0.347***
	(-4.262)	(-7.766)	(-3.821)	(-8.087)	(-3.596)	(-8.243)	(-3.635)	(-8.209)	(-3.637)	(-8.204)

续表

窗口期	(-45, -1)		(-15, -1)		(1, 15)		(1, 30)		(1, 45)	
	Upgrade	Downgrade	Upgrade	Downgrade	Upgrade	Downgrade	Upgrade	Downgrade	Upgrade	Downgrade
Broker Size	-0.415***	-0.280***	-0.411***	-0.286***	-0.427***	-0.286***	-0.429***	-0.284***	-0.426***	-0.284***
	(-6.591)	(-4.568)	(-6.448)	(-4.656)	(-6.668)	(-4.682)	(-6.727)	(-4.652)	(-6.681)	(-4.644)
UW	-0.272	-1.002**	-0.259	-1.006**	-0.266	-1.022**	-0.277	-1.020**	-0.277	-1.015**
	(-0.973)	(-2.390)	(-0.924)	(-2.401)	(-0.946)	(-2.444)	(-0.982)	(-2.443)	(-0.984)	(-2.431)
Star	-0.069	-0.397***	-0.070	-0.387***	-0.059	-0.386***	-0.056	-0.386***	-0.057	-0.388***
	(-0.480)	(-2.687)	(-0.487)	(-2.624)	(-0.406)	(-2.615)	(-0.388)	(-2.612)	(-0.391)	(-2.622)
Experience	0.244***	0.310***	0.246***	0.310***	0.238***	0.316***	0.237***	0.318***	0.238***	0.318***
	(4.910)	(6.506)	(4.935)	(6.559)	(4.820)	(6.638)	(4.788)	(6.645)	(4.794)	(6.645)
Busy	-0.069	-0.155***	-0.070	-0.153***	-0.072	-0.144***	-0.069	-0.146***	-0.068	-0.147***
	(-1.429)	(-3.694)	(-1.459)	(-3.641)	(-1.492)	(-3.438)	(-1.437)	(-3.488)	(-1.423)	(-3.503)
Constant	2.238*	2.260	2.313**	2.161	2.268**	1.882	2.389**	1.863	2.384**	1.858
	(1.957)	(1.597)	(2.017)	(1.493)	(1.986)	(1.315)	(2.093)	(1.301)	(2.081)	(1.299)
Industry Effect	Yes	Yes	Yes	Yes	Yes	Yes	Yes	Yes	Yes	Yes
Year Effect	Yes	Yes	Yes	Yes	Yes	Yes	Yes	Yes	Yes	Yes
Observations	23 435	23 435	23 435	23 435	23 337	23 337	23 337	23 337	23 337	23 337
Adj - R^2	0.026	0.067	0.024	0.064	0.027	0.060	0.027	0.060	0.027	0.061

注：表中，变量 CMV（CSV）为对应窗口期内个股累积融资（融券）交易股数与公司流通股股数之比；CAR 为对应窗口期内个股累积异常收益率；其他变量定义详见表 6-2；***、**、* 分别表示在 1%、5%、10% 统计水平上显著（双尾检验），括号内为 t 值。

一期间的个股融资、融券交易数据计算上述指标；（3）在计算上述指标以及累积融资交易量（CMV）和累积融券交易量（CSV）时，以个股总股本替代流通股股数进行标准化处理。在以上敏感性测试下，回归结果与前文基本一致，本章的研究结论依然不受影响。

6.4 结果讨论与本章小结

本章提出假设3～假设7来检验融资融券对分析师乐观倾向的影响，对各研究假设的检验结果归纳及讨论如下：

首先，假设3检验了融资融券交易制度实施对分析师评级乐观倾向的整体影响。基于我国上市公司样本的实证检验结果表明，对比非融资融券公司，上市公司在成为融资融券标的后，分析师对其出具的一致评级水平在统计意义上显著下降，意味着开展融资融券业务有助于修正分析师的乐观倾向。这一实证结果表明，我国证券市场中交易制度的变化能够显著影响市场信息中介的表现。分析师作为市场中最重要的信息中介之一，其行为能力和行为特征直接影响着市场参与者的决策，左右着市场资源的配置效率。然而，由于受到券商利益冲突的驱使，以及自身存在的认知偏差，分析师往往表现出严重的乐观倾向，使其信息中介功能大打折扣。融资融券交易制度的实施是近年来我国证券市场上的一次重大创新与突破，本章的研究结论支持了这一金融创新对于改善分析师整体乐观倾向现状、提升信息中介服务质量的重要意义。此外，值得说明的是，本章实证检验结果显示，上述影响虽在统计意义上显著，但在经济意义上并不理想。以分析师平均乐观水平作为基准，公司开展融资融券业务后，分析师评级乐观程度的下降尚未达到平均水平的2%。可见，现阶段融资融券能够发挥的作用还十分有限，如何进一步改善分析师乐观的现象，仍待继续探索。

其次，本章在假设3基础上进一步提出假设4和假设5，来区分融资交易和融券交易的不同影响。实证检验结果显示，开展融资融券业务对分析师乐观倾向的修正效果与融资交易活跃度不相关，而随着融券交易活跃度的提升，修正效果越好，支持了本章的假设 4 和假设 5。研究结果表明，假设 3 中两融制度实施对分析师乐观倾向的整体影响并不是融资交易引起的，而是开展融券交易带来的后果。卖空交易有利于挤压出股票价格中的泡沫、提升市场信息效率（李科、徐龙炳和朱伟骅，2014[76]），从而减小分析师形成的认知偏差。同时，卖空交易的信号传递功能对于约束分析师的战略性扭曲也具有积极作用。因此，想要进一步发挥两融机制对于修正分析师乐观倾向的积极作用，可以通过促进市场中融券交易的活跃度加以实现。然而，在制度背景中我们指出，我国融资交易和融券交易发展不均衡，融券余额占两融余额的比例始终低于 5%，市场规模远远小于融资交易。加之我国分析师行业乐观倾向严重的现状，导致现阶段融券业务开展对于修正分析师乐观倾向的作用效果还十分有限。因此，未来如何进一步促进市场中融券交易的活跃度，积极发挥卖空机制的正面作用，对于提升分析师行业整体服务质量具有重要意义。

最后，本章利用分析师个人层面的评级修正数据，检验个股融资、融券交易状况对分析师评级修正行为的影响（假设 6 和假设 7），从而来识别融资融券对分析师乐观倾向整体影响的实现路径。实证检验结果显示，分析师股票评级的向上修正与修正前个股的融资交易状况不相关，符合假设 6 的预期；而修正前个股融券交易量越大，分析师向下修正股票评级的概率越高，与假设 7 的预期一致。同时，结果显示，修正前个股累积融券交易量每增加一个标准差，分析师向下修正评级的概率将提高 14%。可见，基于个体层面的检验结果表明，无论在统计意义上还是经济意义上，卖空交易对分析师评级修正行为的影响也是十分显著的。上述结果表明，分析师并不会基于个股的融资交易状况来向上调整评级，却会基于个股的融券交易状况向下调整评级，一方面说明了分析师已足够乐观，从而融资交易没有为分析师提供增量的正面信息；另一方面，融券交易向市场传递的负面信息，对分析师而言既是一种信息供给，同时也对其信息中介角色构成了威胁和挑战，从而会促使分析师向下修正评级，最终有利于实现分析师整体乐观倾向水平的下降。

本章重点检验了融资融券对分析师行为特征——乐观倾向的影响。基于 2007 ~ 2014 年我国 A 股上市公司样本，采用多时点双重差分模型的检验发现，上市公司在成为融资融券标的后，分析师对其出具的股票一致评级水平显著下降，从而证实了开展融资融券业务有利于修正分析师乐观倾向的积极作用，支持了假设 3。随后，在理论分析基础上，进一步区分融资交易和融券交易在上述作用中的差异，并进行实证检验。结果发现，两融制度实施对分析师评级乐观性的改善效果与融资交易活跃度不相关，而随着融券交易活跃度的提升，改善效果越好，说明两融制度对分析师乐观性的影响主要源自卖空机制的作用，假设 4 和假设 5 得到了实证的支持。最后，基于融资融券标的样本，利用分析师个人层面评级修正数据，检验个股融资、融券交易状况对分析师评级修正行为的影响。检验结果显示，分析师向上修正评级行为与修正前个股融资交易状况不相关，而向下修正评级行为与修正前个股融券交易状况正相关，支持了假设 6 和假设 7。以上结果反映了融券交易向市场传递的负面信息有利于促使分析师向下修正评级，从而实现了分析师整体乐观水平的下降。在经过了 PSM 配对样本检验、乐观水平度量指标的调整以及评级修正窗口期的调整等一系列稳健性检验后，上述结论依然成立。表 6－12 汇总了本章研究假设的检验结果。

表 6－12　　本章研究假设检验结果汇总表

研究假设	检验结果
融资融券对分析师乐观倾向的影响	
假设 3：公司开展融资融券业务有利于修正分析师股票评级中的乐观倾向。	通过
假设 4：融资融券业务开展对分析师股票评级乐观倾向的修正程度与融资交易活跃度不相关。	通过
假设 5：融资融券业务开展对分析师股票评级乐观倾向的修正程度与融券交易活跃度正相关。	通过
假设 6：分析师股票评级的向上修正与修正前融资交易量不相关。	通过
假设 7：分析师股票评级的向下修正与修正前融券交易量正相关。	通过

第7章 融资融券对分析师行为与股价暴跌风险关系的影响

上两章主要研究了融资融券对分析师行为选择——跟进决策和行为特征——乐观倾向的影响，本章在上两章基础上，从股价暴跌风险的角度，讨论分析师行为选择及其乐观特征给市场带来的经济后果，并进一步检验融资融券业务推出对分析师这一行为后果的影响，从而来回答本书的第三个研究问题。

7.1 理论分析与假设提出

根据 Fama 的有效市场假说，在有效市场条件下，资产价格能够充分反映所有可获得信息，对任何信息的搜集和分析都不能为投资者创造超额回报。通常情况下，分析师通过对股票进行基本面分析而为市场提供信息，因此在有效市场条件下，其所提供的信息不具有任何增量价值，也不会对股票价格产生实质性影响。然而在现实中，市场并不是完全有效的，总是充斥着诸多的信息摩擦和信息不对称。分析师不仅能够获取部分私有信息，在对公有信息的掌握程度和处理能力方面，也强于一般投资者。Merton（1987）[216]提出的投资者认知假说认为，在不完全信息条件下的资本市场，投资者由于认知的局限性导致无法洞悉全部的股票，从而只会投资于自己了解的股票。

根据这一假说，在其他条件相等的情况下，分析师对某个公司的关注能够为投资者提供增量的信息，提高投资者对这一公司股票的认知程度，从而在分析师影响下投资者更可能去投资于这个股票。可见，分析师通过影响交易者行为，能够进一步对股票市场产生影响。那么，在上述过程中，分析师普遍性乐观的行为特征将如何作用于投资者，并进一步影响到股价暴跌风险？以及融资融券业务推出能够对二者关系产生怎样的影响？

7.1.1 分析师行为与股价暴跌风险

根据以往文献的研究成果，造成股价暴跌的两个必要条件是负面信息的大量堆积及其集中释放（Romer，1993[191]；Lee，1998[192]）。Bleck 和 Liu (2007)[193]、Kim、Li 和 Zhang（2011a，2011b）[194][195]等认为，公司管理层出于自身利益的考虑，刻意隐藏对自己不利的信息，更有甚者提供虚假信息或编造利好信息来满足自身“掏空”或晋升等方面的需求，而随着这些负面信息的不断积累、膨胀和发酵，当达到某一临界点时，很可能被市场发现而导致集中释放，从而引发公司股价的暴跌。根据分析师以往文献的普遍性观点，分析师的存在有利于促进资本市场中的信息流通，在上市公司和投资者之间搭建了信息桥梁，从而能够帮助市场挖掘出更多的公司信息（Kim 和 Schroeder，1990[224]）。如果从这个角度来看，分析师的存在一定程度上应有利于揭示有关公司价值的负面信息、牵制管理层的自利行为，从而减弱因负面信息堆积带来的股价暴跌风险。

然而，大量证据表明，分析师出于促进交易量、维持投行业务关系以及讨好管理层等原因，往往不愿揭露负面信息（Laderman，1990[172]；O'Brien，Mcnichols 和 Lin，2005[44]；Beyer 和 Guttman，2011[163]），成为管理层隐藏负面信息的帮凶。同时，由于投资者存在认知的局限，难以充分认识到分析师的乐观（Michaely 和 Womack，1999[101]），导致他们基于那些乐观性的分析师的预测和股票评级，无法对股票价值作出正确判断，从而错误地进行了投资决策，造成了股票市场价值与真实价值的偏离。然而，当投资者一旦发现分析师所提供的信息不准确，甚至是严重违背事实时，就会改变原有的投资策略，抛售那些被乐观估计了的股票，从而很可能在短时间内引发个股价格的暴跌。

Piotroski 和 Wong (2012)[225]指出，我国上市公司信息透明度普遍较低，市场信息环境较差。在这样一种现状下，个体投资者获取信息的难度更大、成本更高，也更可能对信息中介产生依赖而盲目听从分析师的建议。然而，由于我国资本市场还不成熟，许多相应制度还没有完善，现有的市场机制并不能对分析师形成有效监督，导致分析师容易受到利益冲突的影响，产生严重的乐观倾向。

基于上述分析，本书认为，在我国当前制度背景下，由于分析师乐观倾向严重，从而随着分析师跟进程度以及股票一致评级水平的提升，其行为引发的股价暴跌风险也将增加。据此，本书提出以下假设：

假设8：分析师跟进程度越高，公司股价暴跌风险越高。

假设9：分析师一致评级水平越高，公司股价暴跌风险越高。

7.1.2 融资融券对分析师行为与股价暴跌风险关系的影响

分析师乐观倾向越严重，其行为带来的负面影响越大，股价暴跌风险就越高。若能够通过外在机制的设计，缓解分析师利益冲突，增加分析师乐观倾向的成本，则有利于改善分析师乐观的现象，进而相应减弱由分析师行为带来的负面后果，降低由其引发的股价暴跌风险。

由第6章的理论分析和实证检验结果可知，融资融券交易制度的实施一定程度上降低了分析师的乐观。因此，从理论上看，随着这种乐观程度的下降，由分析师行为带来的股价暴跌风险也应有所减弱。然而，由于分析师对股票市场的影响需要基于投资者交易进行传递，而根据 Merton (1987)[216]的投资者认知假说可知，投资者存在认知局限性，他们能否从分析师乐观倾向的变化中捕捉到价值相关信息，答案并不是肯定的。上章中表6-4的实证结果显示，融资融券业务开展对分析师乐观程度的改善虽在统计意义上显著，但在经济意义上这种效果并不十分理想。以平均乐观水平作为基准，分析师乐观程度的下降尚未达到平均水平的2%，且总体上看分析师依然存在严重乐观的问题。因此，如果乐观程度的这种变化不足以引起投资者决策的改变，进而无法传递到股价中，也就难以实现减弱由分析师行为引发的股价暴跌风险的目的。因而，为了回答这一问题，本书提出下列假设，以待接受实证的检验：

假设 10：公司开展融资融券业务减弱了分析师跟进程度对股价暴跌风险的正向影响。

假设 11：公司开展融资融券业务减弱了分析师一致评级水平对股价暴跌风险的正向影响。

7.2 研究设计

7.2.1 样本选取

本章对样本的选取与前文基本保持一致，即以 2007 ~ 2014 年我国上市公司作为初始样本，并剔除 B 股公司、金融行业公司、ST 股公司以及相关财务数据存在缺失的样本。在上述筛选基础上，本章进一步剔除了一年内个股周收益率数据少于 30 个观测的样本，从而保证股价暴跌风险指标计算过程中回归估计的可靠性。最终得到符合上述条件的公司年度观测共计 10 876 个。表 7 - 1 列示了样本的筛选过程以及最终样本的年度分布情况。

表 7 - 1　　样本筛选及分布情况

年份	初始样本	B 股公司	金融公司	ST 股公司	周收益率 <30	数据缺失	最终样本	各年占比 (%)
2007	1 658	(109)	(50)	(167)	(87)	(374)	871	8.01
2008	1 712	(109)	(54)	(154)	(38)	(463)	894	8.22
2009	1 860	(108)	(65)	(150)	(88)	(330)	1 119	10.29
2010	2 215	(108)	(92)	(166)	(181)	(461)	1 207	11.10
2011	2 449	(108)	(114)	(149)	(149)	(392)	1 537	14.13
2012	2 577	(107)	(119)	(106)	(72)	(402)	1 771	16.28
2013	2 621	(106)	(118)	(57)	(17)	(573)	1 750	16.09
2014	2 736	(104)	(128)	(46)	(108)	(623)	1 727	15.88
合计	17 828	(859)	(740)	(995)	(740)	(3 618)	10 876	100

注：括号内数字表示剔除的样本量。

本章所用到的融资融券标的信息来源于沪深交易所网站公示，并经手动搜集和整理所得；其他分析师相关数据、公司财务数据以及股票交易数据等均来源于国泰安（CSMAR）数据库。

7.2.2　变量定义

7.2.2.1　因变量的度量

本章的因变量为股价暴跌风险，借鉴 Chen，Hong 和 Stein（2001）[226]、Kim，Li 和 Zhang（2011a）[194]、Kim，Li 和 Zhang（2011b）[195]、许年行，江轩宇和伊志宏等（2012）[70]、许年行，于上尧和伊志宏（2013）[227]、叶康涛，曹丰和王化成（2015）[200]等的研究，使用负收益偏态系数（NCSKEW）和收益上下波动比率（DUVOL）两个指标衡量个股暴跌风险，指标计算过程如下：

首先，基于每个自然年度内个股周收益率数据对模型（7－1）进行回归：

$$R_{i,t}=\alpha_0+\alpha_1R_{m,t-2}+\alpha_2R_{m,t-1}+\alpha_3R_{m,t}+\alpha_4R_{m,t+1}+\alpha_5R_{m,t+2}+\varepsilon_{i,t} \quad (7-1)$$

其中，$R_{i,t}$为公司 i 在第 t 周考虑现金红利再投资的收益率；$R_{m,t}$为所有 A 股公司在第 t 周的平均收益率（采用流通市值加权计算）；$R_{m,t+1}$、$R_{m,t+2}$和 $R_{m,t-1}$、$R_{m,t-2}$分别表示第 $t+1$ 周、$t+2$ 周和第 $t-1$ 周、$t-2$ 周的市场收益率，在回归中加入市场收益率的超前项和滞后项是为了调整股票非同步性交易带来的影响（Dimson，1979[228]）；$\varepsilon_{i,t}$为回归残差项，表示个股收益没有被市场解释的部分。基于回归残差项 $\varepsilon_{i,t}$，构建个股 i 在第 t 周的特有收益率指标 $W_{i,t}=\ln(\varepsilon_{i,t}+1)$。

其次，使用特有收益率 $W_{i,t}$计算个股暴跌风险：

（1）负收益偏态系数（NCSKEW）：

$$NCSKEW_{i,T}=-\left[n(n-1)^{\frac{3}{2}}\sum W_{i,t}^{3}\right]/\left[(n-1)(n-2)\left(\sum W_{i,t}^{2}\right)^{\frac{3}{2}}\right] \quad (7-2)$$

其中，$W_{i,t}$为公司 i 在第 t 周的特有收益率；n 为公司 i 在第 T 年中的实际交易周数。经上述计算，得到公司 i 在第 T 年的股价暴跌风险的第一个衡量指标——负收益偏态系数（$\mathrm{NCSKEW}_{i,T}$），该指标取值越大，反映股票收益偏态系数的负程度越严重，股价暴跌风险越高。

(2) 收益上下波动比率（DUVOL）：

$$DUVOL_{i,T} = \log\{[(n_u - 1)\sum_{Down} W_{i,t}^2]/[(n_d - 1)\sum_{Up} W_{i,t}^2]\} \quad (7-3)$$

其中，$W_{i,t}$为公司 i 在第 t 周的特有收益率；$n_u(n_d)$为公司 i 在第 T 年中的周特有收益率 $W_{i,t}$高于（低于）当年周特有收益率均值的周数；$\sum_{Down} W_{i,t}^2$（$\sum_{Up} W_{i,t}^2$）为低于（高于）均值的周特有收益率平方的累加值。经上述计算，得到公司 i 在第 T 年的股价暴跌风险的第二个衡量指标——收益上下波动比率（$DUVOL_{i,T}$），该指标取值越大，反映股票收益率分布左偏越严重，股价暴跌风险越高。

7.2.2.2 自变量的度量

本章用到的自变量包括分析师跟进和评级相关变量以及融资融券变量，各变量的测量方法与前两章保持一致。具体地，利用第 5 章中分析师跟进人数（Analyst）和分析师报告数量（Report）来衡量分析师跟进程度；采用第 6 章中的股票评级指标 1（Rec1）和指标 2（Rec2）来衡量分析师一致评级水平；利用融资融券标识变量（Trading）来识别融资融券业务推出的影响。各变量的具体测量方法见表 7-2。

7.2.2.3 控制变量的选取与度量

根据 Chen，Hong 和 Stein（2001）[226]、Kim，Li 和 Zhang（2011a）[194]、Kim，Li 和 Zhang（2011b）[195]、许年行，江轩宇和伊志宏等（2012）[70]、许年行，于上尧和伊志宏（2013）[227]、叶康涛，曹丰和王化成（2015）[200]等文献，选取以下变量进行控制：超额换手率（OTurnover）、特有收益标准差（Sigma）、特有收益均值（Ret）、公司规模（Size）、市值账面比（MB）、资产负债率（Leverage）、盈利能力（ROA）、机构持股比例（IO）、可操控性应计（ABACC）。其中，基于一年内个股周特有收益率 $W_{i,t}$计算特有收益的标准差（Sigma）和均值（Ret）；基于调整的 Jones 模型（Dechow，Sloan 和 Sweeney，1995[229]）计算操纵性应计利润（ABACC），具体计算如公式（7-4）所示：

$$\frac{TA_t}{Asset_{t-1}} = \alpha_0 + \alpha_1\frac{1}{Asset_{t-1}} + \alpha_2\frac{\Delta Sales_t - \Delta REC_t}{Asset_{t-1}} + \alpha_3\frac{PPE_t}{Asset_{t-1}} + \varepsilon_t \quad (7-4)$$

其中，TA_t是第 t 年的应计利润，即第 t 年的净利润与净经营现金流之差；$Asset_{t-1}$为上年末总资产；$\Delta Sales_t$为主营业务收入改变量，用第 t 年的主营业务收入减去 $t-1$ 年的主营业务收入计算得到；ΔREC_t为应收账款改变量，即第 t 年应收账款净额与第 $t-1$ 年应收账款净额之差；ΔPPE_t表示第 t 年固定资产净额。基于全体非金融行业上市公司数据，分年度分行业代入式（7－4）进行回归；同时为保证回归的有效性，参考已有研究的做法，回归中对于年度内行业有效观测少于 10 的样本予以剔除。经上述过程，最终得到的回归残差即为操纵性应计利润（ABACC）。

其他控制变量说明见表 7－2。

表 7－2　　变量定义

变量符号	变量名称	变量说明
NCSKEW	负收益偏态系数	股票周特有收益的负偏态系数，变量取值越大，股价暴跌风险越高，详见公式（7－2）
DUVOL	收益上下波动比率	股票周特有收益的上下波动比率，变量取值越大，股价暴跌风险越高，详见公式（7－3）
Analyst	分析师人数	跟进公司的分析师总人数与 1 之和的自然对数
Report	研究报告数量	分析师对目标公司发布的研究报告总数量与 1 之和的自然对数
Rec1	一致评级指标 1	“强买”赋值 4、“买入”赋值 3、“中性”赋值 2、“卖出”和“强卖”赋值 1，并依此计算公司当年被出具的所有评级的均值
Rec2	一致评级指标 2	“强买”赋值 3、“买入”赋值 3、“中性”及以下赋值 1，并依此计算公司当年被出具的所有评级的均值
Trading	融资融券标识变量	公司股票处于可融资融券交易状态下变量取值 1，否则为 0
OTurnover	超额换手率	当年公司股票月平均换手率减去上年月平均换手率
Sigma	特有收益标准差	个股周特有收益率的标准差
Ret	特有收益均值	个股周特有收益率的均值
Size	公司规模	公司总资产的自然对数
MB	市值账面比	权益的市场价值与账面价值之比
Leverage	资产负债率	总负债与总资产之比
ROA	盈利能力	净利润与总资产之比
IO	机构持股比例	机构投资者持股数量占公司总股本的百分比
ABACC	操纵性应计利润	可操纵性应计利润的绝对值，基于调整的 Jones 模型（Dechow, Sloan 和 Sweeney, 1995[229]）计算得到

7.2.3 模型设定

借鉴以往文献，本章构建如下回归方程检验分析师行为对股价暴跌风险的影响：

$$Crash_{i,t+1} = \alpha_0 + \alpha_1 Analyst_{i,t} + \alpha_2 OTurnover_{i,t} + \alpha_3 Sigma_{i,t} + \alpha_4 Ret_{i,t} + \alpha_5 Size_{i,t} + \alpha_6 MB_{i,t} + \alpha_7 Leverage_{i,t} + \alpha_8 ROA_{i,t} + \alpha_9 IO_{i,t} + \alpha_{10} ABACC_{i,t} + \sum Industry + \sum Year + \varepsilon_{i,t} \tag{7-5}$$

$$Crash_{i,t+1} = \alpha_0 + \alpha_1 Rec_{i,t} + \alpha_2 OTurnover_{i,t} + \alpha_3 Sigma_{i,t} + \alpha_4 Ret_{i,t} + \alpha_5 Size_{i,t} + \alpha_6 MB_{i,t} + \alpha_7 Leverage_{i,t} + \alpha_8 ROA_{i,t} + \alpha_9 IO_{i,t} + \alpha_{10} ABACC_{i,t} + \sum Industry + \sum Year + \varepsilon_{i,t} \tag{7-6}$$

上述模型中，考虑到股价暴跌风险的变化存在一定的滞后性，因此检验当期分析师行为对下期股价暴跌风险的影响。$Crash_{i,t+1}$为公司 i 在第 $t+1$ 年的股价暴跌风险水平，使用负收益偏态系数（NCSKEW）和收益上下波动比率（DUVOL）两个指标衡量。模型（7-5）中 $Analyst_{i,t}$为公司 i 在第 t 年跟进的分析师人数，同时在回归中也使用分析师发布的研究报告数量（$Report_{i,t}$）对该指标进行替换；若回归结果中 α_1 显著为正，表明分析师人数越多或分析师报告数量越多，股价暴跌风险越高，则符合假设 8 的预期。模型（7-6）中 $Rec_{i,t}$为公司 i 在第 t 年内分析师的一致评级，使用一致评级指标 1（Rec1）和指标 2（Rec2）两种测量方法，若回归结果中变量系数符号显著为正，表明分析师一致评级水平越高，股价暴跌风险越高，从而假设 9 成立。模型中同时控制行业固定效应（$\sum$Industry）以及年份固定效应（$\sum$Year）。

在模型（7-5）、（7-6）基础上，基于 Bertrand 和 Mullainathan（2003）[217]的多时点双重差分模型，引入融资融券标识变量（Trading），同时用公司固定效应（$\sum$Firm）替换行业固定效应（$\sum$Industry），从而来控制融资融券标的公司和非标的公司之间的系统性差异，回归模型设定如下：

$$Crash_{i,t+1} = \alpha_0 + \alpha_1 Analyst_{i,t} \times Tradingt_{i,t} + \alpha_2 Analyst_{i,t} + \alpha_3 Tradingt_{i,t} + \alpha_4 OTurnover_{i,t} + \alpha_5 Sigma_{i,t} + \alpha_6 Ret_{i,t} + \alpha_7 Size_{i,t} + \alpha_8 MB_{i,t} + \alpha_9 Leverage_{i,t} + \alpha_{10} ROA_{i,t} + \alpha_{11} IO_{i,t} + \alpha_{12} ABACC_{i,t} + \sum Firm + \sum Year + \varepsilon_{i,t} \tag{7-7}$$

$$Crash_{i,t+1} = \alpha_0 + \alpha_1 Rec_{i,t} \times Tradingt_{i,t} + \alpha_2 Rec_{i,t} + \alpha_3 Tradingt_{i,t} + \alpha_4 OTurnover_{i,t} + \alpha_5 Sigma_{i,t} + \alpha_6 Ret_{i,t} + \alpha_7 Size_{i,t} + \alpha_8 MB_{i,t} + \alpha_9 Leverage_{i,t} + \alpha_{10} ROA_{i,t} + \alpha_{11} IO_{i,t} + \alpha_{12} ABACC_{i,t} + \sum Firm + \sum Year + \varepsilon_{i,t} \tag{7-8}$$

上述模型中，回归模型（7-7）用以检验研究假设 8，若交互项 $Analyst_{i,t} \times Tradingt_{i,t}$ 的回归系数显著为负，表明融资融券业务推出减弱了分析师跟进程度对股价暴跌风险的正向影响，从而支持了假设 10；类似地，模型（7-8）中，若交互项 $Analyst_{i,t} \times Rec_{i,t}$ 的回归系数显著为负，表明融资融券业务减弱了分析师一致评级水平对股价暴跌风险的正向影响，从而与假设 11 的预期一致。

此外，为避免异常值对回归结果的干扰，对以上模型中所有连续变量在 1% 水平上进行了缩尾处理；为控制样本公司在时间序列上可能存在的自相关问题，回归时在公司层面上进行了 cluster 处理。

7.3　实证结果分析

7.3.1　描述性统计

表 7-3 报告了本章涉及变量的描述性统计结果。如表所示，股价暴跌风险衡量指标负收益偏态系数（NCSKEW）的均值和中位数分别为 -0.340 和 -0.301，由于该指标为正且取值越大意味着股票收益负偏越严重，股价暴跌风险越高，因此均值和中位数为负反映了样本总体收益偏态为正，表明平均上看样本股票暴跌风险并不算高；然而最大值为 1.410 反映了存在个别股票暴跌风险很高，同时标准差为 0.666 表明样本中个股暴跌风险差异较大。股价暴跌风险衡量指标收益上下波动比率（DUVOL）与 NCSKEW 有着类似的分布，均值和中位数取值均为负且分别为 -0.179 和 -0.177，最大值为 1.021，标准差为 0.462。分析师跟进人数（Analyst）和研究报告数量（Report）的分布情况与第 5 章的样本描述性结果较为相似，均值分别为 1.656 和 2.721，后者均值明显高于前者，反映了在一年内大多数分析师都

会针对目标公司发布多份研究报告。分析师一致评级指标 1（Rec1）和指标 2（Rec2）的样本量略低，这是由于在 10 876 个样本观测中，2 067 个公司年度样本没有对应的分析师评级数据；Rec1 和 Rec2 对应均值分别为 3. 104 和 2. 110，非常接近各指标最大值，反映了分析师出具的大多数评级都为乐观评级。融资融券标识变量（Trading）的均值为 0. 162，表明在 10 876 个样本观测中，存在约 1 762（10 876 × 16. 2%）个公司年度样本处于允许融资融券交易的状态下，这一比例与第 5 章的样本比例较为接近。对于控制变量的描述性统计结果不做详细说明。

表 7 - 3　　描述性统计

变量	样本量	均值	标准差	最小值	中位数	最大值
NCSKEW	10 876	- 0. 340	0. 666	- 2. 398	- 0. 301	1. 410
DUVOL	10 876	- 0. 179	0. 462	- 1. 335	- 0. 177	1. 021
Analyst	10 876	1. 656	1. 138	0. 000	1. 792	3. 714
Report	10 876	2. 721	1. 724	0. 000	2. 996	5. 545
Rec1	8 809	3. 104	0. 479	1. 000	3. 150	4. 000
Rec2	8 809	2. 110	0. 468	1. 000	2. 154	3. 000
Trading	10 876	0. 162	0. 369	0. 000	0. 000	1. 000
OTurnover	10 876	- 0. 096	0. 414	- 1. 693	- 0. 041	0. 920
Sigma	10 876	0. 047	0. 016	0. 014	0. 046	0. 114
Ret% ①	10 876	- 0. 124	0. 089	- 0. 652	- 0. 103	- 0. 005
Size	10 876	22. 079	1. 271	18. 759	21. 896	26. 818
MB	10 876	3. 527	2. 930	- 2. 780	2. 710	25. 684
Leverage	10 876	0. 470	0. 208	0. 043	0. 480	1. 481
ROA	10 876	0. 043	0. 053	- 0. 249	0. 038	0. 236
IO	10 876	7. 462	10. 071	0. 149	4. 297	58. 351
ABACC	10 876	0. 065	0. 069	0. 000	0. 045	0. 438

① 由于该变量值过低，因此在描述性统计及后续回归分析中在变量原值基础上乘以 100。

表 7 – 4　　**Pearson 相关系数表**

	NCSKEW	DUVOL	Analyst	Report	Rec1	Rec2	Trading	OTurnover	Sigma	Ret	Size	MB	Leverage	ROA	IO	ABACC
NCSKEW	1															
DUVOL	0.875***	1														
Analyst	0.086***	0.066***	1													
Report	0.084***	0.066***	0.981***	1												
Rec1	0.118***	0.112***	0.297***	0.340***	1											
Rec2	0.118***	0.112***	0.300***	0.343***	0.995***	1										
Trading	-0.043***	-0.050***	0.243***	0.246***	0.118***	0.121***	1									
OTurnover	0.037***	0.044***	-0.107***	-0.109***	0.017	0.019*	0.076***	1								
Sigma	0.109***	0.110***	-0.136***	-0.134***	0.030***	0.035***	-0.180***	0.230***	1							
Ret	-0.083***	-0.085***	0.143***	0.141***	-0.017	-0.021**	0.150***	-0.244***	-0.387***	1						
Size	-0.123***	-0.149***	0.402***	0.388***	0.052***	0.059***	0.451***	0.088***	-0.293***	0.252***	1					
MB	0.149***	0.154***	-0.035***	-0.046***	0.103***	0.107***	-0.076***	0.098***	0.405***	-0.399***	-0.336***	1				
Leverage	-0.087***	-0.104***	-0.067***	-0.075***	-0.061***	-0.058***	0.090***	0.148***	0.008	-0.021**	0.463***	0.022**	1			
ROA	0.093***	0.084***	0.420***	0.413***	0.256***	0.252***	0.060***	-0.074***	-0.018*	0.029***	-0.003	0.118***	-0.406***	1		
IO	0.085***	0.077***	0.203***	0.201***	0.095***	0.097***	0.007	0.024**	0.046***	-0.034***	0.076***	0.064***	0.019**	0.111***	1	
ABACC	0.019**	0.018*	-0.052***	-0.054***	0.012	0.011	-0.055***	0.013	0.142***	-0.139***	-0.045***	0.149***	0.122***	-0.035***	0.000	1

注：***、**、* 分别表示在 1%、5%、10% 统计水平上显著（双尾检验）。

7.3.2 相关性分析

表7-4 报告了各变量之间的 Pearson 相关性分析结果。由表所示，分析师跟进人数（Analyst）与暴跌风险指标负收益偏态系数（NCSKEW）和收益上下波动比率（DUVOL）之间的相关系数分别为 0.086 和 0.066，且均在 1% 水平上显著；研究报告数量（Report）与两指标之间的相关系数也均在 1% 水平上显著为正，以上结果意味着分析师跟进人数越多、发布报告数量越多，目标公司股价暴跌风险越高，符合假设 8 的预期。分析师一致评级指标 Rec1 和 Rec2 与暴跌风险的各指标之间均在 1% 水平上显著正相关，表明分析师评级乐观程度越高的公司，其股价暴跌风险越高，与假设 9 的预期相符。融资融券标识变量（Trading）与 NCSKEW 和 DUVOL 之间相关系数分别为 -0.043 和 -0.050，且均在 1% 水平上显著，表明可融资融券公司对应的股价暴跌风险更低。超额换手率（OTurnover）、特有收益标准差（Sigma）、市值账面比（MB）、盈利能力（ROA）、机构持股比例（IO）以及可操控性应计（ABACC）与股价暴跌风险指标之间均存在显著正相关关系，表明公司超额换手率越高、特有收益率越大、成长性越好、盈利能力越好、机构持股比例越高或可操纵性应计越高，其股价暴跌风险越高；而特有收益均值（Ret）、公司规模（Size）、资产负债率（Leverage）与股价暴跌风险指标显著负相关，意味着特有收益较高、规模较大、杠杆较高的公司对应的股价暴跌风险较低。

此外，值得说明的是，变量 NCSKEW 和 DUVOL 的相关系数为 0.875、变量 Analyst 和 Report 的相关系数为 0.981、变量 Rec1 和 Rec2 的相关系数为 0.995，相关系数绝对值较高意味着每组变量的两个变量之间高度相关，但是由于每组变量中的两个变量并不会同时出现在同一个回归模型中，因此不会造成多重共线性问题。其他各变量之间相关系数的绝对值大多不超过 0.400，从而在后续回归中不必担心存在严重的多重共线性问题。

7.3.3 多元回归分析

7.3.3.1 分析师行为与股价暴跌风险

表7-5 和表7-6 分别报告了分析师跟进、分析师一致评级对股价暴跌

风险影响的 OLS 回归分析结果。

如表 7-5 所示，无论是列（1）中以负收益偏态系数（NCSKEW），还是列（2）中以收益上下波动比率（DUVOL）作为股价暴跌风险的衡量指标，分析师跟进人数（Analyst）的回归系数始终为正，且均在 1% 统计水平上显著，表明分析师跟进数量越多的公司，其股价暴跌风险越高。列（3）和列（4）中以分析师发布的研究报告数量（Report）作为解释变量，回归系数依然在 1% 水平上显著为正，表明分析师发布的研究报告数量越多，公司股价暴跌风险越高。综合以上结果，分析师跟进越积极、发布研究的研究报告数量越多，公司股价暴跌风险越高，从而假设 8 得以验证。

此外，表 7-5 列（1）中 Analyst 的回归系数为 0.080，表示当 Analyst 每变动一个标准差 1.138 时（见表 7-3），对应的股价暴跌风险指标 NCSKEW 变动了 0.091（0.080×1.138），对比该指标的均值 -0.340 和标准差 0.666（见表 7-3），股价暴跌风险的上升程度达到了该指标平均水平的 27%（0.091/|-0.340|），约为 0.140 个标准差（0.091/0.666）。同理，当以 DUVOL 指标进行计算时，分析师跟踪人数每增加一个标准差，将导致暴跌风险上升约 0.133 个标准差（0.054×1.138/0.462），约占暴跌风险指标均值的 34%（0.054×1.138/|-0.179|）。可见，从经济意义上看，由分析师跟进人数增加引起的股价暴跌风险的上升也是较为显著的。

表 7-5　分析师跟进与股价暴跌风险关系的回归结果

	(1)	(2)	(3)	(4)
	NCSKEW	DUVOL	NCSKEW	DUVOL
Analyst	0.080***	0.054***		
	(10.483)	(10.219)		
Report			0.049***	0.033***
			(9.904)	(9.590)
OTurnover	-0.012	-0.002	-0.011	-0.002
	(-0.649)	(-0.155)	(-0.611)	(-0.124)
Sigma	12.408***	8.724***	12.452***	8.761***
	(6.764)	(7.027)	(6.767)	(7.042)
Ret%	1.950***	1.370***	1.967***	1.382***
	(6.195)	(6.330)	(6.235)	(6.381)

续表

	(1) NCSKEW	(2) DUVOL	(3) NCSKEW	(4) DUVOL
Size	-0.063***	-0.053***	-0.058***	-0.050***
	(-7.417)	(-9.465)	(-6.949)	(-8.967)
MB	0.009***	0.006***	0.010***	0.007***
	(3.021)	(2.844)	(3.312)	(3.127)
Leverage	-0.070	-0.061**	-0.077*	-0.066**
	(-1.583)	(-2.037)	(-1.753)	(-2.212)
ROA	0.151	0.018	0.187	0.044
	(1.056)	(0.179)	(1.309)	(0.437)
IO	0.003***	0.002***	0.003***	0.002***
	(5.369)	(5.173)	(5.387)	(5.192)
ABACC	0.060	0.049	0.057	0.047
	(0.676)	(0.792)	(0.643)	(0.759)
Constant	0.693***	0.776***	0.592***	0.706***
	(3.560)	(5.932)	(3.064)	(5.423)
Industry Effect	Yes	Yes	Yes	Yes
Year Effect	Yes	Yes	Yes	Yes
Observations	10 876	10 876	10 876	10 876
Adj - R^2	0.084	0.088	0.083	0.087

注：***、**、* 分别表示在1%、5%、10%统计水平上显著（双尾检验）。

表7-6中报告了分析师一致评级与股价暴跌风险关系的回归结果。结果显示，分析师一致评级指标1（Rec1）和指标2（Rec2）对负收益偏态系数（NCSKEW）的回归系数分别为0.115和0.118，对收益上下波动比率（DUVOL）的回归系数分别为0.071和0.073，且均在1%水平上显著，表明分析师评级越乐观，目标公司股价暴跌风险越高，支持了研究假设9。

从经济效果上看，如果一致评级指标1（Rec1）变动一个标准差0.479（见表7-3），股价暴跌风险指标NCSKEW将变动0.055（0.115×0.479），对比这一指标的均值-0.340和标准差0.666（见表7-3），这种变动达到了均值的16%（0.055/|-0.340|），约占标准差的8%（0.055/0.666）。当以股价暴跌风险指标DUVOL进行计算时，一致评级指标Rec1每提高一个标准差，将导致股价暴跌风险相比平均水平上升了约19个百分点（0.071×

0.479/|-0.179|)，约占这一指标标准差的7%（0.071×0.479/0.462）。可见，无论以哪一种指标进行测量，在经济意义上，由分析师一致评级水平上升带来的股价暴跌风险的提高都是较为显著的。

表 7-6　　分析师一致评级与股价暴跌风险关系的回归结果

	(1)	(2)	(3)	(4)
	NCSKEW	DUVOL	NCSKEW	DUVOL
Rec1	0.115***	0.071***		
	(7.015)	(6.359)		
Rec2			0.118***	0.073***
			(7.095)	(6.433)
OTurnover	-0.019	-0.010	-0.019	-0.010
	(-0.942)	(-0.721)	(-0.935)	(-0.712)
Sigma	13.055***	9.462***	13.019***	9.434***
	(6.525)	(6.932)	(6.504)	(6.907)
Ret%	2.129***	1.530***	2.125***	1.527***
	(6.273)	(6.477)	(6.257)	(6.459)
Size	-0.027***	-0.028***	-0.028***	-0.029***
	(-3.306)	(-5.066)	(-3.386)	(-5.143)
MB	0.017***	0.012***	0.017***	0.012***
	(4.657)	(4.840)	(4.610)	(4.797)
Leverage	-0.165***	-0.125***	-0.163***	-0.124***
	(-3.289)	(-3.600)	(-3.255)	(-3.572)
ROA	0.391**	0.181	0.398**	0.184
	(2.328)	(1.532)	(2.381)	(1.563)
IO	0.004***	0.003***	0.004***	0.003***
	(5.407)	(5.302)	(5.400)	(5.289)
ABACC	-0.078	-0.064	-0.078	-0.064
	(-0.797)	(-0.936)	(-0.794)	(-0.935)
Constant	-0.331*	0.054	-0.208	0.130
	(-1.646)	(0.400)	(-1.051)	(0.963)
Industry Effect	Yes	Yes	Yes	Yes
Year Effect	Yes	Yes	Yes	Yes
Observations	8 809	8 809	8 809	8 809
Adj-R^2	0.084	0.087	0.084	0.087

注：***、**、*分别表示在1%、5%、10%统计水平上显著（双尾检验）。

由表7-5和表7-6控制变量的回归结果可知，特有收益的波动（Sigma）及其均值（Ret）对公司股价暴跌风险的影响显著为正，特有收益越高、波动越大，公司股价暴跌风险越高。公司规模（Size）的回归系数在各回归中均显著为负，表明规模越大的公司股价暴跌风险越低，这主要因为大规模公司信息不对称程度低，从而有利于降低负面信息堆积造成的股价暴跌风险。由于市值账面比（MB）越高代表公司成长性越高，投资者对这类公司通常抱有过高的预期，从而公司未来股价下跌的风险更大，MB回归系数显著为正支持了这一观点。财务杠杆（Leverage）越高通常代表财务风险越大，直觉上应与股价暴跌风险正相关，然而结果显示，该变量回归系数均为负且大多在统计上显著，表明公司财务杠杆水平越高，公司股价暴跌风险越低，这种现象可能是由于杠杆水平为投资者传递了信号，面对高杠杆公司，投资者通常表现得更为谨慎，从而这些公司股价未来发生暴跌的概率反而更低。许年行，于上尧和伊志宏（2013）[227]认为，我国机构投资者的羊群行为加大了个股暴跌风险，本书实证检验发现，机构持股比例（IO）系数显著为正，支持了这一观点。在控制了其他变量的影响下，本书并未发现可操控性应计（ABACC）对股价暴跌风险的显著影响。

7.3.3.2 融资融券对分析师行为与股价暴跌风险关系的影响

表7-7报告了融资融券对分析师跟进与股价暴跌风险关系影响的OLS回归结果。为了避免回归方程中交互项与一次项之间可能存在的多重共线性问题，回归中对交互项进行了中心化处理，从而回归结果中一次项与交互项回归系数大小不具有可比性。

如表7-7列（1）和列（2）中回归结果所示，交互项Analyst × Trading的回归系数分别为-0.042和-0.032，对应t值为-1.858和-2.059，分别在10%和5%统计水平上显著，与一次项分析师跟进人数（Analyst）的回归系数符号相反，表明当上市公司开展融资融券业务后，跟进的分析师人数对股价暴跌风险的正向影响减弱了。列（3）和列（4）中交互项Report × Trading的回归系数也均为负，且在5%统计水平上显著，表明当上市公司开展融资融券业务后，分析师发布的研究报告数量与股价暴跌风险之间的正向关系也减弱了。以上结果反映了融资融券业务推出有利于缓解分析师跟进对股价暴跌风险的刺激作用，支持了本书的研究假设10。

此外，表 7－7 列（1）、列（2）中交互项 Analyst × Trading 的回归系数分别为 －0.042 和 －0.032，表示 Trading 取值从 0 变为 1，即个股从不可融资融券变为可融资融券，由分析师跟进带来的股价暴跌风险下降了 0.042 × Analyst 和 0.032 × Analyst。具体来说，当分析师跟踪人数取均值 1.656 时（见表 7－3），对应股价暴跌风险两种衡量指标的变化分别为 0.070（0.042 ×1.656）和 0.053（0.032 × 1.656），对比这两个指标的均值 －0.340 和 －0.179以及标准差 0.666 和 0.462（见表 7－3），反映了融资融券业务推出后，分析师跟进带来的股价暴跌风险下降了约 0.11 个标准差（0.070/0.666 或 0.053/0.462），下降程度分别占各自指标均值的 21%（0.070/| －0.340|）和 30%（0.053/| －0.179|）。可见，即使从经济意义上看，融资融券业务推出对于缓解由分析师跟进引发的股价暴跌风险的效果也是十分理想的。

表 7－7　　融资融券对分析师跟进与股价暴跌风险关系的影响

	(1)	(2)	(3)	(4)
	NCSKEW	DUVOL	NCSKEW	DUVOL
Analyst × Trading	－0.042*	－0.032**		
	(－1.858)	(－2.059)		
Analyst	0.009	0.003		
	(0.662)	(0.266)		
Report × Trading			－0.032**	－0.024**
			(－2.142)	(－2.241)
Report			0.002	－0.001
			(0.221)	(－0.097)
Trading	0.069**	0.056**	0.074**	0.058**
	(2.080)	(2.468)	(2.222)	(2.572)
OTurnover	－0.015	0.014	－0.014	0.014
	(－0.586)	(0.830)	(－0.581)	(0.830)
Sigma	11.835***	7.848***	11.921***	7.899***
	(5.114)	(4.882)	(5.147)	(4.916)
Ret%	1.555***	1.118***	1.566***	1.125***
	(3.962)	(4.022)	(3.990)	(4.047)

续表

	(1)	(2)	(3)	(4)
	NCSKEW	DUVOL	NCSKEW	DUVOL
Size	0.050	0.020	0.053*	0.022
	(1.641)	(0.960)	(1.758)	(1.053)
MB	0.019***	0.014***	0.019***	0.014***
	(3.683)	(3.826)	(3.711)	(3.849)
Leverage	-0.129	-0.088	-0.133	-0.091
	(-1.228)	(-1.179)	(-1.269)	(-1.211)
ROA	0.366	0.192	0.383*	0.202
	(1.626)	(1.237)	(1.707)	(1.299)
IO	0.004**	0.003***	0.004***	0.003***
	(2.535)	(2.720)	(2.588)	(2.763)
ABACC	-0.079	-0.024	-0.081	-0.025
	(-0.661)	(-0.281)	(-0.674)	(-0.293)
Constant	-1.738***	-0.782*	-1.807***	-0.820*
	(-2.694)	(-1.767)	(-2.810)	(-1.859)
Firm Effect	Yes	Yes	Yes	Yes
Year Effect	Yes	Yes	Yes	Yes
Observations	10 876	10 876	10 876	10 876
Adj - R^2	0.122	0.124	0.122	0.124

注：***、**、*分别表示在1%、5%、10%统计水平上显著（双尾检验）。

表7-8列示了融资融券对分析师评级与股价暴跌风险关系影响的检验结果。同样地，为了避免共线性问题，已对各交互项进行了中心化处理。列（1）和列（2）中，Rec1回归系数显著为正，表明分析师一致评级水平与公司股价暴跌风险显著正相关，而交互项Rec1×Trading系数在两列中均为负，反映了融资融券业务推出减弱了分析师评级对股价暴跌风险的正向影响，即缓解了由分析师乐观评级带来的个股暴跌风险，与假设11的预期相符。但这种影响仅在以DUVOL作为股价暴跌风险衡量指标时显著（回归系数为-0.074，t值为-1.836，在10%水平上显著）。列（3）和列（4）中结果显示，无论以NCSKEW还是DUVOL作为股价暴跌风险的衡量指标，交

互项 Rec2 × Trading 的回归系数始终为负，且分别在 10% 和 5% 水平上显著。可见，总体上看，假设 11 基本通过了检验。

表 7 – 8　　融资融券对分析师评级与股价暴跌风险关系的影响

	(1)	(2)	(3)	(4)
	NCSKEW	DUVOL	NCSKEW	DUVOL
Rec1 × Trading	–0.090	–0.074*		
	(–1.490)	(–1.836)		
Rec1	0.062**	0.030*		
	(2.466)	(1.733)		
Rec2 × Trading			–0.107*	–0.085**
			(–1.722)	(–2.028)
Rec2			0.062**	0.030*
			(2.431)	(1.692)
Trading	0.072**	0.054**	0.074**	0.055**
	(2.108)	(2.309)	(2.160)	(2.359)
OTurnover	–0.006	0.017	–0.005	0.017
	(–0.199)	(0.879)	(–0.194)	(0.884)
Sigma	9.441***	6.559***	9.456***	6.570***
	(3.560)	(3.502)	(3.563)	(3.505)
Ret%	1.291***	0.954***	1.295***	0.956***
	(2.828)	(2.876)	(2.832)	(2.880)
Size	0.081**	0.050*	0.081**	0.050*
	(2.062)	(1.884)	(2.061)	(1.888)
MB	0.023***	0.017***	0.023***	0.017***
	(3.312)	(3.459)	(3.300)	(3.451)
Leverage	–0.147	–0.122	–0.146	–0.122
	(–1.148)	(–1.338)	(–1.141)	(–1.333)
ROA	0.333	0.196	0.348	0.205
	(1.245)	(1.016)	(1.301)	(1.061)
IO	0.003*	0.003**	0.003*	0.003**
	(1.839)	(2.008)	(1.837)	(2.005)

续表

	(1)	(2)	(3)	(4)
	NCSKEW	DUVOL	NCSKEW	DUVOL
ABACC	-0.229*	-0.180*	-0.230*	-0.181*
	(-1.651)	(-1.843)	(-1.658)	(-1.849)
Constant	-2.465***	-1.470***	-2.405***	-1.442**
	(-2.959)	(-2.605)	(-2.890)	(-2.559)
Firm Effect	Yes	Yes	Yes	Yes
Year Effect	Yes	Yes	Yes	Yes
Observations	8 809	8 809	8 809	8 809
Adj - R^2	0.127	0.128	0.127	0.128

注：***、**、* 分别表示在1%、5%、10%统计水平上显著（双尾检验）。

从经济效果上看，以表7-8列（3）中结果为例，交互项Rec2×Trading的回归系数为-0.107，表示Trading取值从0变为1，即个股从不可融资融券变为可融资融券，由分析师评级带来的股价暴跌风险下降了0.107×Rec2。当分析师一致评级取均值2.110时（见表7-3），对应暴跌风险指标的变化为0.226（0.107×2.110），相比该指标的均值-0.340和标准差0.666（见表7-3），股价暴跌风险下降了0.340个标准差（0.226/0.666），下降程度约占该指标均值的66%（0.226/|-0.340|）。由此可见，融资融券业务推出缓解了分析师评级乐观程度对股价暴跌风险的正向影响，且这种影响无论在统计意义上还是经济意义上，都是十分显著的。

此外，值得说明的是，根据表7-7以及表7-8中列示的回归结果，本书发现融资融券标识变量（Trading）的系数符号始终为正，且在统计意义上显著，意味着从融资融券交易制度实施的直接影响来看，其不仅没有起到降低股价暴跌风险的作用，反而增加了个股暴跌风险，这与褚剑和方军雄（2016）[127]的发现相一致。Chang，Cheng和Yu（2007）[73]认为，市场中集中爆发的卖空行为可能导致收益率负极端值出现的频率更高，负偏度更为严重，从而对股价暴跌起到了推波助澜的作用。可见，本书的实证检验结果与这一观点相符。但与此同时，本书的研究结果表明，虽然融资融券本身恶化了相关标的股票价格暴跌的风险，但其外部治理效应的发挥却对分析师行为起到了约束作用，缓解了由分析师乐观引发的个股暴跌风险。

7.3.4　稳健性检验

为了提高研究结果的可靠性，本部分开展了一系列稳健性检验，包括基于PSM配对样本的检验、因变量和自变量度量指标的调整以及进一步控制其他因素的影响等。

7.3.4.1　基于PSM配对样本的检验

与上两章采取相同的方法，本部分基于PSM配对样本对本章研究结果重新进行检验，以控制可能存在的样本选择性偏误和内生性问题。具体来说，首先通过Logit回归模型预测上市公司入选融资融券标的的倾向得分；其次，基于倾向得分为每一个融资融券公司匹配与之入选概率最为相近的非融资融券公司（预测模型以及详细过程参见5.3.4，在此不再赘述）；最后，基于配对样本并结合传统双重差分模型对本章研究结果重新进行检验。由于本章重点考察融资融券对分析师行为与股价暴跌风险之间关系的影响，因此采用传统双重差分模型后，关注的研究变量为三阶交互项，其回归系数反映了相比控制组公司，实验组公司在融资融券业务推出后，分析师行为对股价暴跌风险影响的变化差异，即融资融券产生的净效应。表7－9报告了基于PSM配对样本的检验结果①，其中，为避免多重共线性问题，已对各阶交互项进行了中心化处理。回归结果显示，除列（6）、列（8）外，其他各列中三阶交互项回归系数显著为负，表明融资融券业务推出显著降低了标的公司中分析师跟进程度以及一致评级水平与股价暴跌风险之间的正向关系，与前文结论一致，假设10与假设11进一步得到了实证的支持。

7.3.4.2　以是否开展了转融通业务重新定义融资融券标识变量

本书在前两章中提到，我国融资融券交易启动初期，市场中缺乏转融通机制，使得投资者只能从券商处融入少量资金或股票，远远不能满足需要（许红伟和陈欣，2012[116]）。转融通机制的缺乏导致这一时期市场中融资融券交易并不活跃，从而其能够发挥的作用也十分有限。自2013年我国转融

---

① 表7－9中列示了按倾向得分最接近1:1配对样本的实证检验结果，同时满足倾向得分相差小于5%的配对样本检验结果与此基本一致，限于篇幅未列示。

通业务试点正式启动以来，市场中的融资融券交易才开始变得活跃。基于上述原因，本书认为，开展转融通业务才使得我国集中授信的融资融券交易模式得以真正确立。因此，本章以标的股票是否允许进行转融通重新定义融资融券标识变量，并对研究结果重新进行检验。具体地，若样本公司在当前年度可进行融资融券交易并已纳入转融通标的，则变量 Trading 对应的样本年度观测取值为1，否则为0。表 7－10 列示了重新检验的回归结果。如表所示，重新定义 Trading 后，各交互项系数依然显著为负。同时，对比表7－7、表7－8 可以看出，交互项显著性水平以及系数绝对值都有所提高，表明以是否开展转融通业务作为融资融券启动标识后，其对缓解由分析师行为引发的股价暴跌风险的作用效果变得更为理想，进一步支持了本章的研究假设10 与假设 11。

7.3.4.3 调整股价暴跌风险指标的计算模型

本章在测量股价暴跌风险指标时，对个股特有收益率 $W_{i,t}$ 的计算参照了 Chen，Hong 和 Stein （2001）[226]、Kim，Li 和 Zhang （2011a）[194] 等人的做法，没有考虑行业因素的影响。考虑到在我国证券市场上，不同行业之间的收益率可能存在较大差异，因此本书在稳健性检验中，基于综合考虑了市场收益率和行业收益率影响的回归模型（7－9），重新估计了 $W_{i,t}$，并依此重新测量股价暴跌风险指标。

$$R_{i,t} = \alpha_0 + \alpha_1 R_{m,t-1} + \alpha_2 R_{I,t-1} + \alpha_3 R_{m,t} + \alpha_4 R_{I,t} + \alpha_5 R_{m,t+1} + \alpha_6 R_{I,t+1} + \varepsilon_{i,t} \quad (7-9)$$

其中，$R_{I,t}$ 为公司 i 所属行业 I 内所有股票（不含股票 i）在第 t 周的平均收益率（采用流通市值加权计算）；$R_{I,t+1}$ 和 $R_{I,t-1}$ 分别表示第 $t+1$ 周和第 $t-1$ 周的行业收益率；其他各指标与模型（7－1）保持一致。

在新的测量指标下，本书对表 7－5 至表 7－8 的回归结果重新进行了检验，并将新的结果列示于表 7－11 中。如表 7－11 Panel A 所示，与表 7－5 和表 7－6 中回归结果一致，变量 Analyst、Report、Rec1 和 Rec2 的回归系数依然显著为正；Panel B 中，除在 NCSKEW 指标下，分析师一致评级指标与 Trading 交互项不显著外，其余各变量与 Trading 的交互项均在不同水平上显著为负，与表 7－7、表 7－8 中回归结果基本一致。综上可见，在上述调整下，本章的各假设依然成立，总体来看研究结论不受影响。

表 7 - 9　　稳健性检验——基于 PSM 配对样本的检验

	(1)	(2)	(3)	(4)	(5)	(6)	(7)	(8)
	NCSKEW	DUVOL	NCSKEW	DUVOL	NCSKEW	DUVOL	NCSKEW	DUVOL
List × Post × Analyst	-0.107***	-0.069***						
	(-3.241)	(-3.107)						
List × Analyst	0.057***	0.024**						
	(3.897)	(2.469)						
Post × Analyst	0.069***	0.039***						
	(4.079)	(3.427)						
Analyst	0.103***	0.070***						
	(11.069)	(11.142)						
List × Post × Report			-0.038*	-0.026*				
			(-1.708)	(-1.745)				
List × Report			0.046***	0.023***				
			(4.645)	(3.411)				
Post × Report			0.031***	0.018**				
			(2.725)	(2.280)				
Report			0.064***	0.044***				
			(10.339)	(10.511)				
List × Post × Rec1					-0.228**	-0.068		
					(-2.379)	(-1.512)		
List × Rec1					0.105**	0.082***		
					(2.829)	(3.259)		
Post × Rec1					0.075	-0.011		
					(1.035)	(-0.337)		

续表

	(1)	(2)	(3)	(4)	(5)	(6)	(7)	(8)
	NCSKEW	DUVOL	NCSKEW	DUVOL	NCSKEW	DUVOL	NCSKEW	DUVOL
Rec1					0.160***	0.104***		
					(5.202)	(4.541)		
List × Post × Rec2							-0.219**	-0.059
							(-2.641)	(-1.547)
List × Rec2							0.133***	0.096***
							(3.254)	(3.459)
Post × Rec2							0.060	-0.021
							(0.807)	(-0.641)
Rec2							0.161***	0.107***
							(5.847)	(5.078)
List × Post	0.041	0.025	0.045	0.027	0.041	0.025	0.045	0.027
	(0.422)	(0.462)	(0.469)	(0.509)	(0.422)	(0.462)	(0.469)	(0.509)
List	0.016	-0.019*	0.017	-0.018*	0.016	-0.019*	0.017	-0.018*
	(0.961)	(-1.963)	(1.021)	(-1.905)	(0.961)	(-1.963)	(1.021)	(-1.905)
Post	0.191***	0.107***	0.192***	0.107***	0.191***	0.107***	0.192***	0.107***
	(2.987)	(3.172)	(3.054)	(3.262)	(2.987)	(3.172)	(3.054)	(3.262)
OTurnover	0.035	0.033	0.036	0.033	0.035	0.033	0.036	0.033
	(0.958)	(1.345)	(0.967)	(1.349)	(0.958)	(1.345)	(0.967)	(1.349)
Sigma	22.234***	12.941***	22.499***	13.029***	22.234***	12.941***	22.499***	13.029***
	(7.481)	(11.039)	(6.905)	(11.322)	(7.481)	(11.039)	(6.905)	(11.322)
Ret%	3.960***	2.360***	4.004***	2.376***	3.960***	2.360***	4.004***	2.376***
	(8.231)	(11.049)	(7.602)	(11.531)	(8.231)	(11.049)	(7.602)	(11.531)

续表

	(1) NCSKEW	(2) DUVOL	(3) NCSKEW	(4) DUVOL	(5) NCSKEW	(6) DUVOL	(7) NCSKEW	(8) DUVOL
Size	-0.066***	-0.032***	-0.068***	-0.033***	-0.066***	-0.032***	-0.068***	-0.033***
	(-4.355)	(-3.282)	(-4.326)	(-3.339)	(-4.355)	(-3.282)	(-4.326)	(-3.339)
MB	0.029***	0.025***	0.028***	0.025***	0.029***	0.025***	0.028***	0.025***
	(6.422)	(8.499)	(6.448)	(8.515)	(6.422)	(8.499)	(6.448)	(8.515)
Leverage	-0.172***	-0.172***	-0.166***	-0.169***	-0.172***	-0.172***	-0.166***	-0.169***
	(-3.799)	(-3.886)	(-3.559)	(-3.902)	(-3.799)	(-3.886)	(-3.559)	(-3.902)
ROA	-0.156	-0.295	-0.134	-0.289	-0.156	-0.295	-0.134	-0.289
	(-0.410)	(-1.156)	(-0.366)	(-1.154)	(-0.410)	(-1.156)	(-0.366)	(-1.154)
IO	0.003***	0.002***	0.003***	0.002***	0.003***	0.002***	0.003***	0.002***
	(4.042)	(4.393)	(3.978)	(4.257)	(4.042)	(4.393)	(3.978)	(4.257)
ABACC	-0.321***	-0.264***	-0.324***	-0.266***	-0.321***	-0.264***	-0.324***	-0.266***
	(-2.994)	(-3.479)	(-2.995)	(-3.494)	(-2.994)	(-3.479)	(-2.995)	(-3.494)
Constant	0.045	-0.106	0.240	0.017	0.045	-0.106	0.240	0.017
	(0.179)	(-0.514)	(0.891)	(0.078)	(0.179)	(-0.514)	(0.891)	(0.078)
Industry Effect	Yes	Yes	Yes	Yes	Yes	Yes	Yes	Yes
Year Effect	Yes	Yes	Yes	Yes	Yes	Yes	Yes	Yes
Observations	7 751	7 751	7 751	7 751	6 755	6 755	6 755	6 755
Adj - R^2	0.129	0.116	0.126	0.114	0.143	0.126	0.143	0.127

注：表中，List 为样本标识变量，如果样本公司在 2007～2014 年期间入选了融资融券标的则为 1，否则为 0；Post 为时间变量，实验组公司入选标的后变量取值为 1，否则为 0，控制组公司以配对的实验组公司对应融资融券启动年份为基准进行赋值；其他变量定义详见表 7-2；***、**、* 分别表示在 1%、5%、10% 统计水平上显著（双尾检验），括号内为 t 值。

表 7-10 稳健性检验——以是否开展了转融通业务重新定义融资融券标识变量

	(1)	(2)	(3)	(4)	(5)	(6)	(7)	(8)
	NCSKEW	DUVOL	NCSKEW	DUVOL	NCSKEW	DUVOL	NCSKEW	DUVOL
Analyst × Trading	-0.162***	-0.108***						
	(-6.055)	(-5.388)						
Analyst	0.014	0.006						
	(1.002)	(0.619)						
Report × Trading			-0.103***	-0.067***				
			(-5.679)	(-4.943)				
Report			0.006	0.002				
			(0.669)	(0.361)				
Rec1 × Trading					-0.214***	-0.145***		
					(-2.873)	(-2.765)		
Rec1					0.057**	0.027		
					(2.291)	(1.572)		
Rec2 × Trading							-0.235***	-0.158***
							(-3.142)	(-2.990)
Rec2							0.058**	0.028
							(2.281)	(1.559)
Trading	-0.013	-0.015	-0.008	-0.013	-0.059	-0.046	-0.056	-0.044
	(-0.340)	(-0.542)	(-0.194)	(-0.444)	(-1.439)	(-1.592)	(-1.353)	(-1.514)
OTurnover	-0.022	0.009	-0.022	0.009	-0.012	0.012	-0.012	0.012
	(-0.885)	(0.521)	(-0.877)	(0.527)	(-0.435)	(0.630)	(-0.435)	(0.629)
Sigma	11.228***	7.407***	11.365***	7.493***	9.104***	6.289***	9.102***	6.288***
	(4.878)	(4.638)	(4.936)	(4.695)	(3.454)	(3.380)	(3.452)	(3.377)

续表

	(1)	(2)	(3)	(4)	(5)	(6)	(7)	(8)
	NCSKEW	DUVOL	NCSKEW	DUVOL	NCSKEW	DUVOL	NCSKEW	DUVOL
Ret%	1.448***	1.042***	1.472***	1.057***	1.236***	0.910***	1.238***	0.911***
	(3.701)	(3.766)	(3.763)	(3.823)	(2.716)	(2.754)	(2.716)	(2.754)
Size	0.066**	0.032	0.068**	0.033	0.100***	0.063**	0.099***	0.063**
	(2.206)	(1.535)	(2.278)	(1.584)	(2.589)	(2.391)	(2.582)	(2.389)
MB	0.018***	0.013***	0.019***	0.013***	0.023***	0.017***	0.023***	0.017***
	(3.528)	(3.695)	(3.564)	(3.726)	(3.392)	(3.526)	(3.378)	(3.517)
Leverage	−0.150	−0.104	−0.154	−0.106	−0.187	−0.151	−0.186	−0.150
	(−1.436)	(−1.393)	(−1.473)	(−1.420)	(−1.459)	(−1.643)	(−1.451)	(−1.638)
ROA	0.322	0.158	0.333	0.164	0.321	0.182	0.333	0.188
	(1.418)	(1.009)	(1.468)	(1.044)	(1.190)	(0.931)	(1.236)	(0.966)
IO	0.003**	0.003**	0.003**	0.003**	0.003	0.002*	0.003	0.002*
	(2.011)	(2.193)	(2.096)	(2.270)	(1.512)	(1.710)	(1.514)	(1.710)
ABACC	−0.106	−0.043	−0.105	−0.043	−0.261*	−0.202**	−0.262*	−0.203**
	(−0.880)	(−0.511)	(−0.875)	(−0.504)	(−1.884)	(−2.067)	(−1.886)	(−2.069)
Constant	−2.053***	−1.010**	−2.095***	−1.030**	−2.829***	−1.715***	−2.769***	−1.688***
	(−3.219)	(−2.295)	(−3.295)	(−2.349)	(−3.457)	(−3.082)	(−3.388)	(−3.034)
Firm Effect	Yes	Yes	Yes	Yes	Yes	Yes	Yes	Yes
Year Effect	Yes	Yes	Yes	Yes	Yes	Yes	Yes	Yes
Observations	10 885	10 885	10 885	10 885	8 816	8 816	8 816	8 816
Adj − R^2	0.127	0.128	0.126	0.127	0.129	0.129	0.129	0.129

注：表中 Trading 为根据标的股票当年是否可进行转融通重新定义的融资融券标识变量；其他变量定义详见表 7－2；***、**、* 分别表示在 1%、5%、10% 统计水平上显著（双尾检验），括号内为 t 值。

表 7-11　　稳健性检验——调整股价暴跌风险指标的计算模型

Panel A：分析师行为与股价暴跌风险回归结果

	(1) NCSKEW	(2) DUVOL	(3) NCSKEW	(4) DUVOL	(5) NCSKEW	(6) DUVOL	(7) NCSKEW	(8) DUVOL
Analyst	0.075***	0.047***						
	(10.469)	(9.638)						
Report			0.044***	0.028***				
			(9.501)	(8.769)				
Rec1					0.116***	0.070***		
					(7.466)	(6.520)		
Rec2							0.120***	0.072***
							(7.580)	(6.554)
OTurnover	-0.045***	-0.042***	-0.045**	-0.042***	-0.062***	-0.052***	-0.062***	-0.051***
	(-2.580)	(-3.372)	(-2.557)	(-3.353)	(-3.211)	(-3.693)	(-3.201)	(-3.687)
Sigma	11.552***	8.035***	11.617***	8.079***	12.774***	9.112***	12.737***	9.095***
	(6.673)	(6.669)	(6.682)	(6.682)	(6.630)	(6.805)	(6.614)	(6.789)
Ret%	1.802***	1.225***	1.827***	1.241***	2.100***	1.468***	2.095***	1.466***
	(5.638)	(5.489)	(5.691)	(5.545)	(5.855)	(5.886)	(5.850)	(5.879)
Size	-0.028***	-0.024***	-0.023***	-0.020***	0.012	0.002	0.011	0.001
	(-3.465)	(-4.188)	(-2.839)	(-3.623)	(1.508)	(0.284)	(1.419)	(0.212)
MB	0.013***	0.010***	0.014***	0.010***	0.021***	0.015***	0.021***	0.015***
	(4.652)	(4.624)	(4.966)	(4.895)	(6.000)	(5.917)	(5.952)	(5.881)

续表

	(1)	(2)	(3)	(4)	(5)	(6)	(7)	(8)
	NCSKEW	DUVOL	NCSKEW	DUVOL	NCSKEW	DUVOL	NCSKEW	DUVOL
Leverage	-0.071*	-0.051*	-0.080*	-0.056*	-0.156***	-0.113***	-0.154***	-0.111***
	(-1.667)	(-1.702)	(-1.870)	(-1.891)	(-3.223)	(-3.294)	(-3.184)	(-3.259)
ROA	0.112	0.065	0.161	0.097	0.348**	0.187	0.354**	0.192*
	(0.827)	(0.673)	(1.190)	(1.001)	(2.250)	(1.644)	(2.301)	(1.696)
IO	0.002***	0.002***	0.002***	0.002***	0.003***	0.002***	0.003***	0.002***
	(3.740)	(3.597)	(3.791)	(3.656)	(3.929)	(3.753)	(3.909)	(3.741)
ABACC	0.103	0.111*	0.100	0.109*	-0.037	0.009	-0.037	0.009
	(1.212)	(1.833)	(1.181)	(1.805)	(-0.389)	(0.129)	(-0.386)	(0.132)
Constant	-0.121	0.057	-0.236	-0.018	-1.286***	-0.676***	-1.162***	-0.600***
	(-0.652)	(0.435)	(-1.282)	(-0.139)	(-6.785)	(-5.062)	(-6.194)	(-4.530)
Industry Effect	Yes	Yes	Yes	Yes	Yes	Yes	Yes	Yes
Year Effect	Yes	Yes	Yes	Yes	Yes	Yes	Yes	Yes
Observations	10 885	10 885	10 885	10 885	8 816	8 816	8 816	8 816
Adj - R^2	0.064	0.067	0.063	0.065	0.065	0.068	0.065	0.067

注：表中，基于模型（7-9）重新计算股价暴跌风险指标 NCSKEW 和 DUVOL；其他变量定义详见表 7-2；***、**、* 分别表示在 1%、5%、10%统计水平上显著（双尾检验），括号内为 t 值；限于篇幅，未列示各控制变量的回归结果。

续表

Panel B：融资融券、分析师行为与股价暴跌风险回归结果

	(1)	(2)	(3)	(4)	(5)	(6)	(7)	(8)
	NCSKEW	DUVOL	NCSKEW	DUVOL	NCSKEW	DUVOL	NCSKEW	DUVOL
Analyst × Trading	-0.040 *	-0.040 ***						
	(-1.867)	(-2.660)						
Analyst	0.014	0.010						
	(1.067)	(1.106)						
Report × Trading			-0.030 **	-0.029 ***				
			(-2.095)	(-2.860)				
Report			0.004	0.003				
			(0.499)	(0.558)				
Rec1 × Trading					-0.053	-0.067 *		
					(-0.933)	(-1.692)		
Rec1					0.064 ***	0.027 *		
					(2.664)	(1.656)		
Rec2 × Trading							-0.066	-0.074 *
							(-1.142)	(-1.804)
Rec2							0.067 ***	0.028 *
							(2.721)	(1.648)
Trading	0.055 *	0.047 **	0.060 *	0.051 **	0.037	0.028	0.038	0.029
	(1.760)	(2.170)	(1.899)	(2.305)	(1.126)	(1.249)	(1.168)	(1.279)
OTurnover	-0.060 ***	-0.042 **	-0.060 ***	-0.042 **	-0.059 **	-0.044 **	-0.058 **	-0.044 **
	(-2.617)	(-2.486)	(-2.610)	(-2.484)	(-2.276)	(-2.280)	(-2.271)	(-2.278)
Sigma	14.263 ***	9.133 ***	14.367 ***	9.210 ***	12.599 ***	8.879 ***	12.604 ***	8.886 ***
	(6.602)	(5.873)	(6.644)	(5.920)	(5.242)	(5.025)	(5.245)	(5.025)

续表

	(1)	(2)	(3)	(4)	(5)	(6)	(7)	(8)
	NCSKEW	DUVOL	NCSKEW	DUVOL	NCSKEW	DUVOL	NCSKEW	DUVOL
Ret%	1.890***	1.244***	1.906***	1.255***	1.733***	1.246***	1.736***	1.248***
	(4.817)	(4.419)	(4.855)	(4.462)	(3.965)	(3.827)	(3.973)	(3.830)
Size	0.038	0.014	0.042	0.017	0.079**	0.049*	0.079**	0.049*
	(1.285)	(0.698)	(1.422)	(0.831)	(2.166)	(1.930)	(2.160)	(1.924)
MB	0.020***	0.015***	0.021***	0.015***	0.025***	0.018***	0.025***	0.018***
	(4.101)	(4.080)	(4.131)	(4.111)	(3.725)	(3.523)	(3.712)	(3.515)
Leverage	-0.047	-0.014	-0.052	-0.017	-0.018	-0.016	-0.018	-0.015
	(-0.472)	(-0.189)	(-0.523)	(-0.239)	(-0.157)	(-0.187)	(-0.151)	(-0.179)
ROA	0.281	0.278*	0.302	0.292**	0.331	0.312*	0.340	0.319*
	(1.341)	(1.860)	(1.446)	(1.962)	(1.312)	(1.660)	(1.352)	(1.697)
IO	0.006***	0.004***	0.006***	0.004***	0.005***	0.003**	0.005***	0.003**
	(3.637)	(3.262)	(3.712)	(3.328)	(2.662)	(2.540)	(2.650)	(2.539)
ABACC	-0.059	0.015	-0.061	0.014	-0.180	-0.092	-0.181	-0.092
	(-0.525)	(0.183)	(-0.537)	(0.168)	(-1.347)	(-0.937)	(-1.353)	(-0.940)
Constant	-1.699***	-0.847**	-1.778***	-0.901**	-2.718***	-1.668***	-2.655***	-1.640***
	(-2.733)	(-1.965)	(-2.869)	(-2.098)	(-3.516)	(-3.088)	(-3.436)	(-3.034)
Firm Effect	Yes	Yes	Yes	Yes	Yes	Yes	Yes	Yes
Year Effect	Yes	Yes	Yes	Yes	Yes	Yes	Yes	Yes
Observations	10 885	10 885	10 885	10 885	8 816	8 816	8 816	8 816
Adj - R^2	0.114	0.103	0.114	0.103	0.123	0.112	0.123	0.112

注：表中，基于模型（7-9）重新计算股价暴跌风险指标 NCSKEW 和 DUVOL；其他变量定义详见表 7-2；***、**、* 分别表示在 1%、5%、10% 统计水平上显著（双尾检验），括号内为 t 值；限于篇幅，未列示各控制变量的回归结果。

7.3.4.4 进一步控制公司治理因素的影响

Bleck 和 Liu（2007）[193]等认为，管理层出于自利等目的隐藏公司负面信息的行为，造成了公司未来股价暴跌的可能。而有效的公司治理能够约束管理层机会主义行为，从而有利于缓解由此引发的股价暴跌风险。因此，为了控制公司治理因素对本章研究结果的影响，本部分在回归模型（7－5）至（7－8）中加入董事会规模（BoardSize）、独董比例（Independence）以及两职合一（Duality）变量（各变量详细定义见表 7－12 注），并对假设 8～假设 11 重新进行检验，检验结果见表 7－12。结果显示，在大多数回归中，变量 BoardSize 的回归系数显著为负，Duality 的回归系数显著为正，Independence 的回归系数不显著，表明公司董事会规模越大，股价暴跌风险越低，而两职合一的公司股价暴跌风险更高，独董比例对股价暴跌风险没有显著影响。此外，在控制了公司治理因素的影响下，解释变量的回归系数符号和显著性水平与前文基本一致，假设 8～假设 11 依然成立，从而本章的研究结论不受影响。

7.3.4.5 其他敏感性测试

除上述稳健性检验外，本章还尝试从以下几个方面对回归结果进行敏感性测试：（1）考虑到金融危机期间股价表现异常，因此剔除 2010 年以前的样本重新进行检验；（2）将自然年度窗口调整为每年 5 月初到次年 4 月底，基于这一期间的个股周收益率计算个股当年的股价暴跌风险指标；（3）在测度个股暴跌风险指标时，以总市值加权计算市场或行业平均收益率。基于上述调整得到的回归结果，除个别指标显著性水平发生变化外，其余与前文基本保持一致，总体来看研究结论不受影响。

7.4 结果讨论与本章小结

本章提出假设 8～假设 11 来检验分析师行为与股价暴跌风险之间的关系，以及融资融券业务推出对二者关系的影响，对各研究假设的检验结果总结及讨论如下：

表 7-12　稳健性检验——控制公司治理因素的影响

Panel A：分析师行为与股价暴跌风险回归结果

	(1)	(2)	(3)	(4)	(5)	(6)	(7)	(8)
	NCSKEW	DUVOL	NCSKEW	DUVOL	NCSKEW	DUVOL	NCSKEW	DUVOL
Analyst	0.078***	0.053***						
	(10.228)	(10.023)						
Report			0.048***	0.032***				
			(9.626)	(9.361)				
Rec1					0.114***	0.070***		
					(6.961)	(6.277)		
Rec2							0.117***	0.073***
							(7.046)	(6.359)
BoardSize	-0.072*	-0.057**	-0.069*	-0.054**	-0.020	-0.035	-0.021	-0.035
	(-1.884)	(-2.155)	(-1.794)	(-2.062)	(-0.502)	(-1.220)	(-0.521)	(-1.236)
Independence	-0.018	0.006	-0.015	0.007	-0.000	0.001	-0.001	0.001
	(-0.132)	(0.063)	(-0.115)	(0.081)	(-0.003)	(0.013)	(-0.006)	(0.011)
Duality	0.054***	0.031***	0.055***	0.032***	0.053***	0.030**	0.052***	0.030**
	(3.336)	(2.799)	(3.371)	(2.836)	(2.948)	(2.386)	(2.944)	(2.380)
OTurnover	-0.006	0.002	-0.006	0.002	-0.014	-0.007	-0.014	-0.007
	(-0.335)	(0.138)	(-0.302)	(0.165)	(-0.683)	(-0.481)	(-0.675)	(-0.472)
Sigma	12.113***	8.628***	12.172***	8.677***	12.786***	9.307***	12.749***	9.278***
	(6.596)	(6.925)	(6.608)	(6.949)	(6.377)	(6.801)	(6.353)	(6.775)
Ret%	1.923***	1.369***	1.943***	1.383***	2.107***	1.518***	2.103***	1.515***
	(6.103)	(6.298)	(6.149)	(6.357)	(6.188)	(6.403)	(6.170)	(6.383)
Size	-0.058***	-0.050***	-0.054***	-0.047***	-0.026***	-0.026***	-0.026***	-0.027***
	(-6.691)	(-8.668)	(-6.216)	(-8.160)	(-2.977)	(-4.555)	(-3.050)	(-4.625)

续表

	(1)	(2)	(3)	(4)	(5)	(6)	(7)	(8)
	NCSKEW	DUVOL	NCSKEW	DUVOL	NCSKEW	DUVOL	NCSKEW	DUVOL
MB	0.009***	0.006***	0.010***	0.007***	0.017***	0.012***	0.017***	0.012***
	(3.038)	(2.847)	(3.329)	(3.132)	(4.631)	(4.789)	(4.585)	(4.746)
Leverage	-0.057	-0.052*	-0.065	-0.057*	-0.149***	-0.113***	-0.147***	-0.112***
	(-1.290)	(-1.725)	(-1.466)	(-1.909)	(-2.970)	(-3.236)	(-2.936)	(-3.208)
ROA	0.171	0.033	0.208	0.060	0.398**	0.191	0.405**	0.194*
	(1.184)	(0.323)	(1.453)	(0.597)	(2.368)	(1.617)	(2.419)	(1.647)
IO	0.003***	0.002***	0.003***	0.002***	0.004***	0.003***	0.004***	0.003***
	(5.394)	(5.171)	(5.417)	(5.196)	(5.437)	(5.316)	(5.429)	(5.304)
ABACC	0.054	0.046	0.051	0.044	-0.080	-0.065	-0.079	-0.065
	(0.604)	(0.740)	(0.573)	(0.709)	(-0.810)	(-0.943)	(-0.808)	(-0.942)
Constant	0.758***	0.822***	0.650***	0.745***	-0.328	0.083	-0.206	0.158
	(3.649)	(5.780)	(3.147)	(5.267)	(-1.537)	(0.564)	(-0.975)	(1.085)
Industry Effect	Yes	Yes	Yes	Yes	Yes	Yes	Yes	Yes
Year Effect	Yes	Yes	Yes	Yes	Yes	Yes	Yes	Yes
Observations	10 812	10 812	10 812	10 812	8 763	8 763	8 763	8 763
Adj - R	0.085	0.089	0.083	0.087	0.085	0.088	0.085	0.088

注：表中，变量 BoardSize 为董事会规模，采用当年公司董事会人数的自然对数衡量；Independence 为独立董事占董事会人数比例；Duality 为两职兼任标识变量，若董事长与总经理为同一人则变量取值为 1，否则为 0；其他变量定义见表 7-2；***、**、* 分别表示在 1%、5%、10% 统计水平上显著（双尾检验），括号内为 t 值；限于篇幅，未列示其他控制变量的回归结果。

表 7 - 12　稳健性检验——控制公司治理因素的影响（续）

Panel B：融资融券、分析师行为与股价暴跌风险回归结果

	(1)	(2)	(3)	(4)	(5)	(6)	(7)	(8)
	NCSKEW	DUVOL	NCSKEW	DUVOL	NCSKEW	DUVOL	NCSKEW	DUVOL
Analyst × Trading	-0.043*	-0.033**						
	(-1.900)	(-2.122)						
Analyst	0.009	0.003						
	(0.659)	(0.325)						
Report × Trading			-0.033**	-0.024**				
			(-2.182)	(-2.293)				
Report			0.002	-0.000				
			(0.224)	(-0.057)				
Rec1 × Trading					-0.098	-0.080**		
					(-1.636)	(-2.001)		
Rec1					0.063**	0.030*		
					(2.512)	(1.743)		
Rec2 × Trading							-0.115*	-0.091**
							(-1.875)	(-2.196)
Rec2							0.064**	0.030*
							(2.486)	(1.707)
Trading	0.068**	0.054**	0.073**	0.057**	0.072**	0.053**	0.074**	0.054**
	(2.051)	(2.414)	(2.192)	(2.516)	(2.109)	(2.297)	(2.163)	(2.348)
BoardSize	-0.155	-0.117*	-0.155	-0.116*	-0.202*	-0.159**	-0.203*	-0.160**
	(-1.608)	(-1.734)	(-1.606)	(-1.730)	(-1.854)	(-2.068)	(-1.864)	(-2.074)
Independence	0.094	0.094	0.096	0.095	0.002	0.030	0.003	0.031
	(0.347)	(0.478)	(0.354)	(0.482)	(0.006)	(0.133)	(0.010)	(0.136)

续表

	(1)	(2)	(3)	(4)	(5)	(6)	(7)	(8)
	NCSKEW	DUVOL	NCSKEW	DUVOL	NCSKEW	DUVOL	NCSKEW	DUVOL
Duality	0.027	0.005	0.026	0.005	-0.020	-0.020	-0.020	-0.020
	(0.798)	(0.205)	(0.795)	(0.202)	(-0.513)	(-0.763)	(-0.517)	(-0.767)
OTurnover	-0.012	0.017	-0.012	0.017	-0.005	0.018	-0.004	0.018
	(-0.468)	(0.956)	(-0.463)	(0.956)	(-0.162)	(0.918)	(-0.157)	(0.922)
Sigma	11.665***	7.783***	11.750***	7.837***	9.250***	6.418***	9.261***	6.427***
	(5.017)	(4.828)	(5.050)	(4.865)	(3.464)	(3.403)	(3.466)	(3.405)
Ret%	1.537***	1.117***	1.549***	1.125***	1.256***	0.929***	1.259***	0.930***
	(3.891)	(3.999)	(3.918)	(4.025)	(2.727)	(2.778)	(2.730)	(2.781)
Size	0.057*	0.025	0.061**	0.027	0.082**	0.052*	0.082**	0.052*
	(1.893)	(1.231)	(2.012)	(1.330)	(2.074)	(1.950)	(2.072)	(1.953)
MB	0.020***	0.014***	0.020***	0.015***	0.022***	0.017***	0.022***	0.017***
	(3.816)	(4.017)	(3.845)	(4.042)	(3.211)	(3.370)	(3.198)	(3.361)
Leverage	-0.148	-0.102	-0.153	-0.105	-0.158	-0.131	-0.157	-0.131
	(-1.420)	(-1.387)	(-1.464)	(-1.423)	(-1.229)	(-1.430)	(-1.222)	(-1.424)
ROA	0.382*	0.205	0.399*	0.215	0.363	0.214	0.378	0.223
	(1.686)	(1.312)	(1.768)	(1.379)	(1.342)	(1.096)	(1.397)	(1.142)
IO	0.004**	0.003***	0.004**	0.003***	0.003*	0.003*	0.003*	0.003*
	(2.485)	(2.665)	(2.537)	(2.711)	(1.774)	(1.959)	(1.770)	(1.956)
ABACC	-0.087	-0.028	-0.088	-0.029	-0.246*	-0.190*	-0.247*	-0.191*
	(-0.717)	(-0.334)	(-0.729)	(-0.345)	(-1.759)	(-1.921)	(-1.766)	(-1.928)
Constant	-1.577**	-0.668	-1.648**	-0.710	-2.030**	-1.166*	-1.967**	-1.137*
	(-2.264)	(-1.392)	(-2.375)	(-1.484)	(-2.355)	(-1.948)	(-2.283)	(-1.900)
Year Effect	Yes	Yes	Yes	Yes	Yes	Yes	Yes	Yes
Observations	10 812	10 812	10 812	10 812	8 763	8 763	8 763	8 763
$Adj-R^2$	0.122	0.123	0.122	0.123	0.127	0.127	0.127	0.127

注：表中，变量 BoardSize 为董事会规模，采用当年公司董事会人数的自然对数衡量；Independence 为独立董事占董事会人数的比例；Duality 为两职兼任标识变量，若董事长与总经理为同一人则变量取 1，否则为 0；其他变量定义详见表 7-2；***、**、* 分别表示在 1%、5%、10% 统计水平上显著（双尾检验），括号内为 t 值；限于篇幅，未列示其他控制变量的回归结果。

假设8和假设9检验了分析师跟进以及一致评级对目标公司股价暴跌风险的影响。实证检验结果显示，分析师跟进人数越多、分析师发布的研究报告数量越多，目标公司股价暴跌风险越高；分析师一致评级越乐观，目标公司股价暴跌风险越高，支持了假设8和假设9。研究结果表明，在股价暴跌风险方面，分析师作为信息中介并没有发挥积极作用，相反却起到了恶化作用。从理想状况而言，分析师的存在应有利于促进资本市场的信息流通，帮助市场及时揭示公司的不利信息，从而减弱因负面信息堆积带来的个股暴跌风险。然而，在我国当前制度背景下，分析师存在严重的乐观倾向，投资者在分析师一味报喜不报忧的投资建议下，难以对股票价值作出正确判断，从而错误地进行了投资决策，造成了股票市场价值与真实价值的偏离。随着分析师跟进程度以及股票评级乐观程度的提升，上述影响越加严重，由此引发的股价暴跌风险也更高。与此同时，检验结果显示，分析师跟进人数每增加一个标准差，目标公司股价暴跌风险上升约0.14个标准差，上升程度占股价暴跌风险平均水平的27%；类似地，分析师一致评级指标每增加一个标准差，也会导致股价暴跌风险相比平均水平上升约19个百分点。可见，从经济意义上看，由分析师行为引发的股价暴跌风险也是十分严重的。上述结论指出了分析师乐观倾向带给市场的负面后果，相关结论一方面提醒投资者以及市场各方参与者应充分意识到这种危害，另一方面也反映了未来市场需要加强对分析师行业的整治，降低其乐观倾向。

在明确了分析师行为对股价暴跌风险的影响后，本章进一步提出假设10和假设11检验融资融券交易制度实施对二者关系的影响。基于多时点双重差分模型的检验结果显示，上市公司成为融资融券标的后，跟进的分析师人数、分析师发布的研究报告数量以及分析师一致评级水平对股价暴跌风险的正向影响均有所减弱，支持了本书的假设10和假设11。研究结果表明，融资融券业务推出有利于缓解由分析师行为引发的股价暴跌风险，结合第6章融资融券对分析师乐观倾向影响的研究结论不难得出，上述作用主要源自融资融券业务推出后分析师乐观倾向的改善，从而进一步缓解了由分析师行为引发的负面后果。与此同时，实证检验结果显示，当分析师跟进人数取均值时，个股从不可融资融券变为可融资融券，由分析师跟进带来的股价暴跌风险的下降程度约占平均股价暴跌风险水平的21%。可见，即使从经济意义上看，这种效果也是十分理想的。类似地，融资融券业务推出后，由分析师乐观性评级引发的股价暴跌风险也在经济意义上显著下降。上述结论意味着，通过外部机制的设计和调整不仅能够实现改善分析师乐观倾向现象的目的，同时还能够进一步缓解由分析师行为引发的股价暴跌风险。这一结论为综合评价我国市场引入融资融券交易机制的利弊提供了新的评判依据。

本章重点考察了分析师行为与股价暴跌风险的关系，以及融资融券业务推出对二者关系的影响。基于 2007 ~ 2014 年我国 A 股上市公司样本的检验，得到以下结论：首先，分析师跟进行为显著影响目标公司股价暴跌风险，表现为分析师跟进人数越多、发布的研究报告数量越多，公司股价暴跌风险越高，假设 8 通过了实证检验；其次，分析师评级行为也与目标公司股价暴跌风险水平显著相关，表现为分析师一致评级越乐观，目标公司股价暴跌风险越高，支持了假设 9；最后，在上述研究基础上，进一步检验融资融券业务推出对分析师行为与股价暴跌风险二者关系的影响，并发现上市公司成为融资融券标的后，跟进的分析师人数以及分析师发布的研究报告数量对股价暴跌风险的正向影响减弱了，支持了假设 10；同时，除个别指标不显著外，分析师一致评级水平与股价暴跌风险的正向关系也在融资融券业务推出后得到了缓解，从而本书的假设 11 基本通过了检验。在经过了 PSM 配对样本检验、融资融券标识变量测量方法的改变以及股价暴跌风险指标计算模型的调整等一系列稳健性检验后，上述结论不发生变化。表 7 - 13 汇总了本章研究假设的检验结果。

表 7 - 13　　　　本章研究假设检验结果汇总表

研究假设	检验结果
融资融券对分析师行为与股价暴跌风险关系的影响	
假设 8：分析师跟进程度越高，公司股价暴跌风险越高。	通过
假设 9：分析师一致评级水平越高，公司股价暴跌风险越高。	通过
假设 10：公司开展融资融券业务减弱了分析师跟进程度对股价暴跌风险的正向影响。	通过
假设 11：公司开展融资融券业务减弱了分析师一致评级水平对股价暴跌风险的正向影响。	部分通过

第8章 结论与展望

通过前面章节的详细论述，本书回答了证券市场中融资融券交易制度实施如何影响分析师行为选择、特征和后果的问题。本章将对以上研究工作进行总结，归纳出本书的主要研究结论，并据此提出相关政策建议；随后阐明论文的主要创新点；最后指出研究中存在的局限性以及未来研究的方向。

8.1 主要研究结论

本书围绕分析师行为展开研究，考察市场中交易制度的变化——融资融券业务推出对分析师行为选择、行为特征以及行为后果的影响。分析师跟进决策是分析师行为开展的第一步，探索哪些因素能够影响分析师对目标公司的选择，是研究分析师行为的首要任务。因此，本书在第5章中首先研究了融资融券业务推出对分析师跟进决策的影响。随后，本书进一步研究了融资融券对分析师行为特征的影响。由于普遍性乐观是分析师行为表现的显著特征，如何改善这一现状具有重要的现实意义。本书在第6章中重点讨论了融资融券业务推出将如何改变分析师的乐观倾向，以及融资交易和融券交易在上述过程中的不同作用，并对此进行实证检验。最后，本书在第7章中从股价暴跌风险的视角检验了分析师乐观倾向引发的市场负面后果，以及融资融券业务推出对这一后果的影响。

结合以上三部分主要研究内容，本书在理论分析基础上共提出11个研究假设。基于我国A股上市公司样本，采用描述性统计、相关性分析以及多元回归分析等方法，运用多时点双重差分模型，本书对上述假设进行了实证检验，同时基于PSM配对样本等方法，对研究结果的稳健性进行了测试。本书得到的主要研究结论如下：

第一，融资融券交易制度实施影响了分析师对目标公司的选择，调动了分析师对标的公司跟踪的积极性。上市公司在成为融资融券标的后，分析师跟踪人数以及分析师提供的研究报告数量均显著上升，从而对促进标的公司信息流动、降低信息不对称具有重要意义。可见，不仅微观层面的公司特征左右着分析师对目标公司的选择（徐媛媛，洪剑峭和曹新伟，2015[19]），宏观层面市场交易制度的改变也显著影响着资本市场中信息中介的行为。

第二，融资融券的业务推出一定程度上修正了分析师的乐观倾向，且这种作用主要源自卖空机制的实施效果。上市公司在成为融资融券标的后，分析师对其出具的股票一致评级乐观程度显著下降，但这种变化与融资交易活跃度不相关，与融券交易活跃度正相关，表明卖空交易的放开和活跃是带来分析师乐观倾向下降的根本原因。此外，分析师不会基于个股的融资交易状况向上修正评级，但会基于个股的融券交易状况向下修正评级，一方面说明了分析师的足够乐观导致融资交易难以为其提供增量的正面信息；另一方面也反映了卖空交易者对负面信息的挖掘，对分析师而言既是一种信息补给同时也对其构成了威胁与挑战，从而会促使分析师向下修正评级，最终有利于实现分析师整体乐观倾向水平的下降。可见，融资融券的外部治理效应不仅表现在降低公司盈余管理水平（陈晖丽和刘峰，2014a[91]）、提高管理层投资效率（靳庆鲁，侯青川和李刚等，2015[94]）等方面，还体现在对信息中介行为的约束和改善，从而有利于提高分析师行业的整体服务质量。

第三，分析师行为恶化了个股暴跌风险，而融资融券业务推出有利于减轻这种负面后果。分析师跟进人数越多、发布的研究报告数量越多以及出具的股票评级越乐观，目标公司股价暴跌风险越高。上述结果反映了由于分析师存在严重乐观倾向的问题，市场中分析师的存在不仅不能发挥降低股价暴跌风险的作用，反而可能导致恶化效果。而融资融券业务推出后，标的公司中分析师的跟进人数、发布的研究报告数量以及一致评级的乐观程度对股价暴跌风险的正向影响均减弱了。可见，融资融券交易制度的实施降低了分析师整体的乐观倾向水平，进而在一定程度上缓解了由分析师行为引发的股价暴跌风险。

总体上看，本书完成了预计研究任务，实现了预期研究目标。除假设11部分通过检验外，本书提出的其他假设均得到了实证的支持。研究结论表明，市场中交易制度的变化影响着分析师的行为，融资融券交易制度的实施不仅提高了分析师对标的公司跟踪的积极性，同时对于修正分析师的乐观倾向以及减弱由此带来的股价暴跌风险也都发挥了积极作用。本研究不仅丰富了现有文献中关于融资融券交易制度实施后果的研究成果，同时研究结论对于理解交易制度变化如何影响分析师行为选择、行为表现以及行为后果也具有一定的启示。

8.2　政策建议

根据以上研究结论，本书提出如下政策建议：

第一，继续扩大标的证券范围，考虑将规模相对较小的公司纳入标的。本书研究结果表明，融资融券业务推出提高了分析师对标的股票跟进的热情，从而对促进标的公司信息流动、降低信息不对称具有重要意义。通常情况下，相比大规模公司，规模较小的公司信息透明度更低，更加需要分析师的积极跟进。因此，根据本书的研究结论，若能够在规模相对较小的公司中开展融资融券业务，则有利于提高分析师的跟进热情，从而能够加强投资者对这类公司的了解。但是，从我国融资融券试点启动以及历次扩容结果来看，监管部门出于交易需求以及市场稳定等方面的考虑，通常入选标的范围的公司都具有一定的市场规模，而那些规模较小的公司则很难入选。可见，就这一点而言，未来可进一步扩大标的股票范围，将部分市值相对较低的公司纳入标的，以积极发挥融资融券的作用。当然，与此同时，也要加强防范在这类公司中推广融资融券业务可能引发的投资者盲目看跌、恶意卖空等行为。

第二，进一步促进卖空交易的发展，积极发挥融资融券的外部治理功能。本书研究发现，融资融券业务推出一定程度上修正了分析师的乐观倾向，有利于提升分析师行业的整体服务质量，且这种作用的产生主要源自卖空机制的引入。卖空交易越活跃，分析师乐观倾向的改善效果越理想；相比之下，融资交易实质上与一般证券交易不存在根本性差异，也没有对分析师乐观倾向起到修正作用。然而现阶段，我国市场中两融业务的发展很不均衡，融券交易市场规模远低于融资交易市场规模，融券余额占两融余额的比例始终低于5%。加之我国当前制度背景下分析师乐观倾向严重的特点，导致从经济效果上看，两融制度实施对分析师乐观倾向的修正能力还十分有限。因此，为了更好地发挥融资融券机制的治理作用，未来应积极探索如何在保障市场稳定的前提下，提高市场中卖空交易的活跃度。

第三，继续加强分析师行业监管，减轻由于分析师的乐观倾向产生的负面效应。作为市场中最为重要的信息中介之一，分析师的存在和活跃对于改善市场信息环境意义重大。然而，由于分析师职业面临着严重的利益冲突，造成分析师普遍性乐观现象的存在。分析师的乐观倾向使其信息中介作用大打折扣，甚至带来了个股暴跌风险的上升。因此，为了保障分析师行为的有效性，促进分析师行业整体服务质量的提升，监管部门应加强监管，采取措施缓解分析师工作中面临的利益冲突。此外，市场中的其他参与者也应充分意识到分析师乐观倾向的严重性。其一，投资者应理性选择分析师的投资建议；其二，上市公司管理者也应慎重面对分析师一味乐观的态度，避免其对公司长期价值带来的不利影响。

8.3 主要创新点

与已有文献相比，本书的研究工作及其创新性主要体现为以下几点：

第一，创新性地将融资融券纳入分析师行为的研究框架中，验证了我国引入融资融券交易机制有利于调动分析师的跟进热情并修正分析师的乐观倾向，丰富了融资融券外部治理效应的相关研究成果。现有研究已逐渐清晰了分析师乐观倾向的成因，但对于如何改善这一现象的研究明显不足；特别是源自券商的利益冲突作为分析师乐观倾向产生的重要因素，导致缓解分析师的乐观难以通过券商的内部监督加以实现，而需要寻求有效的外部治理机制。本书从市场交易制度的视角出发，首先从信息需求和供给两个方面分析融资融券业务推出对分析师跟进决策的影响，提出并验证了融资融券交易机制有利于调动分析师的跟进热情；随后运用市场微观结构理论以及信号传递理论分析融资融券治理效应的产生机理，在此基础上系统分析和检验了融资融券对分析师乐观倾向的影响，并证实了融资融券业务的推出有利于修正分析师乐观倾向的积极作用。研究结论既为理解市场交易机制变化与分析师行为调整的关系提供了新证据，也突破了融资融券外部治理效应现有研究的单一视角，对于改善分析师乐观现象、规范分析师行为和提高分析师服务质量具有重要意义。

第二，系统考察了融资、融券交易状况对分析师行为特征的影响，验证了融资交易和融券交易对于改善分析师乐观倾向现象作用效果具有显著性差异，弥补了经典文献中单纯基于卖空交易研究的不足。由于我国市场中融资交易和融券交易同时启动，已有研究成果没有对两类业务开展的经济后果进行区分，或单纯基于卖空交易的视角进行研究，缺少对两类交易影响的对比分析，从而存在一定的局限性。本研究利用个股两融交易数据以及分析师个人层面的股票评级修正数据，系统考察了融资、融券交易状况对分析师评级修正行为以及最终整体乐观倾向改变的不同影响，发现并指出融券交易的放开与活跃才是分析师乐观程度下降的根本原因，而融资交易并未对此产生实质性影响，明确了两融制度实施对分析师乐观倾向的影响机理和实现路径，同时克服了相关研究中存在的主要缺陷。

第三，提出并证明了融资融券交易机制引入对于减弱由分析师行为引发的股价暴跌风险的积极作用，有效统一了市场交易机制对分析师乐观倾向及其经济后果的影响。现有关于分析师行为后果的研究成果中，多数学者从有效信息中介的视角积极挖掘分析师行为的正面后果，而缺少对分析师行为负面后果的探讨。本书从分析师乐观倾向的角度出发，认为分析师这一行为特征可能带来一定的市场负面效果，提出分析师的乐观助长了股价暴跌风险，而融资融券交易机制的引入可以降低分析师乐观倾向水平，进而在一定程度上缓解了由分析师行为引发的个股暴跌风险。上述观点得到了实证检验结果的支持，从而将分析师行为的改善机制与行为后果统一起来，不仅扩展了分析师行为改善机制的现有研究，弥补了相关研究的不足，也为综合评价我国融资融券交易制度的实施效果提供了新的评判依据。

8.4 局限性和研究展望

总体上看，本书达到了预期的研究目标，并取得了一些重要的研究成果，但由于受到数据可获得性等因素的影响和限制，本研究存在一定的局限性，对此总结如下：

首先，由于买方分析师数据可获得性的限制，本研究仅关注了融资融券对卖方分析师行为的影响。相比卖方分析师，买方分析师提供的研究报告主要为供职单位内部服务，因此他们的行为选择和行为特征与卖方分析师存在着较大差异，本书的研究结论并不适用于这类分析师。然而由于数据的不可获得性，本书没有检验融资融券交易制度实施对买方分析师行为的影响。

其次，本研究没有对分析师个体层面的特征差异进行区分。本书主要在公司层面上检验了融资融券交易制度实施对分析师整体行为的影响，然而由于分析师个体特征、风格、学历以及声誉等方面的不同，可能导致融资融券对分析师个体行为的影响存在差异。受到本研究的侧重点以及篇幅和数据可获得性等方面的限制，本书没有在分析师个体层面上进行深入研究。

最后，对于分析师行为引发的负面后果的研究，本研究仅选取了股价暴跌风险的视角，尚未探索在其他方面可能产生的影响。乐观倾向的存在严重损害了分析师作为信息中介的积极作用，并带来了一定的负面影响，而股价暴跌风险只是分析师乐观倾向负面后果的表现之一。本书选择股价暴跌风险这一视角展开研究，达到了预期的研究目标，但缺乏对可能存在的其他负面后果的探讨。

针对上述局限性，本书提出了未来研究的发展方向，具体如下：

第一，探索买方分析师的行为选择和表现。目前，关于卖方分析师行为的研究已得到了越来越多的关注，但限于数据获得的难度，对买方分析师行为展开的研究十分罕见。买方分析师提供的研究报告主要为供职单位内部服务，因此相比卖方分析师，他们受到利益冲突影响而扭曲发布信息的可能性较小，那么他们是否提供了更准确的信息？他们的信息输入和输出模型与卖方分析师存在哪些差别？市场交易机制的变动能够对他们的行为产生怎样的影响？对上述问题展开研究具有重要的现实意义。

第二，进一步探索融资融券对不同特征分析师的影响差异。本书主要在公司层面上研究了融资融券交易制度实施对分析师整体行为的影响，并发现从整体上看，我国市场引入这一交易机制能够带来分析师群体行为的显著变化。从个体层面上看，分析师存在多种类型，那么对于具有不同特征的分析师，融资融券产生的上述影响会发生怎样的变化，是值得进一步研究的问题。在本书研究基础上，后续研究可结合分析师个人特征，如从业经验、忙碌程度、性别、学历等，或将分析师群体划分为不同类别，如明星分析师和非明星分析师、关联分析师和非关联分析师等，深入探究融资融券对不同类别分析师行为的影响差异，研究结论不仅有利于更好地评估这一政策的实施效果，同时也为深入理解分析师这一群体行为提供帮助，是未来研究的重要方向。当然，开展相关研究对实证设计的要求更高，将不同类型的分析师与公司层面的融资融券事件结合起来，还需要更复杂的实证设计以及可行性的验证。

第三，继续探索分析师乐观倾向引发的其他负面后果及其改善机制。除增加股价暴跌风险外，分析师乐观倾向的存在还可能引起哪些负面效应？例如，由于分析师的乐观估计能够影响到股票的市场表现，从而对企业的融资成本产生影响。那么，这种影响是否会进一步作用于管理层决策，进而影响企业的投资活动？这也是值得深入探讨的问题。本书研究发现市场中融资融券交易机制的引入对于改善分析师乐观倾向具有重要意义，进一步探索新的改善机制也是未来的研究方向之一。

参考文献

[1] 管总平，黄文锋，钟子英．承销商关系与机构持股压力对分析师盈利预测的影响［J］．证券市场导报，2013，(10)：38~46页

[2] 曹胜，朱红军．王婆贩瓜：券商自营业务与分析师乐观性［J］．管理世界，2011，(07)：20~30页

[3] Moyer RC, Chatfield RE, Sisneros PM. Security analyst monitoring activity: Agency costs and information demands [J]. Journal of Financial and Quantitative Analysis, 1989, 24 (04): 503-512

[4] Lang MH, Lins KV, Miller DP. Concentrated control, analyst following, and valuation: Do analysts matter most when investors are protected least? [J]. Journal of Accounting Research, 2004, 42 (3): 589-623

[5] Boubaker S, Labegorre F. Ownership structure, corporate governance and analyst following: A study of French listed firms [J]. Journal of Banking and Finance, 2008, 32 (6): 961-976

[6] 欧阳励励．股权结构与分析师跟进研究——来自我国上市公司的经验证据［J］．现代管理科学，2011，(04)：81~83页

[7] Brennan MJ, Hughes PJ. Stock prices and the supply of information [J]. Journal of Finance, 1991, 46 (5): 1665-1691

[8] Alford AW, Berger PG. A simultaneous equations analysis of forecast accuracy, analyst following, and trading volume [J]. Journal of Accounting, Auditing and Finance, 1999, 14 (3): 219-240

[9] Irvine P. Do analysts generate trade for their firms? Evidence from the Toronto stock exchange [J]. Journal of Accounting and Economics, 2001, 30 (2):

209 - 226

[10] Lang MH, Lundholm RJ. Corporate disclosure policy and analyst behavior [J]. Accounting Review, 1996, 71 (4): 467 - 492

[11] Lehavy R, Li F, Merkley K. The effect of annual report readability on analyst following and the properties of their earnings forecasts [J]. Accounting Review, 2011, 86 (3): 1087 - 1115

[12] Ledoux MJ, Cormier D, Houle S. Customer value disclosure and analyst forecasts: The influence of environmental dynamism [J]. Management Decision, 2014, 52 (3): 460 - 481

[13] 白晓宇．上市公司信息披露政策对分析师预测的多重影响研究 [J]. 金融研究，2009，(04)：92 ~ 112 页

[14] 王玉涛，王彦超．业绩预告信息对分析师预测行为有影响吗 [J]．金融研究，2012，(06)：193 ~ 206 页

[15] Bhushan R. Firm characteristics and analyst following [J]. Journal of Accounting and Economics, 1989, 11 (2 - 3): 255 - 274

[16] McNichols M, O'Brien PC. Self - selection and analyst coverage [J]. Journal of Accounting Research, 1997, 35S: 167 - 199

[17] 林小驰，欧阳婧，岳衡．谁吸引了海外证券分析师的关注 [J]．金融研究，2007，(01)：84 ~ 98 页

[18] 王宇超，肖斌卿，李心丹．分析师跟进的决定因素——来自中国证券市场的证据 [J]．南方经济，2012，(10)：88 ~ 101 页

[19] 徐媛媛，洪剑峭，曹新伟．我国上市公司特征与证券分析师实地调研 [J]．投资研究，2015，(01)：121 ~ 136 页

[20] O'brien PC, Bhushan R. Analyst following and institutional ownership [J]. Journal of Accounting Research, 1990, 28S: 55 - 76

[21] 潘亮．产业政策、信息披露与分析师行为——来自深圳 A 股市场的经验证据 [J]．经济问题，2015，(06)：118 ~ 124 页

[22] Haw IM, Hu BB, Lee JJ. Product market competition and analyst forecasting activity: International evidence [J]. Journal of Banking and Finance, 2015, 56: 48 - 60

[23] 邢立全，陈汉文．产品市场力量与财务分析师盈余预测 [J]．投资

研究，2014，（02）：58～76 页

［24］ Barth ME, Kasznik R, McNichols MF. Analyst coverage and intangible assets［J］. Journal of Accounting Research, 2001, 39（1）: 1－34

［25］ Chang JJ, Khanna T, Palepu K. Analyst activity around the world［J］. Working Paper, 2000

［26］ DeFond ML, Hung MY. Investor protection and analysts' cash flow forecasts around the world［J］. Review of Accounting Studies, 2007, 12（2－3）: 377－419

［27］ Bushman RM, Piotroski JD, Smith AJ. Insider trading restrictions and analysts' incentives to follow firms［J］. Journal of Finance, 2005, 60（1）: 35－66

［28］ Leung S, Srinidhi B. The effect of the private securities litigation reform act on analyst forecast properties: The impact of firm size and growth opportunities［J］. Journal of Business Finance and Accounting, 2006, 33（5－6）: 767－792

［29］ Bailey W, Li HT, Mao CX, et al. Regulation fair disclosure and earnings information: Market, analyst, and corporate responses［J］. Journal of Finance, 2003, 58（6）: 2487－2514

［30］ Mohanram PS, Sunder SV. How has regulation FD affected the operations of financial analysts?［J］. Contemporary Accounting Research, 2006, 23（2）: 491－525

［31］ Bae KH, Tan HP, Welker M. International GAAP differences: The impact on foreign analysts［J］. Accounting Review, 2008, 83（3）: 593－628

［32］ Tan HP, Wang SH, Welker M. Analyst following and forecast accuracy after mandated IFRS adoptions［J］. Journal of Accounting Research, 2011, 49（5）: 1307－1357

［33］ Liu CH, Wang TW, Yao LJ. XBRL's impact on analyst forecast behavior: An empirical study［J］. Journal of Accounting and Public Policy, 2014, 33（1）: 69－82

［34］ 史永，张龙平. XBRL 财务报告对分析师预测的影响研究［J］. 宏观经济研究，2014，（08）：121～132 页

［35］ Brown LD, Rozeff MS. Superiority of analyst forecasts as measures of expectations: Evidence from earnings［J］. Journal of Finance, 1978, 33（1）: 1－16

[36] Collins WA, Hopwood WS. A multivariate - analysis of annual earnings forecasts generated from quarterly forecasts of financial analysts and univariate time - series models [J]. Journal of Accounting Research, 1980, 18 (2): 390 - 406

[37] Fried D, Givoly D. Financial analysts forecasts of earnings: A better surrogate for market expectations [J]. Journal of Accounting and Economics, 1982, 4 (2): 85 - 107

[38] Conroy R, Harris R. Consensus forecasts of corporate earnings: Analysts' forecasts and time series methods [J]. Management Science, 1987, 33 (6): 725 - 738

[39] Womack KL. Do brokerage analysts' recommendations have investment value? [J]. Journal of Finance, 1996, 51 (1): 137 - 167

[40] Mola S, Guidolin M. Affiliated mutual funds and analyst optimism [J]. Journal of Financial Economics, 2009, 93 (1): 108 - 137

[41] Hayes RM. The impact of trading commission incentives on analysts' stock coverage decisions and earnings forecasts [J]. Journal of Accounting Research, 1998, 36 (2): 299 - 320

[42] Gu ZY, Li ZQ, Yang YG. Monitors or Predators: The influence of institutional investors on sell - side analysts [J]. Accounting Review, 2013, 88 (1): 137 - 169

[43] Dugar A, Nathan S. The effect of investment banking relationships on financial analysts' earnings forecasts and investment recommendations [J]. Contemporary Accounting Research, 1995, 12 (1): 131 - 160

[44] O'Brien PC, Mcnichols MF, Lin HW. Analyst impartiality and investment banking relationships [J]. Journal of Accounting Research, 2005, 43 (4): 623 - 650

[45] 原红旗，黄倩茹．承销商分析师与非承销商分析师预测评级比较研究[J]．中国会计评论，2007，(03): 285 ~ 304 页

[46] 潘越，戴亦一，刘思超．我国承销商利用分析师报告托市了吗？[J]．经济研究，2011，(03): 131 ~ 144 页

[47] Francis J, Philbrick D. Analysts decisions as products of a multitask environment [J]. Journal of Accounting Research, 1993, 31 (2): 216 - 230

[48] Das S, Levine CB, Sivaramakrishnan K. Earnings predictability and bias in analysts' earnings forecasts [J]. Accounting Review, 1998, 73 (2): 277-294

[49] 宋乐，张然．上市公司高管证券背景影响分析师预测吗？[J]．金融研究，2010，(06)：112~123页

[50] 赵良玉，李增泉，刘军霞．管理层偏好、投资评级乐观性与私有信息获取 [J]．管理世界，2013，(4)：33~47页

[51] Klein A. A direct test of the cognitive bias theory of share price reversals [J]. Journal of Accounting and Economics, 1990, 13 (2): 155-166

[52] Sedor LM. An explanation for unintentional optimism in analysts' earnings forecasts [J]. Accounting Review, 2002, 77 (4): 731-753

[53] Chen Q, Jiang W. Analysts' weighting of private and public information [J]. Review of Financial Studies, 2006, 19 (1): 319-355

[54] 周冬华，赵玉洁．证券分析师盈余预测乐观倾向：利益关联还是启发式认知偏差？[J]．管理评论，2016，(01)：205~218页

[55] Gu ZY, Xue J. The superiority and disciplining role of independent analysts [J]. Journal of Accounting and Economics, 2008, 45 (2-3): 289-316

[56] Sette E. Competition and optimistic advice of financial analysts: Evidence from IPOs [J]. Journal of Financial Intermediation, 2011, 20 (3): 441-457

[57] Ljungqvist A, Marston F, Starks LT, et al. Conflicts of interest in sell-side research and the moderating role of institutional investors [J]. Journal of Financial Economics, 2007, 85 (2): 420-456

[58] 周开国，应千伟，陈晓娴．媒体关注度、分析师关注度与盈余预测准确度 [J]．金融研究，2014，(02)：139~152页

[59] 谭松涛，甘顺利，阚铄．媒体报道能够降低分析师预测偏差吗？[J]．金融研究，2015，(05)：192~206页

[60] 谭跃，钟子英，管总平．公平信息披露规则能缓解证券分析师的利益冲突吗 [J]．南开管理评论，2013，(04)：43~54页

[61] Skinner DJ. Options markets and the information content of accounting earnings releases [J]. Journal of Accounting and Economics, 1990, 13 (3): 191-211

[62] Roulstone DT. Analyst following and market liquidity [J]. Contemporary

Accounting Research, 2003, 20 (3): 551 - 578

[63] Derrien F, Kecskes A. The real effects of financial shocks: Evidence from exogenous changes in analyst coverage [J]. Journal of Finance, 2013, 68 (4): 1407 - 1440

[64] 朱红军，何贤杰，陶林．中国的证券分析师能够提高资本市场的效率吗——基于股价同步性和股价信息含量的经验证据 [J]．金融研究，2007，(02)：110 ~ 121 页

[65] Bowen RM, Chen X, Cheng Q. Analyst coverage and the cost of raising equity capital: Evidence from underpricing of seasoned equity offerings [J]. Contemporary Accounting Research, 2008, 25 (3): 657

[66] Yu F. Analyst coverage and earnings management [J]. Journal of Financial Economics, 2008, 88 (2): 245 - 271

[67] 李春涛，宋敏，张璇．分析师跟踪与企业盈余管理——来自中国上市公司的证据 [J]．金融研究，2014，(07)：124 ~ 139 页

[68] Cheng M, Subramanyam KR. Analyst following and credit ratings [J]. Contemporary Accounting Research, 2008, 25 (4): 1007

[69] 徐欣，唐清泉．财务分析师跟踪与企业 R&D 活动——来自中国证券市场的研究 [J]．金融研究，2010，(12)：173 ~ 189 页

[70] 许年行，江轩宇，伊志宏等．分析师利益冲突、乐观偏差与股价暴跌风险 [J]．经济研究，2012，(07)：127 ~ 140 页

[71] Xu NH, Jiang XY, Chan KC, et al. Analyst coverage, optimism, and stock price crash risk: Evidence from China [J]. Pacific - Basin Finance Journal, 2013, 25: 217 - 239

[72] Jones CM, Lamont OA. Short - sale constraints and stock returns [J]. Journal of Financial Economics, 2002, 66 (2): 207 - 239

[73] Chang EC, Cheng JW, Yu YH. Short - sales constraints and price discovery: Evidence from the Hong Kong market [J]. Journal of Finance, 2007, 62 (5): 2097 - 2121

[74] Saffi P, Sigurdsson K. Price efficiency and short selling [J]. Review of Financial Studies, 2011, 24 (3): 821 - 852

[75] Beber A, Pagano M. Short - selling bans around the world: Evidence from

the 2007 - 09 crisis [J]. Journal of Finance, 2013, 68 (1): 343 - 381

[76] 李科，徐龙炳，朱伟骅. 卖空限制与股票错误定价——融资融券制度的证据 [J]. 经济研究，2014，(10)：165 ~ 178 页

[77] 肖浩，孔爱国. 融资融券对股价特质性波动的影响机理研究：基于双重差分模型的检验 [J]. 管理世界，2014，(08)：30 ~ 43 页

[78] 李志生，陈晨，林秉旋. 卖空机制提高了中国股票市场的定价效率吗？——基于自然实验的证据 [J]. 经济研究，2015，(04)：165 ~ 177 页

[79] 肖争艳，高荣. 卖空交易促进了股价信息效率吗？——来自中国融券交易的经验证据 [J]. 财经问题研究，2015，(10)：45 ~ 52 页

[80] Charoenrook A, Daouk H. Market - wide short - selling restrictions [J]. Working Paper, Vanderbilt University and Cornell University, 2005

[81] Marsh IW, Payne R. Banning short sales and market quality: The UK's experience [J]. Journal of Banking and Finance, 2012, 36 (7): 1975 - 1986

[82] Boehmer E, Jones CM, Zhang XY. Shackling short sellers: The 2008 shorting ban [J]. Review of Financial Studies, 2013, 26 (6): 1363 - 1400

[83] 于潇，毛雅萍. 融资融券对股票市场流动性和波动性的影响——基于上证 180 的证据 [J]. 当代经济，2014，(22)：113 ~ 117 页

[84] Lamont OA, Stein JC. Aggregate short interest and market valuations [J]. American Economic Review, 2004, 94 (2): 29 - 32

[85] Chang EC, Luo Y, Ren JJ. Short - selling, margin - trading, and price efficiency: Evidence from the Chinese market [J]. Journal of Banking and Finance, 2014, 48: 411 - 424

[86] 朱民武. 融券卖空与价格发现——来自 A 股市场的经验证据 [J]. 证券市场导报，2015，(05)：43 ~ 51 页

[87] 卢骏，杨季超. 融资融券交易对市场价格发现的影响——基于中国创业板与中小板的研究 [J]. 财经论丛，2015，(11)：43 ~ 51 页

[88] 刘烨，方立兵，李冬昕等. 融资融券交易与市场稳定性：基于动态视角的证据 [J]. 管理科学学报，2016，(01)：102 ~ 116 页

[89] Massa M, Zhang B, Zhang H. The invisible hand of short selling: Does short selling discipline earnings management? [J]. Review of Financial Studies, 2015, 28 (6): 1701 - 1736

[90] Fang VW, Huang AH, Karpoof JM. Short selling and earnings management: A controlled experiment [J]. The Journal of Finance, 2016, 71 (3): 1251 - 1294

[91] 陈晖丽，刘峰. 融资融券的治理效应研究——基于公司盈余管理的视角 [J]. 会计研究，2014，(09)：45 ~ 52 页

[92] 陈晖丽，刘峰. 融资融券的治理效应研究——基于会计稳健性的视角 [J]. 中国会计评论，2014，12 (3 - 4)：277 ~ 294 页

[93] 张璇，周鹏，李春涛. 卖空与盈余质量——来自财务重述的证据 [J]. 金融研究，2016，(08)：175 ~ 190 页

[94] 靳庆鲁，侯青川，李刚等. 放松卖空管制、公司投资决策与期权价值 [J]. 经济研究，2015，(10)：76 ~ 88 页

[95] 徐蕊，邱妘. 融资融券的治理效应研究——基于企业过度投资的视角 [J]. 特区经济，2016，(10)：72 ~ 77 页

[96] Massa M, Zhang B, Zhang H. Governance through threat: Does short selling improve internal governance? [J]. Working Paper, 2013

[97] Angelis DD, Grullon G, Michenaud S. Downside risk and the design of CEO incentives: Evidence from a natural experiment [J]. Working Paper, Rice University, 2013

[98] 范宗辉，王静静. 证券分析师跟踪：决定因素与经济后果 [J]. 上海立信会计学院学报，2010，(01)：61 ~ 69 页

[99] 崔玉英，李长青，郑燕等. 公司成长、盈余波动与财务分析师跟踪——来自中国证券市场的经验证据 [J]. 管理评论，2014，(04)：60 ~ 72 页

[100] Lin HW, McNichols MF. Underwriting relationships, analysts' earnings forecasts and investment recommendations [J]. Journal of Accounting and Economics, 1998, 25 (1): 101 - 127

[101] Michaely R, Womack KL. Conflict of interest and the credibility of underwriter analyst recommendations [J]. Review of Financial Studies, 1999, 12 (4): 653 - 686

[102] Dechow PM, Hutton AP, Sloan RG. The relation between analysts' forecasts of long - term earnings growth and stock price performance following equity offer-

ings [J]. Contemporary Accounting Research, 2000, 17 (1): 1 - 32

[103] Miller EM. Risk, uncertainty, and divergence of opinion [J]. Journal of Finance, 1977, 32 (4): 1151 - 1168

[104] Jarrow R. Heterogeneous expectations, restrictions on short sales, and equilibrium asset prices [J]. Journal of Finance, 1980, 35 (5): 1105 - 1113

[105] Diamond DW, Verrecchia RE. Constraints on short - selling and asset price adjustment to private information [J]. Journal of Financial Economics, 1987, 18 (2): 277 - 311

[106] Figlewski S, Webb GP. Options, short sales, and market completeness [J]. Journal of Finance, 1993, 48 (2): 761 - 777

[107] Bris A, Goetzmann WN, Zhu N. Efficiency and the bear: Short sales and markets around the world [J]. Journal of Finance, 2007, 62 (3): 1029 - 1079

[108] Berkman H, Dimitrov V, Jain PC, et al. Sell on the news: Differences of opinion, short - sales constraints, and returns around earnings announcements [J]. Journal of Financial Economics, 2009, 92 (3): 376 - 399

[109] Boehmer E, Wu J. Short selling and the price discovery process [J]. Review of Financial Studies, 2013, 26 (2): 287 - 322

[110] Charoenwong C, Ding DK, Wang P. Short sales constraint and SEO pricing [J]. International Review of Financial Analysis, 2013, 29: 107 - 118

[111] Curtis A, Fargher NL. Does short selling amplify price declines or align stocks with their fundamental values? [J]. Management Science, 2014, 60 (9): 2324 - 2340

[112] Drake MS, Myers JN, Myers LA, et al. Short sellers and the informativeness of stock prices with respect to future earnings [J]. Review of Accounting Studies, 2015, 20 (2): 747 - 774

[113] Lim BY. Short - sale constraints and price bubbles [J]. Journal of Banking and Finance, 2011, 35 (9): 2443 - 2453

[114] Henry TR, Koski JL. Short selling around seasoned equity offerings [J]. Review of Financial Studies, 2010, 23 (12): 4389 - 4418

[115] 古志辉，郝项超，张永杰．卖空约束、投资者行为和A股市场的定价泡沫 [J]．金融研究，2011，(02)：129 ~ 148 页

[116] 许红伟，陈欣．我国推出融资融券交易促进了标的股票的定价效率吗？——基于双重差分模型的实证研究［J］．管理世界，2012，(05)：52~61页．

[117] 方立兵，刘烨．融资融券大扩容：标的股票定价效率提升了吗？［J］．证券市场导报，2014，(10)：56~61页

[118] Chen J, Kadapakkam PR, Yang T. Short selling, margin trading, and the incorporation of new information into prices [J]. International Review of Financial Analysis, 2016, 44: 1-17

[119] Battalio R, Schultz P. Regulatory uncertainty and market liquidity: The 2008 short sale ban's impact on equity option markets [J]. Journal of Finance, 2011, 66 (6): 2013-2053

[120] Jones CM. Shorting restrictions: Revisiting the 1930s [J]. The Financial Review, 2012, 47 (1): 1-35

[121] Lecce S, Lepone A, McKenzie MD, et al. The impact of naked short selling on the securities lending and equity market [J]. Journal of Financial Markets, 2012, 15 (1): 81-107

[122] Sharif S, Anderson HD, Marshall BR. Against the tide: The commencement of short selling and margin trading in mainland China [J]. Accounting and Finance, 2014, 54 (4): 1319-1355

[123] 杨德勇，吴琼．融资融券对上海证券市场影响的实证分析——基于流动性和波动性的视角［J］．中央财经大学学报，2011，(05)：28~34页

[124] Hong H, Stein JC. Differences of opinion, short-sales constraints, and market crashes [J]. Review of Financial Studies, 2003, 16 (2): 487~525页

[125] 万迪昉，李佳岚，葛星．融资融券能否提高交易所自律监管效率？［J］．证券市场导报，2012，(08)：66~71页

[126] 李志生，杜爽，林秉旋．卖空交易与股票价格稳定性——来自中国融资融券市场的自然实验［J］．金融研究，2015，(06)：173~188页

[127] 褚剑，方军雄．中国式融资融券制度安排与股价暴跌风险的恶化［J］．经济研究，2016，(05)：143~158页

[128] 陈海强，范云菲．融资融券交易制度对中国股市波动率的影响——基于面板数据政策评估方法的分析［J］．金融研究，2015，(06)：159~172页．

[129] Desai H, Krishnamurthy S, Venkataraman K. Do short sellers target firms

with poor earnings quality? Evidence from earnings restatements [J]. Review of Accounting Studies, 2006, 11 (1): 71 -90

[130] Grullon G, Michenaud S, Weston JP. The real effects of short - selling constraints [J]. Review of Financial Studies, 2015, 28 (6): 1737 -1767

[131] Li YH, Zhang LD. Short selling pressure, stock price behavior, and management forecast precision: Evidence from a natural experiment [J]. Journal of Accounting Research, 2015, 53 (1): 79 -117

[132] Rajan R, Servaes H. Analyst following of initial public offerings [J]. Journal of Finance, 1997, 52 (2): 507 -529

[133] Healy PM, Hutton AP, Palepu KG. Stock performance and intermediation changes surrounding sustained increases in disclosure [J]. Contemporary Accounting Research, 1999, 16 (3): 485 -520

[134] Hong YT, Huseynov F, Zhang W. Earnings management and analyst following: A simultaneous equations analysis [J]. Financial Management, 2014, 43 (2): 355 -390

[135] Jiraporn P, Liu YX, Kim YS. How do powerful CEOs affect analyst coverage? [J]. European Financial Management, 2014, 20 (3): 652 -676

[136] Brochet F, Miller GS, Srinivasan S. Do analysts follow managers who switch companies? An analysis of relationships in the capital markets [J]. Accounting Review, 2014, 89 (2): 451 -482

[137] O'Brien PC, Tan HP. Geographic proximity and analyst coverage decisions: Evidence from IPOs [J]. Journal of Accounting and Economics, 2015, 59 (1): 41 -59

[138] 李丹蒙. 公司透明度与分析师预测活动 [J]. 经济科学, 2007, (06): 107 ~117 页

[139] 董小红, 李哲, 王放. 或有事项信息披露有利于分析师预测吗? [J]. 经济管理, 2015, (10): 96 ~105 页

[140] 马晨, 张俊瑞, 李彬. 财务重述对分析师预测行为的影响研究 [J]. 数理统计与管理, 2013, (02): 221 ~231 页

[141] 蒋艳辉, 李林纯. 智力资本多源化信息披露、分析师跟踪与企业价值的关系——来自A股主板高新技术企业的经验证据 [J]. 财贸研究, 2014,

(05)：138～146页

[142] 蔡卫星，曾诚．公司多元化对证券分析师关注度的影响——基于证券分析师决策行为视角的经验分析［J］．南开管理评论，2010，(04)：125～133页

[143] 苏治，魏紫．企业无形资产资本化与分析师盈余预测：理论分析与实证检验［J］．会计研究，2013，(07)：70～76页

[144] 姚禄仕，何方，王丽娜等．利益冲突下的证券分析师跟进行为研究——基于面板数据的实证研究［J］．中国管理科学，2014，(06)：43～49页

[145] 黄永安，曾小青．投资者情绪、机构投资者与分析师跟进——基于面板数据负二项回归的经验研究［J］．山西财经大学学报，2013，(06)：111～124页

[146] 窦欢，王会娟．私募股权投资与证券分析师新股关注［J］．会计研究，2015，(02)：44～50页

[147] 佟岩，刘勋．定向增发整体上市、分析师关注与盈利预测［J］．经济与管理研究，2016，(04)：136～144页

[148] Davies PL, Canes M. Stock prices and the publication of second - hand information [J]. Journal of Business, 1978: 43 - 56

[149] Bjerring JH, Lakonishok J, Vermaelen T. Stock - prices and financial analysts recommendations [J]. Journal of Finance, 1983, 38 (1): 187 - 204

[150] Stickel SE. The effect of value line investment survey rank changes on common stock prices [J]. Journal of Financial Economics, 1985, 14 (1): 121 - 143

[151] Stickel SE. The anatomy of the performance of buy and sell recommendations [J]. Financial Analysts Journal, 1995, 51 (5): 25 - 39

[152] O'brien PC. Analysts forecasts as earnings expectations [J]. Journal of Accounting and Economics, 1988, 10 (1): 53 - 83

[153] Dowen RJ. The relation of firm size, security analyst bias, and neglect [J]. Applied Economics, 1989, 21 (1): 19 - 23

[154] Butler KC, Lang LH. The forecast accuracy of individual analysts: Evidence of systematic optimism and pessimism [J]. Journal of Accounting Research, 1991: 150 - 156

[155] Calderon TG. Predictive properties of analysis' forecasts of corporate earnings [J]. The Mid - Atlantic Journal of Business, 1993, 29 (1): 41

[156] Barber B, Lehavy R, McNichols M, et al. Reassessing the returns to analysts' stock recommendations [J]. Financial Analysts Journal, 2003, 59 (2): 88

[157] 吴东辉，薛祖云. 财务分析师盈利预测的投资价值：来自深沪A股市场的证据 [J]. 会计研究，2005，(08)：37~43页

[158] 陈伟忠，吴佳，王宇熹等. 对证券分析师荐股评级调整价值的经验研究 [J]. 同济大学学报（自然科学版），2007，(05)：714~718页

[159] 李文贵. 财务分析师盈余预测特性研究——中国A股市场的实证检验 [J]. 财会通讯（学术版），2007，(09)：52~55页

[160] 王倩. 证券分析师投资评级有效性及影响因素分析 [D]. 上海：华东师范大学，2011

[161] Francis J, Soffer L. The relative informativeness of analysts' stock recommendations and earnings forecast revisions [J]. Journal of Accounting Research, 1997, 35 (2): 193 - 211

[162] Jackson AR. Trade generation, reputation, and sell - side analysts [J]. Journal of Finance, 2005, 60 (2): 673 - 717

[163] Beyer A, Guttman I. The effect of trading volume on analysts' forecast bias [J]. Accounting Review, 2011, 86 (2): 451 - 481

[164] Firth M, Lin C, Liu P, et al. The client is king: Do mutual fund relationships bias analyst recommendations? [J]. Journal of Accounting Research, 2013, 51 (1): 165 - 200

[165] Feng M, McVay S. Analysts' incentives to overweight management guidance when revising their short - term earnings forecasts [J]. Accounting Review, 2010, 85 (5): 1617 - 1646

[166] Cliff MT. Do affiliated analysts mean what they say? [J]. Financial Management, 2007, 36 (4): 5 - 29

[167] Cowen A, Groysberg B, Healy P. Which types of analyst firms are more optimistic? [J]. Journal of Accounting and Economics, 2006, 41 (1 - 2): 119 - 146

[168] 丁方飞，王晓彦，贺芳丽．承销业务利益对证券分析师盈利预测准确性影响研究 [J]．财经理论与实践，2012，(02)：61～64 页

[169] 冯旭南．承销关系影响分析师行为吗？——来自证券分析师荐股和预测活动的证据 [J]．中国会计评论，2012，(04)：395～410 页

[170] 官峰，靳庆鲁，张佩佩．机构投资者与分析师行为——基于定向增发解禁背景 [J]．财经研究，2015，(06)：132～144 页

[171] 胡娜，周铭山，郭寿良等．股权投资背景下券商独立性研究——基于证券分析师研究报告的视角 [J]．财经科学，2014，(01)：28～37 页

[172] Laderman JM. How much should you trust your analyst? [J]. Business Week, 1990, 23: 54-56

[173] Lim T. Rationality and analysts' forecast bias [J]. Journal of Finance, 2001, 56 (1): 369-385

[174] Mayew WJ. Evidence of management discrimination among analysts during earnings conference calls [J]. Journal of Accounting Research, 2008, 46 (3): 627-659

[175] Ke B, Yu Y. The effect of issuing biased earnings forecasts on analysts' access to management and survival [J]. Journal of Accounting Research, 2006, 44 (5): 965-999

[176] Libby R, Hunton JE, Tan HT, et al. Relationship incentives and the optimistic/pessimistic pattern in analysts' forecasts [J]. Journal of Accounting Research, 2008, 46 (1): 173-198

[177] Lys T, Sohn SK. The association between revisions of financial analysts earnings forecasts and security-price changes [J]. Journal of Accounting and Economics, 1990, 13 (4): 341-363

[178] Abarbanell JS. Do analysts earnings forecasts incorporate information in prior stock-price changes [J]. Journal of Accounting and Economics, 1991, 14 (2): 147-165

[179] Debondt W, Thaler RH. Do security analysts overreact [J]. American Economic Review, 1990, 80 (2): 52-57

[180] Abarbanell JS, Bernard VL. Tests of analysts' overreaction/underreaction to earnings information as an explanation for anomalous stock price behavior [J].

Journal of Finance, 1992, 47 (3): 1181 - 1207

[181] Easterwood JC, Nutt SR. Inefficiency in analysts' earnings forecasts: Systematic misreaction or systematic optimism? [J]. Journal of Finance, 1999, 54 (5): 1777 - 1797

[182] Qian H. Time variation in analyst optimism: An investor sentiment explanation [J]. The Journal of Behavioral Finance, 2009, 10 (3): 182 - 193

[183] Hribar P, McInnis J. Investor sentiment and analysts' earnings forecast errors [J]. Management Science, 2012, 58 (2SI): 293 - 307

[184] 伍燕然, 潘可, 胡松明等. 行业分析师盈利预测偏差的新解释 [J]. 经济研究, 2012, (04): 149 ~ 160 页

[185] Mokoaleli - Mokoteli T, Taffler RJ, Agarwal V. Behavioural bias and conflicts of interest in analyst stock recommendations [J]. Journal of Business Finance and Accounting, 2009, 36 (3 - 4): 384 - 418

[186] Barber BM, Lehavy R, McNichols M, et al. Buys, holds, and sells: The distribution of investment banks' stock ratings and the implications for the profitability of analysts' recommendations [J]. Journal of Accounting and Economics, 2006, 41 (1 - 2): 87 - 117

[187] Chen CY, Chen PF. NASD rule 2711 and changes in analysts' independence in making stock recommendations [J]. Accounting Review, 2009, 84 (4): 1041 - 1071

[188] Kadan O, Madureira L, Wang R, et al. Conflicts of interest and stock recommendations: The effects of the global settlement and related regulations [J]. Review of Financial Studies, 2009, 22 (10): 4189 - 4217

[189] Ke Y, Lo K, Sheng Z, et al. Does short selling mitigate optimism in financial analyst forecast Evidence from a randomized experiment [J]. Working Paper, 2016

[190] 李丹, 袁淳, 廖冠民. 卖空机制与分析师乐观性偏差——基于双重差分模型的检验 [J]. 会计研究, 2016, (09): 25 ~ 31 页

[191] Romer D. Rational asset - price movements without news [J]. American Economic Review, 1993, 83 (5): 1112 - 1130

[192] Lee IH. Market crashes and informational avalanches [J]. The Review

of Economic Studies, 1998, 65 (4): 741 - 759

[193] Bleck A, Liu X. Market transparency and the accounting regime [J]. Journal of Accounting Research, 2007, 45: 229 - 256

[194] Kim JB, Li Y, Zhang L. Corporate tax avoidance and stock price crash risk: Firm - level analysis [J]. Journal of Financial Economics, 2011, 100 (3): 639 - 662

[195] Kim JB, Li Y, Zhang L. CFOs versus CEOs: Equity incentives and crashes [J]. Journal of Financial Economics, 2011, 101 (3): 713 - 730

[196] Hutton A, Marcus AJ, Tehranian H. Opaque financial reports, R^2, and crash risk [J]. Journal of Financial Economics, 2009, 94 (1): 67 - 86

[197] 潘越，戴亦一，林超群．信息不透明、分析师关注与个股暴跌风险[J]．金融研究，2011，(09)：138 ~ 151 页

[198] Kim JB, Zhang L. Accounting conservatism and stock price crash risk: Firm - level evidence [J]. Contemporary Accounting Research, Forthcoming, 2013.

[199] 江轩宇，伊志宏．审计行业专长与股价暴跌风险 [J]．中国会计评论，2013，(02)：133 ~ 150 页

[200] 叶康涛，曹丰，王化成．内部控制信息披露能够降低股价暴跌风险吗？[J]．金融研究，2015，(02)：192 ~ 206 页

[201] 王化成，曹丰，叶康涛．监督还是掏空：大股东持股比例与股价暴跌风险 [J]．管理世界，2015，(02)：45 ~ 57 页

[202] 罗进辉，杜兴强．媒体报道、制度环境与股价暴跌风险 [J]．会计研究，2014，(09)：53 ~ 59 页

[203] Charoenrook A, Daouk H. A study of market - wide short - selling restrictions [J]. Working Paper, Vanderbilt University and Cornell University, 2009

[204] Stigler GJ. The economics of information [J]. Journal of Political Economy, 1961, 69 (3): 213 - 225

[205] Fama EF. Efficient capital markets: A review of theory and empirical work [J]. The Journal of Finance, 1970, 25 (2): 383 - 417

[206] Fuller RJ. Behavioral finance and sources of alpha [J]. Journal of Pension Plan Investing, 1998, 2 (3): 291 - 293

[207] Demsetz H. The cost of transacting [J]. The Quarterly Journal of Eco-

nomics, 1968, 82 (1): 33 - 53

[208] 张宗新. 证券市场深化与微观结构优化 [M]. 北京: 中国金融出版社, 2005

[209] Spence M. Job market signaling [J]. The Quarterly Journal of Economics, 1973, 87 (3): 355 - 374

[210] Drake MS, Rees L, Swanson EP. Should investors follow the prophets or the bears? Evidence on the use of public information by analysts and short sellers [J]. Accounting Review, 2011, 86 (1): 101 - 130

[211] Chakrabarty B, Shkilko A. Information transfers and learning in financial markets: Evidence from short selling around insider sales [J]. Journal of Banking and Finance, 2013, 37 (5): 1560 - 1572

[212] Cassell CA, Drake MS, Rasmussen SJ. Short interest as a signal of audit risk [J]. Contemporary Accounting Research, 2011, 28 (4): 1278

[213] Kecskes A, Mansi SA, Zhang A. Are short sellers informed? Evidence from the bond market [J]. Accounting Review, 2013, 88 (2): 611 - 639

[214] 公言磊. 财务分析师盈余预测乐观倾向成因研究 [D]. 大连: 东北财经大学, 2010

[215] Jensen MC, Meckling WH. Theory of the firm: Managerial behavior, agency costs and ownership structure [J]. Journal of Financial Economics, 1976, 3 (4): 305 - 360

[216] Merton RC. A simple - model of capital - market equilibrium with incomplete information [J]. Journal of Finance, 1987, 42 (3): 483 - 510

[217] M B, S M. Enjoying the quiet life? Corporate governance and managerial preferences [J]. Journal of Political Economy, 2003, 111 (5): 1043 - 1075

[218] Darlin D. Picking a loser: Young analyst defied "experts" and foresaw baldwin - united's ills [J]. Wall Street Journal, 1983: 1 - 14

[219] Block S. A study of financial analysts: Practice and theory [J]. Financial Analysts Journal, 1999, 55 (4): 86 - 95

[220] Pownall G, Simko PJ. The information intermediary role of short sellers [J]. Accounting Review, 2005, 80 (3): 941 - 966

[221] Christophe SE, Ferri MG, Hsieh J. Informed trading before analyst down-

grades: Evidence from short sellers [J] . Journal of Financial Economics, 2010, 95 (1): 85 - 106

[222] Muslu V, Xue YF. Analysts' momentum recommendations [J] . Journal of Business Finance and Accounting, 2013, 40 (3 - 4): 438 - 469

[223] Blau BM, Wade C. Informed or speculative: Short selling analyst recommendations [J] . Journal of Banking and Finance, 2012, 36 (1): 14 - 25

[224] Kim KG, Schroeder DA. Analysts use of managerial bonus incentives in forecasting earnings [J] . Journal of Accounting and Economics, 1990, 13 (1): 3 - 23

[225] Piotroski DJ, Wong TJ. Institutions and information environment of Chinese listed firms [M] . Capitalizing China. University of Chicago Press, 2012: 201 - 242

[226] Chen J, Hong H, Stein JC. Forecasting crashes: Trading volume, past returns, and conditional skewness in stock prices [J] . Journal of Financial Economics, 2001, 61: 345 - 381

[227] 许年行，于上尧，伊志宏．机构投资者羊群行为与股价暴跌风险 [J]．管理世界，2013，(07)：31 ~ 43 页

[228] Dimson E. Risk measurement when shares are subject to infrequent trading [J] . Journal of Financial Economics, 1979, 7 (2): 197 - 226

[229] Dechow PM, Sloan RG, Sweeney AP. Detecting earnings management [J] . Accounting Review, 1995, 70 (2): 193 - 225.

